中国履行

《禁止化学武器公约》

报告

（2021）

国家履行《禁止化学武器公约》工作办公室/编

人民邮电出版社

北京

中国履行《禁止化学武器公约》报告
编委会

主　　任　金壮龙

副 主 任　马朝旭　徐晓兰　宋延超

编委会委员（按姓氏笔画排序）

万新恒　马运侠　马朝旭　马锦跃　王丹群　王有军　王黎红
厉　云　叶健松　师敬伟　吕　鸣　朱洪军　任世强　刘小宁
刘红宁　江明成　阮　力　李　强　李红兵　杨　坡　吴东文
吴苏海　吴育光　谷云彪　沈　健　宋延超　张　卫　张　德
张治平　张建明　陈　清　罗　莉　罗新军　金　鑫　金必煌
金壮龙　周仕飞　郑勇明　赵　刚　赵光梅　郝敬红　柳　奇
段国发　姚延岭　秦吉军　袁国书　索申敬　顾瑾栩　恩云飞
钱　昀　徐科华　徐晓兰　高　山　高　清　郭　涛　郭鸿涛
唐云翔　陶英平　彭晓雷　斯拉因·司马义　董继华　蒋文定
韩雪松　温　健　靖大伟　廖　强　翟　刚　穆可桢

总　　编　徐晓兰

副 总 编　张　卫　沈　健　秦吉军　郭鸿涛　恩云飞　彭晓雷

执 行 主 编　高志雷　刘力强　聂建军

执行副主编　李　茜　汤铭留

编辑撰稿（按姓氏笔画排序）

丁天佐　马　刚　马　勇　马力利　马宏伟　王　民　王　晶

王　雷　王晓玥　王海军　丹　江　方植彬　尹　玲　尹明皓

左　琪　龙　晗　卢　焱　田晓慧　冯彬传　朱　清　朱小庆

刘　伟　刘　昭　刘力强　刘元东　刘代联　刘国正　刘桂林

刘晓纯　刘基伟　刘敬东　刘景春　汤铭留　许永利　孙　鹊

孙卫红　孙凤霞　孙秀敏　孙雯婷　苏　凯　苏健梅　李　郁

李　茜　李　琴　李　蕾　李小军　李龙飞　李运灵　李忠进

杨浩祥　励　斌　时　钟　吴　凡　吴云波　何　斌　佘　准

余陈荣　邹钟嘉　宋召勤　宋晓明　张　星　张　萍　张　强

张　颖　陈　平　陈　亮　陈万明　陈忠明　陈学农　陈超群

武泽华　范雄斌　林建青　林慧蓉　罗　明　金　龙　金　楠

周　珊　周久建　周玉涛　周璐莎　郑　威　郑月峰　房增强

孟建华　赵亚茹　赵亦农　侯胜明　姜　勃　聂建军　夏必仙

夏存仁　殷卫华　高志雷　唐　旭　陶宏伟　黄　捷　黄秋鑫

黄琰童　戚东平　龚　武　盛明杰　梁孟佳　寇世平　董　伟

董　猛　韩中星　曾向军　谢秋云　樊小娟　戴兰林

目 录

特　稿

综合篇

地方篇

支撑篇

附　录

Contents

Special Reports

General Reports

1

Local Efforts

Support Efforts

Appendixes

China 特稿

中国履行《禁止化学武器公约》报告（2021）

徐晓兰主持召开《禁止化学武器公约》履约工作部际联席会议 *

2021 年 10 月 26 日上午,《禁止化学武器公约》履约工作部际联席会议第四次全体会议在工业和信息化部机关召开。工业和信息化部副部长徐晓兰主持会议并作总结讲话。中央军委国际军事合作办公室副主任黄雪平、国家铁路局副局长吴德金、中国国家铁路集团有限公司总调度长宋修德、中国民用航空局总工程师殷时军等部际联席会议成员或成员单位代表出席会议并发言。会议调整确定了联席会议成员,通报了上次全体会议以来履约工作总体情况和专项工作情况,就进一步做好履约工作进行了研讨。

徐晓兰（右六）主持召开《禁止化学武器公约》履约工作部际联席会议

---

* 本文来源于工业和信息化部网站。

徐晓兰指出，在以习近平同志为核心的党中央坚强领导下，履约工作部际联席会议各成员单位、地方各级政府及履约主管部门和相关企事业单位，增强"四个意识"，坚定"四个自信"，做到"两个维护"，牢记"国之大者"，在抓好疫情防控的同时，圆满完成各项履约工作任务，为维护世界和平、国家安全及社会稳定做出了积极贡献。

徐晓兰强调，部际联席会议成员单位要进一步提高政治站位，增强做好履约工作的政治自觉；坚持系统观念，统筹推进履约工作；严格履行公约义务，维护我国负责任大国形象。

江苏、浙江、山东省工业和信息化主管部门，以及工业和信息化部有关司局负责同志列席会议。

Xu Xiaolan Presided over the Inter-Ministerial Joint Meeting on the Implementation of the *Chemical Weapons Convention**

On the morning of 26 October, 2021, the Fourth Plenary Session of the Inter-ministerial Joint Meeting for the Implementation of the *Chemical Weapons Convention* was held in the Ministry of Industry and Information Technology (MIIT) Headquarter, Xu Xiaolan, Vice Minister of Industry and Information Technology, presided over the meeting and gave the closing speech. Huang Xueping, Deputy Director of the Office for International Military Cooperation of the Central Military Commission, Wu Dejin, Deputy Director of the National Railway Administration, Song Xiude, Chief Dispatcher of China State Railway Group Co., Ltd., Yin Shijun, Chief Engineer of the Civil Aviation Administration of China and other members or representatives of member units of the inter-ministerial joint meeting attended the meeting and made speeches. The session was held to adjust and determine the members of the joint meeting, hold briefings on the general and special works of the implementation of the *Convention* since the last plenary session, and discuss the further implementation of the *Convention*.

---

* Source: the website of the Ministry of Industry and Information Technology.

Xu Xiaolan (the sixth one from the right) Presided over the Inter-Ministerial Joint Meeting on the Implementation of the *Chemical Weapons Convention*

Xu Xiaolan pointed out that under the strong leadership of the CPC Central Committee with Xi Jinping at its core, the member units of the inter-ministerial joint meeting, governments at all levels, implementation competent authorities and relevant enterprises and public institutions have strengthened awareness of the need to maintain political integrity, think in big-picture terms, follow the core leadership and maintain alignment. "They have remained confident in the path, theory, system and culture of socialism with Chinese characteristics; they have upheld General Secretary Xi Jinping's core position in the CPC Central Committee and the Party as a whole, as well as the Central Committee's authority and its centralized, unified leadership; and they have kept in mind the top priorities of the country," she said. "While doing well in COVID-19 prevention and control, they have successfully completed the tasks of implementing the *Convention* and made positive contributions to maintaining world peace, national security and social stability."

Xu Xiaolan stressed that the member units of the inter-ministerial joint meeting must further enhance their political standing and improve their political consciousness of implementing the *Convention*; they must adhere to the systematic concept and promote the implementation of the *Convention* in a coordinated manner; and they must strictly fulfill their obligations under the *Convention* and uphold China's image as a major responsible country.

The meeting was attended by members of the industrial and information authorities of Jiangsu, Zhejiang and Shandong, as well as those in charge of the departments and bureaus of the MIIT.

徐晓兰出席国家履行《禁止化学武器公约》专家委员会换届大会[*]

2021 年 9 月 14 日，国家履行《禁止化学武器公约》专家委员会在京召开换届大会。工业和信息化部副部长徐晓兰出席会议发表讲话，并为新任专家委委员颁发聘书。

徐晓兰在讲话中充分肯定了专家委在我国禁化武履约工作中发挥的重要作用，希望新一届专家委进一步围绕履约职责加强工作支撑，推进履约工作开拓创新，为维护世界和平和国内外良好发展环境，保障人民安全和生态环境安全做出应有贡献。

本届专家委由来自高校、科研机构和行业、社会组织等方面的 18 名专家组成。专家委聘请 3 位相关领域老领导和资深专家担任专家委高级顾问。专家委秘书处设在工业和信息化部国际经济技术合作中心。

工业和信息化部安全生产司（国家履行《禁止化学武器公约》工作办公室）、原材料工业司、国际合作司、人事教育司和外交部军控司相关负责同志参加换届大会。

---

* 本文来源于工业和信息化部网站。

Xu Xiaolan Attends Election of National Committee of Experts on *Chemical Weapons Convention* Implementation*

On the morning of 14 September, 2021, the election of the National Committee of Experts on *Chemical Weapons Convention* Implementation took place in Beijing. Xu Xiaolan, Vice Minister of Industry and Information Technology, addressed the meeting and presented the appointment letters to the newly-appointed experts.

In her speech, Xu Xiaolan fully affirmed the crucial role played by the Committee of Experts in the implementation of the *Convention*. She hopes that the new Committee of Experts will further strengthen the supporting work around the implementation of the *Convention* and promote it in a pioneering and innovative way, thereby making due contributions to maintaining world peace and a sound development environment at home and abroad, and ensuring the safety of the people and ecological environment.

The new committee consists of 18 experts from universities, scientific research institutions and industries, and social organisations. Three senior leaders and experts serve as senior consultants of the Committee of Experts. The secretariat of the committee is based at the Center for International Economic and Technological Cooperation of the MIIT.

The meeting was attended by officials of the Department of Work

---

* Source: the website of the Ministry of Industry and Information Technology.

Safety (State Office for the *Convention* Implementation), Department of the Raw Material Industry and Department of International Cooperation and Department of Personnel and Education of the MIIT, and the Department of Arms Control of the Ministry of Foreign Affairs.

China 综合篇

中国履行《禁止化学武器公约》报告（2021）

一、政府对履约工作的组织领导

中国政府一贯支持《禁止化学武器公约》（以下简称《公约》）的目标和宗旨，高度重视履行《公约》工作，建立了完备的履约法规体系和多层次的履约工作机制。党中央、国务院对禁化武履约工作高度重视，在工业和信息化部设立国家履约主管机构——国家履行《禁止化学武器公约》工作办公室（以下简称国家禁化武办），各省（自治区、直辖市）政府设立省级履约主管机构，分级负责组织协调全国和辖区履约工作。国务院批准建立了以工业和信息化部为总召集人单位，外交部、中央军委国际军事合作办公室为副总召集人单位，公安部等 16 个相关部门为成员单位的《禁止化学武器公约》履约工作部际联席会议制度，部署协调解决履约重大事项。各部门、单位及各级履约主管部门坚持以习近平新时代中国特色社会主义思想为指导，深入贯彻落实总体国家安全观，严格履行《公约》规定的各项义务。

2021 年，相关领导高度重视履约工作，多次听取履约工作汇报，参加履约相关活动，给予工作指导，提出工作要求，协调解决问题。9 月 14 日，工业和信息化部副部长徐晓兰出席国家履行《禁止化学武器公约》专家委员会换届大会并讲话，充分肯定专家委员会在我国禁化武履约工作中发挥的重要作用，希望新一届专家委员会进一步围绕履约职责加强工作支撑，推进履约工作开拓创新，为国家禁化武履约事业做出应有贡献。10 月 26 日，徐晓兰主持召开《禁止化学武器公约》履约工作部际联席会议（以下简称履约工作部际联席会议）第四次全体会议，强调履约工作部际联席会议成员单位要进一步提高政治站位，增强做好履约工作的政治自觉；坚持系统观念，统筹推进履约工作；严格履行《公约》义务，维护我国负责任大国形象。会议调整了联席会议成员，并增列国家卫生健康委员会和国家移民管理局两个成员单位。

2021年，工业和信息化部克服新冠肺炎疫情影响，切实履行主管部门职责，认真做好全国禁化武履约的组织协调工作，将禁化武履约工作纳入部年度工作计划，列入重点任务和目标责任制考核，组织召开履约工作部际联席会议，强化政府对履约工作的组织领导。国家禁化武办按照工业和信息化部工作要求，印发《2021年履行〈禁止化学武器公约〉工作要点》，部署全年履约工作；落实国家出口管制规定，依据《中华人民共和国出口管制法》（以下简称《出口管制法》），启动《中华人民共和国监控化学品管理条例》（以下简称《条例》）修订工作；贯彻落实《国务院关于深化"证照分离"改革进一步激发市场主体发展活力的通知》（国发〔2021〕7号）有关要求，做好改革衔接，启用新版监控化学品生产特别许可证书样式，修订监控化学品行政许可表格样式，制定及颁发监控化学品生产特别许可证书备案表；组织召开监控化学品进出口管理座谈会、国家履行《禁止化学武器公约》专家委员会换届大会等相关会议，研判履约形势和任务，明确履约工作要求；加强与外交部、中央军委国际军事合作办公室、公安部等部门的工作协调与配合，做好与禁化武组织对华重启工业视察磋商，印发《工业和信息化部办公厅关于做好疫情防控常态化形势下接受禁化武组织重启视察准备的通知》，要求各地制定疫情防控常态化形势下接受禁化武组织视察预案，做好视察技术准备；会同商务部、海关总署更新《两用物项和技术进出口许可证管理目录》；落实《〈中华人民共和国监控化学品管理条例〉实施细则》（以下简称《细则》）有关要求，进一步开展低浓度监控化学品进出口豁免规定研究工作。

外交部牵头做好《公约》履约涉外工作，组织常驻禁止化学武器组织代表团参加禁止化学武器组织（以下简称禁化武组织）第96次、97

次、98 次执行理事会（以下简称执理会）和第 25 届缔约国大会二期会议、第 26 届缔约国大会，在履行《公约》、维护《公约》权威和有效性、化学武器热点等问题上阐明我国立场主张，引导禁化武组织议题讨论和规则制定进程；敦促日本政府加快日本遗弃在华化学武器（以下简称日遗化武）销毁进程；建设性参与叙利亚指称使用化学武器、纳瓦尔尼疑似中毒事件等问题讨论，反对禁化武组织政治化，反对政治操弄；积极参与《公约》框架下的国际合作，体现了负责任的大国担当。中央军委国际军事合作办公室认真组织军队履约和协助日本政府销毁日遗化武等方面的工作。公安部、财政部、生态环境部等履约工作部际联席会议成员单位、地方政府及各级履约主管部门高度重视职责范围内的禁化武履约工作，各司其职，密切配合，通力合作，为履约工作提供了有力支持，为全面做好履约各项工作做出了突出贡献。

二、向禁止化学武器组织提交国家宣布

根据《公约》第六条及有关条款，我国按时向禁化武组织提交国家宣布。2021 年 3 月，提交 2020 年监控化学品设施过去活动年度宣布、国家防备化学武器方案、第一类监控化学品 10 千克实验室（以下简称 10 千克实验室）过去活动年度宣布；9 月，提交 2022 年 10 千克实验室预计活动年度宣布；10 月，提交 2022 年监控化学品预计活动年度宣布。2020 年监控化学品设施总数为 1457 个，约占全世界总数的 27%。其中，第一类监控化学品 10 千克实验室 1 个，第二类监控化学品宣布设施 57 个，第三类监控化学品宣布设施 147 个，第四类监控化学品宣布设施 1252 个。2020 年过去活动年度宣布设施数量按地区分布如图 1 所示。2011—2020 年过去活动年度宣布设施数量按类别分布如图 2 所示。2020 年过去活动年度宣布设施数量按省份分布如图 3 所示。

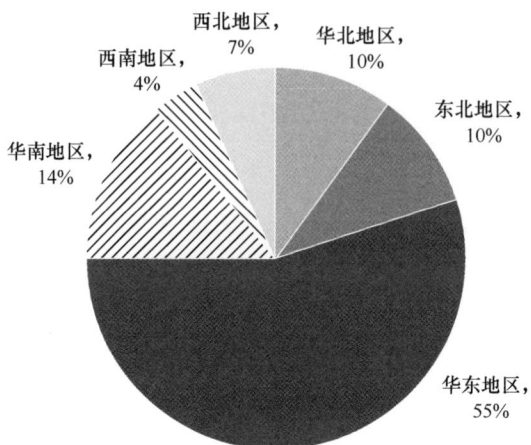

图 1　2020 年过去活动年度宣布设施数量按地区分布

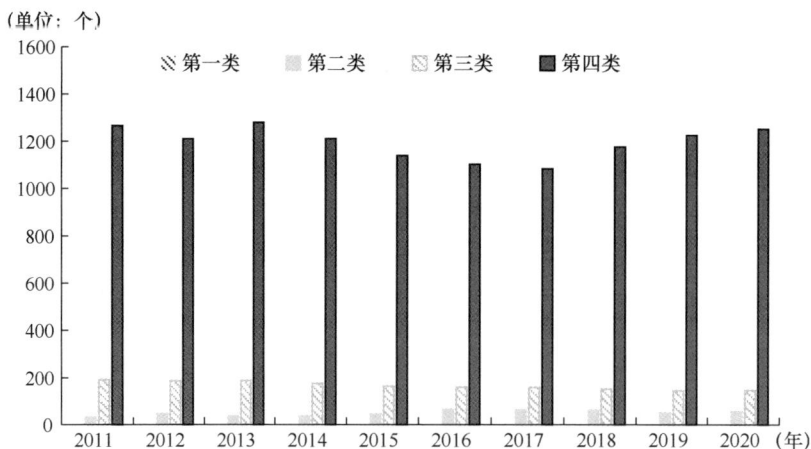

图 2　2011—2020 年过去活动年度宣布设施数量按类别分布

（单位：个）

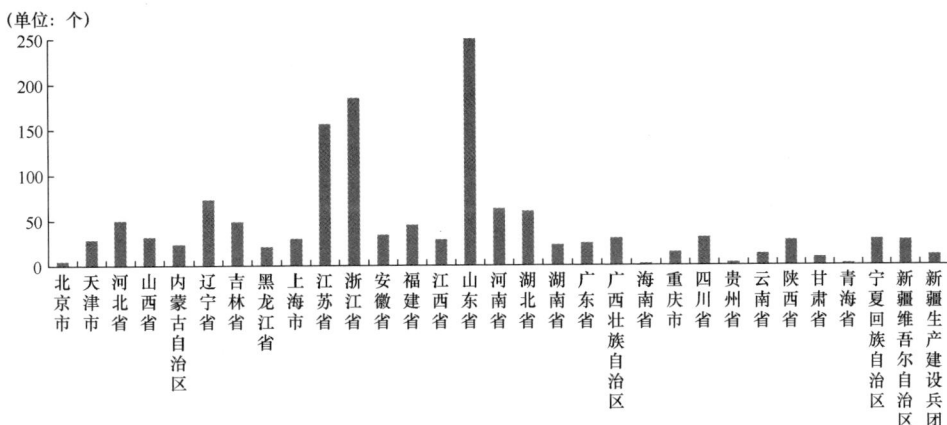

图3　2020年过去活动年度宣布设施数量按省份分布

根据《公约》有关遗弃化学武器的规定，我国向禁化武组织提交了日遗化武的宣布，主要包括新发现或销毁日遗化武的情况。2021年6月、10月、12月，分别提交哈尔巴岭日遗化武托管库的更新宣布。

三、接受禁止化学武器组织现场视察

受新冠肺炎疫情影响，禁化武组织2021年未对我国开展国际视察。截至2021年12月底，我国累计接受禁化武组织各类现场视察593次。视察结果表明，我国严格履行了《公约》义务。2012—2021年中国接受禁化武组织各类视察次数如图4所示。

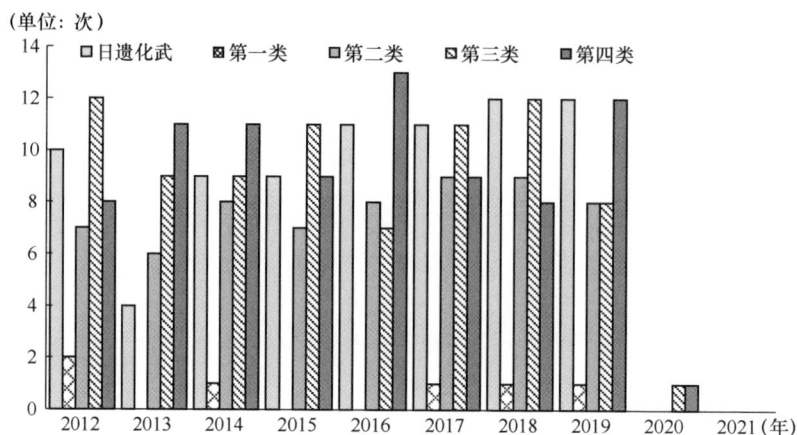

图4　2012—2021年中国接受禁化武组织各类视察次数

四、日本遗弃在华化学武器处理

2021 年，我国继续敦促日本遵守执理会的相关决定，按照中、日双方商定的销毁计划尽早完成日遗化武销毁，监督协助日方实施 3 期哈尔巴岭日遗化武挖掘回收和销毁作业，全年挖掘回收日遗化武 6331 枚（件），销毁 2332 枚（件）。中方受日方委托，将吉林通化、龙井保管的 1327 枚（件）日遗化武，1345.03 千克污染物运输至哈尔巴岭托管库；将辽宁沈阳、内蒙古呼伦贝尔、黑龙江尚志和齐齐哈尔保管的 1405 枚（件）日遗化武，2544.53 千克污染物运输至哈尔滨托管库；将内蒙古呼伦贝尔的 1 件日遗化武，9.56 千克污染物运输至齐齐哈尔托管库；将广西南宁保管的 6 枚（件）日遗化武、5 千克污染物运输至广州托管库。2021 年，受新冠肺炎疫情影响，日本未派团来华进行日遗化武调查作业。根据各地报告新发现日遗化武情况，我国组织实施了天津蓟州、黑龙江哈尔滨、古林长春等 9 省（自治区、直辖市）20 地日遗化武内部调查作业，共鉴别废旧弹药 3357 枚（件），初步确认日遗化武 310 枚（件）。哈尔巴岭追加销毁设施工程建设进入冲刺收尾关键阶段。面对新冠肺炎疫情，中日双方严格防疫，确保全年作业零感染。

五、监控化学品进出口管制与防扩散

我国严格执行《公约》关于附表化学品转让规定，对监控化学品进出口采用国际通行的许可证管理、清单控制、最终用途证明等制度和标准，实行指定公司经营制度和生产源头管控措施，坚持严格管理，防范扩散风险。

国家禁化武办严格按照《条例》《细则》规定，开展监控化学品进出口审批工作，2021年共批准进出口申请636项。组织召开监控化学品进出口管理座谈会，强化监控化学品防扩散工作要求。按照"放管服"改革、优化营商环境的总体要求，加快推进低浓度监控化学品进出口豁免规定研究工作，平衡风险效益，创新管理思路，研究审慎灵活、分步实施的低浓度阈值豁免政策。

各级履约主管部门加强源头管控，持续开展对监控化学品生产经营企业的进出口管制和防扩散教育，引导企业建立自律机制。我国与其他缔约国保持合作，及时核实澄清《公约》附表化学品进出口数据有关问题。

六、监控化学品监督管理

我国各级履约主管部门坚持依法行政，依据《条例》《细则》等相关法律法规，严格实施监控化学品生产设施建设审批制度。2021年，审查批准建设监控化学品生产设施149项。其中，第二类监控化学品生产设施14项，第三类监控化学品生产设施33项，含磷、硫、氟的第四类监控化学品生产设施102项。为确保企业履行《公约》义务，我国实行监控化学品生产特别许可制度，严格执行监控化学品生产特别许可考核标准，审核颁发监控化学品生产特别许可证 81 个。其中，颁发新证 39 个，延续换证 42 个。

为全面贯彻落实国务院有关改革要求，压实主管部门监管责任和企业主体责任，国家禁化武办印发《关于开展 2021 年监控化学品监督检查的通知》（禁化武办发〔2021〕37 号），继续开展监控化学品"双随机、一公开"抽查和专项检查，随机抽取检查对象及相应的执法检查人员，全年共组织抽查了 5 个省的 8 家监控化学品企业，各地结合本地实际对辖区内的企业进行检查，并及时公示检查结果，明确整改时限，有效推动企业改进禁化武履约工作。

七、履约宣传

根据新冠肺炎疫情防控工作要求和各地实际情况，国家禁化武办统筹组织全国各级履约主管部门、履约企业和行业协会因地制宜地开展宣传活动，进一步增强了社会公众的履约意识及对禁化武履约工作的理解和支持。

国家禁化武办组织编撰了《中国履行〈禁止化学武器公约〉报告（2020）》，编印 14 期《履行〈禁止化学武器公约〉要报》，开展禁化武履约和监控化学品管理在线培训课程的录制工作，在工业和信息化部网站建立禁化武履约工作专栏，为地方禁化武办搭建交流学习的平台。以"4·29 国际禁止化学武器组织日"为集中宣传节点，围绕《公约》宗旨目标，以"携手共建一个无化武的世界"和"化学领域成就完全用于造福人类"为主题开展宣传活动。国家禁化武办多措并举推动宣传活动下沉，全国各级履约主管部门积极响应，以线上线下宣传相结合的方式，扩大宣传范围，取得了良好的效果。

八、履约培训

国家禁化武办继续加强对禁化武履约工作人员的业务培训和岗位培训。按照新冠肺炎疫情防控要求，经过妥善布置，成功组织举办了监控化学品进出口管理座谈会。

各地禁化武办积极开展监控化学品数据宣布、接受视察、执法检查等履约业务培训。天津市、山西省、内蒙古自治区、辽宁省、吉林省、黑龙江省、上海市、江苏省、浙江省、安徽省、江西省、山东省、河南省、湖北省、湖南省、广东省、广西壮族自治区、重庆市、四川省、贵州省、陕西省、青海省、宁夏回族自治区、新疆生产建设兵团分别组织了各设区的市级履约主管部门和企业履约培训班、国际视察演练、执法业务培训等活动。

九、《禁止化学武器公约》在港澳台的适用

我国中央政府高度重视《公约》在香港特别行政区、澳门特别行政区和台湾地区的适用问题。

中央政府遵循"一国两制"原则和《中华人民共和国香港特别行政区基本法》，在与香港特别行政区政府充分协商后，确定了《公约》在香港特别行政区适用模式。香港特别行政区于 2003 年通过《化学武器（公约）条例》，于 2004 年起开始实施。《化学武器（公约）条例》赋予香港特别行政区海关全面的执法权力，违反《化学武器（公约）条例》规定属于刑事犯罪，最高刑罚为终身监禁。香港特别行政区政府对履约相关化学品实行完备的许可证和呈报制度。2021 年 3 月，香港特别行政区通过中央政府，向禁化武组织提交了 2020 年过去活动年度宣布。按《公约》规定，香港特别行政区目前没有应向禁化武组织宣布的化学品设施，

只有少量涉及《公约》附表化学品的进口贸易活动，主要用于本地科研或工业。

中央政府与澳门特别行政区政府就《公约》在澳门特别行政区适用问题已举行数轮磋商，澳门特别行政区履约立法等筹备工作正在有序进行。

台湾是中国领土不可分割的一部分，必须在一个中国的前提下履行《公约》义务。中国政府一直积极、务实地寻求妥善解决《公约》在台湾地区适用问题的途径。

十、国际合作

我国政府高度重视履约国际合作，努力促进《公约》国际合作与援助的实施，积极参与国际履约重要会议和重要事务，务实推进多双边交流，积极呼应广大发展中国家要求加强《公约》国际合作领域的合理主张，在履行《公约》、维护世界和平方面，发挥了重要作用。

2021年，我国政府组团参加禁化武组织历次执理会、第25届缔约国大会二期会议和第26届缔约国大会、第23届国家履约机构会议等重要国际会议。国家禁化武办在线参加第23届国家履约机构会议及多次工业磋商。

中国军事科学院军事医学研究院毒物分析实验室、防化研究院分析化学实验室参加第6次生物医学样品水平测试和第6次生物毒素样品分析演练，均取得优异成绩。防化研究院分析化学实验室还参加了禁化武组织第50次环境样品水平测试，承担了第6次生物医学样品水平测试结果评估任务。

I. Governmental Organisation and Guidance of Implementation

The Chinese government has consistently supported the goals and objectives of the *Chemical Weapons Convention* (hereinafter referred to as the *Convention*), attached great importance to its implementation, and established a complete regulatory system for implementation and a multi-level implementation mechanism. The Party Central Committee and the State Council attach essential importance to the implementation of the *Convention*, as they established the National CWC Implementation Office in the Ministry of Industry and Information Technology as the national competent implementation authority, and provincial competent implementation institutions in all provinces (including autonomous regions and municipalities), for the organisation and coordination of the national and regional implementation of the *Convention* at different levels. The State Council has approved the establishment of an inter-ministerial joint meeting system for the implementation of the *Chemical Weapons Convention*, with the Ministry of Industry and Information Technology as the general convener unit, the Ministry of Foreign Affairs and Office for International Military Cooperation of Central Military Commission as the deputy general convener unit, and the Ministry of Public Security and 15 other relevant departments as member units, to deploy and coordinate major implementation matters. All departments and units and implementation competent authorities at all levels adhere to the guidance of Xi Jinping Thought on Socialism with Chinese Characteristics for a New

Era, thoroughly implement the holistic approach to national security, and strictly fulfill all the obligations stipulated in the *Convention*.

In 2021, the relevant leaders attached great importance to the implementation of the *Convention*, heard relevant reports on many occasions, participated in activities related to the implementation, gave work guidance, put forward work requirements and enabled coherent approaches to related issues. On 14 September, Xu Xiaolan, Vice Minister of the Ministry of Industry and Information Technology (MIIT), gave a speech at the election of the National Committee of Experts on *Chemical Weapons Convention* Implementation in which she fully affirmed the crucial role played by the expert committee in the implementation of the *Convention*. She hopes that the new expert committee will further strengthen the supporting work around the implementation of the *Convention* and promote it in a pioneering and innovative way, thereby making due contributions to the implementation of the *Convention*. On 26 October, Xu Xiaolan hosted the Fourth Plenary Session of the Inter-ministerial Joint Meeting for the Implementation of the *Chemical Weapons Convention*. In her speech, she stressed that the member units must further enhance their political standing and improve their political consciousness of implementing the *Convention*; they must adhere to the systematic concept and promote the implementation of the *Convention* in a coordinated manner and they must strictly fulfill their obligations under the *Convention* and uphold China's image as a major responsible country. The meeting was held to adjust the members of the inter-ministerial meeting and add the National Health Commission and National Immigration Administration to the members' list.

In 2021, while overcoming the impacts of the COVID-19 pandemic, the MIIT effectively fulfilled its responsibilities as the competent authority and earnestly did a good job in organising and coordinating the national implementation of the *Convention*, incorporating the implementation of the *Convention* into its annual plan along with the accountability assessment of key tasks and objectives. It also organised and hosted the inter-ministerial joint meeting to strengthen the government's organisational leadership in *Convention* implementation. In accordance with the requirements of the MIIT, the National CWC Implementation Office issued the *Key Points for Implementing the Chemical Weapons Convention in 2021*, which covered the implementation work of the *Convention* throughout the year; it acted upon the *Export Control Law of the People's Republic of China* and initiated the revision of the *Regulations of the People's Republic of China on the Administration of Controlled Chemicals*; it called for the implementation of the *Notice of the State Council on Deepening the Reform of Separating Permits from Business Licenses and Further Increasing the Development Vitality of Market Participants* (Guo Fa 〔2021〕 No. 7), and ensured the continuation of the work in this period of reform by enabling new versions of the special license certificates for the production of controlled chemicals revising the application form of administrative license forms for controlled chemicals, and formulating and issuing the filing forms of the special license certificates for the production of controlled chemicals; it organised and convened meetings and forums on the administration of the import and export of controlled chemicals, held the election of National Committee of Experts on *Chemical Weapons Convention* Implementation, etc. in order to study the situations and tasks of implementation, and clarify the relevant work requirements; it enhanced coordination and cooperation with the

Ministry of Foreign Affairs, the Office for International Military Cooperation of Central Military Commission of People's Republic of China and the Ministry of Public. Security, did a solid job in consulting with the OPCW on restarting industry inspections in China, and issued the *Notice of the General Office of Ministry of Industry and Information Technology on Preparing for the Restart of OPCW Inspections under Regular Epidemic Prevention and Control*, which required all regions to formulate plans for receiving OPCW inspections under the current situation of regular epidemic prevention and control, and to make technical preparations for the inspections; it updated the *Catalogue for the Administration of Import and Export Licenses for Dualuse Items and Technologies* in cooperation with the Ministry of Commerce and General Administration of Customs; and it established the relevant requirements of the *Rules of Implementation for the Regulations of the People's Republic of China on the Administration of Controlled Chemicals* (hereinafter referred to as the *Rules*) and further studied the exemption rules of the import and export of low-concentration controlled chemicals.

The Ministry of Foreign Affairs took the lead in the foreign-related work on the implementation of the *Convention* by organising permanent delegations to the OPCW to participate in the 96th, 97th and 98th Executive Council of the Organisation for the Prohibition of Chemical Weapons, and the Second Session of the 25th Conference of the States Parties and the 26th Conference of the States Parties to the *Convention*, clarified China's position on issues such as the implementation of the *Convention*, maintenance of the authority and effectiveness of the *Convention*, and hotspots of chemical weapons, and guided discussions on OPCW issues and the rule-making process. It also urged the Japanese government to speed up the destruction process of JACWs in China, constructively participated in discussions on the alleged use of chemical weapons in Syria and the suspected poisoning incident of Navalny, opposed the politicization of the OPCW and political manipulation, and actively joined international cooperation under the framework of the *Convention*, reflecting the role of a major responsible country. The Office for International Military Cooperation of the Central Military Commission earnestly organised the implementation of the *Convention* and assisted the Japanese government in the destruction of JACWs. The Ministry of Public Security, Ministry of Finance, Ministry of Ecology and Environment and other member units of the inter-ministerial joint meeting on implementation, local governments and implementation competent authorities at all levels attached great importance to the implementation of the *Convention* within their respective scopes of responsibility, took up their roles and worked closely to provide strong support and make significant contributions to the implementation work.

II. Submission of the National Declarations to Organisation for the Prohibition of Chemical Weapons

In accordance with Article VI and the relevant provisions of the *Convention*, China submitted its annual national declaration to the OPCW as scheduled. In March 2021, China submitted the *Annual Declarations on Past Activities of Controlled Chemicals in Facilities in 2020*, National Protective Programme and *Annual Declaration on Past Activities of the 10 kg*

Laboratory of Schedule I Controlled Chemicals; in September, China submitted the *2022 Annual Declaration of Estimated Activities for the 10 kg Laboratory*; in October, China submitted the *2022 Annual Declaration of Estimated Activities of Controlled Chemicals*. In 2020, there were in total 1,457 facilities for controlled chemicals, accounting for 27% of the world's total. Among them, there were one 10 kg laboratory of Schedule I controlled chemicals, 57 declared facilities for Schedule II controlled chemicals, 147 declared facilities for Schedule III controlled chemicals, and 1,252 declared facilities for Unscheduled Discrete Organic Chemicals (DOCs). The Distribution of Declared Facilities by Region in Past Activities in 2020 is shown in Fig. 1. The Distribution of Declared Facilities by Schedule in Past Activities from 2011 to 2020 is shown in Fig. 2. The distribution of the annual declared facilities of past activities by province in 2020 is shown in Fig.3.

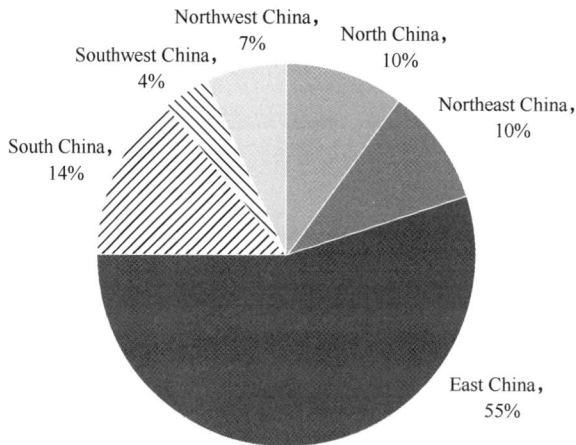

Fig. 1　The Distribution of Declared Facilities by Region in Past Activities in 2020

(Unit: pcs.)

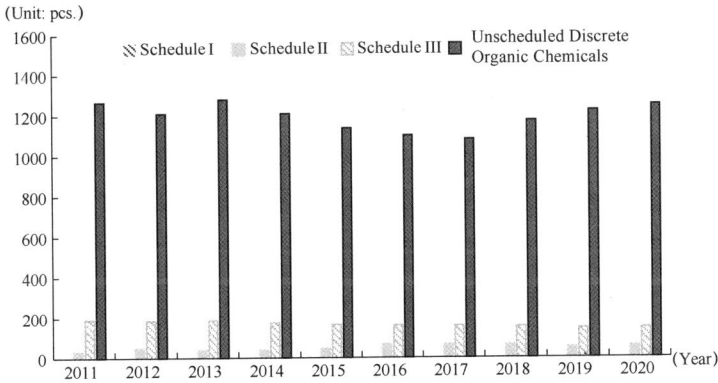

Fig. 2　The Distribution of Declared Facilities by Schedule in Past Activities from 2011 to 2020

(Unit: pcs.)

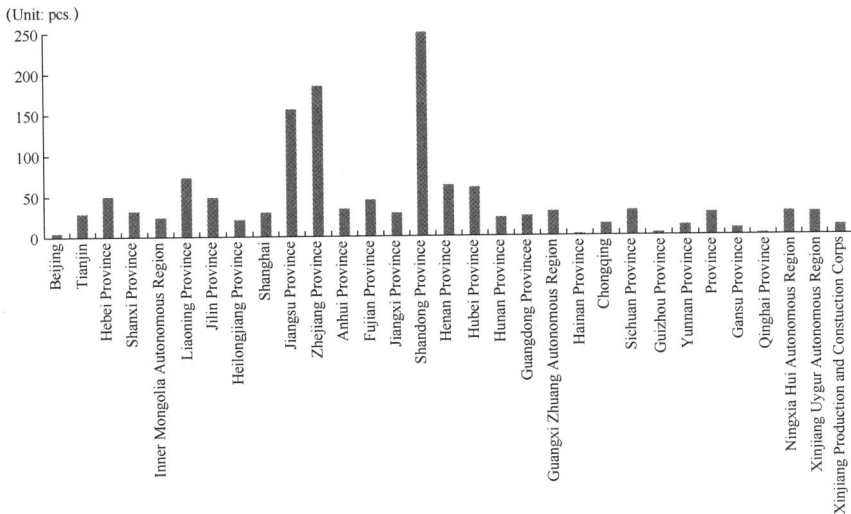

Fig. 3　The Distribution of Declared Facilities by Province in Past Activities in 2020

In accordance with the provisions of the *Convention* on abandoned chemical weapons, China submitted to the OPCW the Declaration of JACWs, mainly including the discovery or destruction of JACWs. In June, October and December 2021, China separately submitted the updated declarations of the trust warehouses of JACWs in Haerbaling.

III. Receive On-site Inspection by Organisation

for the Prohibition of

Chemical Weapons

The OPCW did not conduct international inspections in China in 2021 due to the COVID-19 pandemic outbreak. As of the end of December 2021, China had received 593 various on-site inspections by the OPCW. The inspection results showed that China has strictly fulfilled its obligations under the *Convention*. The number of inspections by the OPCW Received by China from 2012 to 2021 is shown in Fig. 4.

(Unit: times)

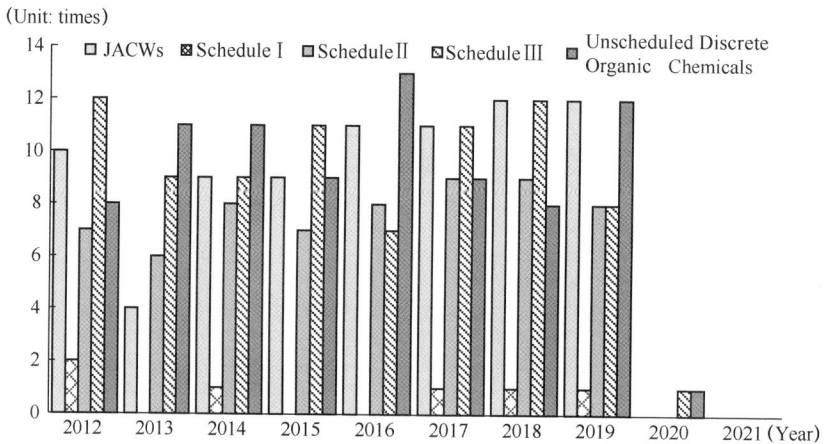

Fig. 4   Number of Inspections by the OPCW Received by China from 2012 to 2021

IV. Disposal of Chemical Weapons Abandoned by

Japan in China

In 2021, in line with the relevant decisions of the Executive Council and in accordance with the destruction plan agreed upon between China and Japan, the Chinese government continued to urge the Japanese side to complete the destruction of JACWs as early as possible. China monitored and assisted the Japanese side in the excavation, recovery and destruction of JACWs in three phases in Haerbaling. Throughout the year, a total of 6,331 JACWs were excavated and recovered, and 2,332 were destroyed. The Chinese government, under the entrustment of Japan, transported 1,327 JACWs and 1,345.03 kg of pollutants from Tonghua City and Longjing City of Jilin Province to the Haerbaling Trust Warehouse; 1,405 JACWs and 2,544.53 kg of pollutants from Shenyang City of Liaoning Province, Hulun Buir City of Inner Mongolia, and Shangzhi City and Qiqihar City of Heilongjiang Province to the Harbin Trust Warehouse; 1 JACW and 9.56 kg of pollutants from Hulun Buir City of Inner Mongolia to the Qiqihar Trust Warehouse; and 6 JACWs and 5 kg of pollutants from Nanning City of Guangxi Province to the Guangzhou Trust Warehouse. In 2021, affected by the COVID-19 pandemic, the Japanese government did not dispatch its delegation to China to investigate the JACWs. According to the newly discovered JACWs reported by various localities, the Chinese government organised and implemented internal investigations of JACWs in 9 provinces (autonomous regions and municipalities directly under the Central Government) and 20 sites, including Jizhou City of Tianjin, Harbin City of Heilongjiang Province and Changchun City of Jilin Province, identifying 3,357 pieces (items) of abandoned ammunition and initially confirming 310 pieces (items) of JACWs. The construction of additional destruction facilities in Haerbaling is at its critical final stage. In the face of the COVID-19 pandemic, China and Japan strictly followed the prevention and control measures to ensure zero infections throughout the year of construction.

V. Import and Export Control and Non-proliferation of Controlled Chemicals

China has strictly implemented the provisions of the *Convention* on the transfer of scheduled chemicals, adopted internationally accepted systems and standards such as license management, inventory control and end-use certification for the import and export of controlled chemicals, implemented the designated company operation system and production source control measures, rigorously adhering to the principle of strict management and preventing the proliferation risk.

The National CWC Implementation Office carried out the import and export review and approval of controlled chemicals in strict accordance with the provisions of the *Regulations* and the *Rules*, and approved a total of 636 import and export applications in 2021. Forums on the administration of the import and export of controlled chemicals were organised to strengthen the requirements for the non-proliferation of controlled chemicals. In accordance with the overall requirements of the reform of "streamlining administration, delegating power, strengthening regulations and improving services" and optimizing the business environment, the Office further studied the exemption rules of the import and export of low-concentration controlled chemicals to balance the risks and benefits, and used an innovative form of management to research a prudent, flexible and step-by-step policy for the exemption thresholds of low-concentration chemicals.

The implementation competent authorities at all levels strengthened source control and continuously carried out import and export control and non-proliferation education for enterprises producing and operating controlled chemicals, guiding the enterprises to establish a self-discipline mechanism. China has also maintained cooperated with other States Parties to verify and clarify issues related to the import and export data on scheduled chemicals of the *Convention* in a timely manner.

VI. Supervision and Management of Controlled Chemicals

All implementation competent authorities at all levels in China adhered to the administration by the law, and strictly implemented the approval system for the construction of production facilities of controlled chemicals in accordance with the *Regulations*, the *Rules* and other laws and regulations. In 2021, 149 production facilities of controlled chemicals were examined and approved. Among them, there were 14 production facilities of Schedule II controlled chemicals, 33 production facilities of Schedule III controlled chemicals and 102 other chemical production facilities, containing phosphorus, sulfur and fluorine. To ensure that enterprises fulfill their obligations under the *Convention*, China has implemented a special license system for the production of controlled chemicals, strictly carrying out the assessment standards for special licenses for the production of controlled chemicals, and issuing 81 special licenses for the production of controlled chemicals after review. Among them, 39 licenses were newly issued and 42 licenses were renewed.

Great efforts were made to fully implement the requirements of the

State Council and implement the supervision responsibilities of competent departments and main responsibilities of enterprises. The National CWC Implementation Office issued the *Notice on Carrying Out the Supervision of Controlled Chemicals in 2021* (No. 37〔2021〕of the National CWC Implementation Office), continuing to carry out the random selection of subjects and inspectors, and the public disclosure of spot checks and special inspections of controlled chemicals, randomly selecting inspection subjects and relevant law enforcement inspectors, and organising spot checks on eight enterprises of controlled chemicals in 5 provinces throughout the year. All localities inspected enterprises within their jurisdictions in combination with their local conditions, publicized the inspection results in time and clarified the time limit for rectification, effectively promoting enterprises to improve the implementation of the *Convention*.

VII. Outreach of the Implementation of the *Convention*

According to the requirements of the COVID-19 prevention and control and the local realities, the National CWC Implementation Office comprehensively organised the implementation competent authorities at all levels, entities and industry associations to carry out outreach activities according to local conditions, further enhancing the public awareness of implementation and people's understanding and support for the work related to implementation of the *Convention*.

The National CWC Implementation Office organised the compilation of the *Report on China's Implementation of the Chemical Weapons Convention (2020)*, compiled and printed 14 issues of the *Briefing* on the Implementation of the *Chemical Weapons Convention*, provided online training courses on the implementation of the *Convention* and administration of controlled chemicals, developed a column on the official website of the MIIT on the implementation of the *Convention*, and established a platform for sharing and exchange among local CWC implementation offices. By taking International Day for the Foundation of the Organisation for the Prohibition of chemical weapons (OPCW Day) as the centralized outreach point, focusing on the purposes and goals of the Convention, the outreach activities were carried out with the theme of "Jointly building a world without chemical weapons" and "achievements in the chemical field entirely dedicating to mankind." The National CWC Implementation Office applied multiple measures to promote outreach activities in society, and the implementation competent authorities at all levels in China responded actively, expanding the scope of outreach by combining online and offline, achieving good results.

VIII. Training on the Implementation of the *Convention*

The National CWC Implementation Office continued to strengthen operational and job training for staff implementing the *Convention*. In accordance with the requirements of COVID-19 prevention and control, the Forum on the Administration of the Import and Export of Controlled

Chemicals was delivered successfully under proper arrangements.

The CWC implementation offices in various localities actively promoted implementation operation training such as data declaration, receive inspection and law enforcement inspection of controlled chemicals. Training courses on the implementation of the *Convention* for municipal implementation competent authorities and enterprises, as well as international inspection drills and law enforcement training, were organised by Tianjin, Shanxi Province, Inner Mongolia Autonomous Region, Liaoning Province, Jilin Province, Heilongjiang Province, Shanghai, Jiangsu Province, Zhejiang Province, Anhui Province, Jiangxi Province, Shandong Province, Henan Province, Hubei Province, Hunan Province, Guangdong Province, Guangxi Zhuang Autonomous Region, Chongqing City, Sichuan Province, Guizhou Province, Shaanxi Province, Qinghai Province, Ningxia Hui Autonomous Region and Xinjiang Production and Xinjiang Construction Corps.

IX. Application of the *Chemical Weapons Convention* in Hong Kong, Macao and Taiwan

The Chinese Central Government attaches great importance to the application of the *Convention* in the Hong Kong Special Administrative Region, Macao Special Administrative Region and Taiwan Region.

In accordance with the principle of "one country, two systems" and the *Basic Law of the Hong Kong Special Administrative Region of the*

People's Republic of China, the Central Government determined the mode of application of the *Convention* in the Hong Kong Special Administrative Region after full consultation with the Government of the Hong Kong Special Administrative Region. The Hong Kong Special Administrative region passed the *Chemical Weapons (Convention) Ordinance* in 2003, and began to implement it in 2004. The *Chemical Weapons (Convention) Ordinance* empowers the Customs and Excise Department of the Hong Kong Special Administrative Region to fully enforce the law. Violation of the provisions of the *Chemical Weapons (Convention) Ordinance* is a criminal offense, and the maximum penalty is life imprisonment. The Government of the Hong Kong Special Administrative Region implemented a complete licensing and reporting system for chemicals related to implementation. In March 2021, the Hong Kong Special Administrative Region submitted its annual declaration on past activities in 2020 to the OPCW through the central government. According to the provisions of the *Convention*, the Hong Kong Special Administrative Region currently does not have chemical facilities that should be declared to the OPCW, and there are only a few import trade activities involving scheduled chemicals of the *Convention*, which are mainly used for local scientific research or industry.

The Central Government and the Government of the Macao Special Administrative Region have held several rounds of consultation on the application of the *Convention* in the Macao Special Administrative Region. Such preparatory work as legislation for the implementation of the *Convention* in the Macao Special Administrative Region is being carried out in an orderly manner.

Taiwan is an inseparable part of Chinese territory and it must fulfill its obligations under the *Convention* on the premise of the one-China principle. The Chinese government has been actively and pragmatically seeking ways to properly resolve the issue of the application of the *Convention* in the Taiwan Region.

X. International Cooperation

The Chinese government has attached great importance to international cooperation of implementation, promoted the implementation of the international cooperation and assistance provisions of the *Convention*, actively engaged in major international meetings and affairs of international implementation, pragmatically promoted multi-bilateral exchanges, and actively responded to the reasonable demands of developing countries to strengthen the scope of international cooperation of the *Convention*, with great efforts, thus playing an important role in implementing the *Convention* and safeguarding world peace.

In 2021, the Chinese government organised delegations to attend important international conferences, such as meetings of the OPCW Executive Council, the Second Session of the 25th Conference of States Parties, the 26th Conference of States Parties and the 23rd Annual Meeting of National Enforcement Authorities for the Implementation of the *Convention*. The National CWC Implementation Office participated in the 23rd meeting of national implementation agencies and multiple industry consultations.

The Toxicological Analysis Laboratory of the Military Medical Research Institute of the China Academy of Military Sciences and the

Analytical Chemical Laboratory of the Institute of Chemical Defense participated in the 6th biomedical sample proficiency test and 6th exercise for the analysis of biologically derived toxins, achieving excellent results in all three activities. The Institute of Chemical Defense also participated in the evaluation task of the 50th proficiency test results of environmental samples and undertook that of the 6th proficiency test results of biomedical samples launched by the OPCW.

China 地方篇

中国履行《禁止化学武器公约》报告（2021）

北京市

组织协调

2021 年，北京市禁化武办按照国家禁化武办的部署要求，围绕禁化武履约和监控化学品管理开展了一系列工作。一是不断加强与有关部门的沟通协调，落实履约责任，做好宣布、接受视察等日常履约工作；二是进一步加强监控化学品生产、经营、使用行政许可和日常监管工作，夯实履约基础；三是继续做好履约宣传、培训工作，为履约创造良好环境。

数据宣布与接受视察

2021 年，在我国向禁化武组织提交的 2020 年过去活动年度宣布中，北京市有宣布设施 5 个。

2021 年，禁化武组织没有对北京市进行现场视察。

监督管理

2021 年，北京市禁化武办共完成 2 家企业、12 个批次、3 种监控化学品进口许可的初审工作。

宣传

为落实国家禁化武办《关于做好 2021 年禁化武履约宣传作品征集活动组织工作的通知》要求，北京市禁化武办组织企业及社会公众积极参与征集活动，充分利用北京市经济和信息化局门户网站、内部办公软件、微信公众号等渠道，大力宣传，活动达到了预期效果。

专项工作

2021 年，北京市禁化武办对相关企业持续开展专项监督检查工作，于 5 月 4 日对北京市相关企业的禁化武履约情况进行调研与排查。主要检查企业遵守监控化学品相关法律法规、《接受禁化武组织现场视察工作规范（试行）》等情况，有无违规经营监控化学品，以及相关管理制度情况、台账流向信息等。

（供稿人：顾瑾栩、刘昭）

天津市

组织协调

按照《细则》规定，天津市工业和信息化局及时调整履行《公约》的有关工作权责清单，增加"对拒绝履行接受国际视察义务，不配合国际视察，或者阻挠国际视察进行的处罚""对违法销售购买监控化学品的处罚"和"对未妥善保存、移送相关记录的处罚"3 项行政处罚职权，修改了 9 项行政处罚和审批事项职权，并及时将修改后的权责清单在天津市工业和信息化局网站进行公布。同时，为了强化监控化学品全流程管理，天津市工业和信息化局进一步完善工作机制，明确禁化武履约工作由天津市工业和信息化局经济运行处负责，监控化学品相关行政审批事项由天津市工业和信息化局政务服务处负责，并委托天津市工业和信息化稽查总队开展行政执法相关工作。通过调整和完善权责清单，天津市进一步提升了监控化学品管理的专业水平，加强了全流程管理力度，为进一步落实好监控化学品管理的各项工作要求打下了扎实的基础。

数据宣布与接受视察

2021 年，在我国向禁化武组织提交的 2020 年过去活动年度宣布中，天津市有宣布设施 29 个。

2021 年，禁化武组织没有对天津市进行现场视察。

监督管理

2021 年，天津市工业和信息化局累计出动 197 人次，对天津市监控化学品目录企业开展现场执法检查，重点检查监控化学品使用及生产资质、数据统计申报、企业车间设施新改扩建等情况，对 6 家存在宣布数据不准确、保存资料不规范等问题的企业现场提出整改要求，约谈企业主要负责人，指导企业完成补充宣布工作，切实保障《细则》在天津市的贯彻执行。

同时，天津市工业和信息化局认真落实《国务院关于深化"证照分离"改革进一步激发市场主体发展活力的通知》和《天津市深化"证照分离"改革进一步激发市场主体发展活力工作方案》要求，优化审批服务方式，实现由"最多跑一次"向"零跑动"的延伸。天津市工业和信息化局编制了《监控化学品行政许可事项办理服务指南》，最大限度地方便企业办事，降低企业办事成本，完善透明准入规则，进一步激发了禁化武履约企业市场活力。

宣传

2021 年，天津市工业和信息化局克服新冠肺炎疫情影响，改变传统集中培训模式，通过上门服务、点对点向企业开展宣传，结合日常检查，做到监控化学品目录企业指导服务全覆盖，并积极利用新技术、新媒体开展宣传教育工作。组织制作"禁化武履约课堂——禁化武组织国际视察情景模拟"宣传视频，在工业和信息化部网站履行《禁止化学武器公约》专栏发布，切实提高了禁化武履约工作宣传的广度和深度，进一步增强全社会公众的履约意识及对履约工作的理解和支持。

培训

结合"4·29 国际禁止化学武器组织口"，天津市工业和信息化局对天津市重点企业开展培训活动，重点强化了企业履约主体责任，宣贯了监控化学品相关法律法规，发放了《2021年国际禁化武组织日宣传册》，宣讲了禁化武履约工作重点内容与视察流程，帮助企业对禁化武履约工作有更直观和深入的了解，更好地规范了企业履约工作，为接受国际视察打好基础。

同时，天津市工业和信息化局专题组织重点企业开展国际视察演练和现场培训，帮助企业规范接受国际视察的工作内容和流程，使企业深刻认识禁化武履约工作的敏感性和严肃性。

专项工作

2021年5月24日～25日，天津市工业和信息化局指导市内1家企业通过国家禁化武办的"双随机、一公开"执法检查。通过检查，有力促进企业改进存在的问题和不足，全面增强了企业依法生产的履约意识。

为进一步增强天津市禁化武履约企业的责任意识，天津市工业和信息化局印发了《市工业和信息化局关于开展监控化学品条例及实施细则执行情况自查的通知》和《市工业和信息化局关于开展监控化学品条例及实施细则执行情况检查的通知》，并且严格按照监控化学品管理抽查事项表，对天津市8个行政区内的10家视察阈值以上的禁化武履约企业开展专项检查工作，重点就企业的履约机构设置、监控化学品管理制度、《视察前情况介绍》、监控化学品生产设施建设等45项内容进行逐项检查，进一步提升企业的履约工作能力。

（供稿人：陈亮）

河北省

组织协调

2021年，河北省高度重视禁化武履约工作，以履行《公约》义务、维护我国负责任大国形象为核心目标，严格执行《条例》《细则》，认真落实国家禁化武办工作部署，不断夯实履约基础，提高管理效能，圆满完成了全年履约工作任务。

数据宣布与接受视察

2021年，在我国向禁化武组织提交的2020年过去活动年度宣布中，河北省有宣布设施50个。

2021年，禁化武组织没有对河北省进行现场视察。

监督管理

2021年，河北省禁化武办认真贯彻《条例》《细则》要求，依法加强对监控化学品的管理，完成17家（次）企业的监控化学品行政许可现场考核和初审转报工作。

宣传

"4·29国际禁止化学武器组织日"期间，河北省禁化武办按照国家禁化武办的统一部署，利用门户网站、机关电子屏、微信公众号、工作群等推送履约宣传海报、宣传册，扩大履约影响力。河北省各市禁化武履约主管部门、监控化学品企业通过张贴海报、悬挂条幅、摆放展板、专题培训、观看视频等方式进行宣传，普及履约知识，提升社会公众对履约工作的认知度，营造良好的履约氛围。

专项工作

河北省禁化武办认真落实监控化学品"双随机、一公开"执法检查专项工作，2021年对4家监控化学品企业开展了执法检查工作，重点对企业履约基础工作、接受视察准备情况、贯彻《条例》《细则》方面等进行检查，进一步增强企业履约意识、守法意识、责任意识，规范企业生产经营行为。

（供稿人：董猛）

山西省

组织协调

2021 年，在国家禁化武办和山西省委、省政府的正确领导下，山西省禁化武办切实发挥领导小组的协调、议事职能，充分调动成员单位协同作战，认真履行《公约》义务，加强履约专家队伍建设，指导各市深入学习履约相关知识，做好接受国际视察各项保障工作，提高履约能力，夯实履约基础。

山西省禁化武办组织各市禁化武履约主管部门和履约企业，按时保质完成过去活动年度宣布和预计活动年度宣布。各级履约主管部门对山西省宣布企业数据进行认真核实、上报，确保履约义务得到落实，保证无差错完成宣布工作。

数据宣布与接受视察

2021 年，在我国向禁化武组织提交的 2020 年过去活动年度宣布中，山西省有宣布设施 32 个。

2021 年，禁化武组织没有对山西省进行现场视察。

监督管理

山西省禁化武办严格按照监控化学品全生命周期行政许可管控措施，认真做好监控化学品设施建设、竣工验收、生产许可等各项行政许可审批工作。通过组织专家进行现场考核，按要求审核上报监控化学品生产设施新建审批 2 项，生产特别许可换证申请 4 项；办结 2 家永久停产或拆除厂区的申请，按照规定流程办理宣布退出手续，并对 1 家退出宣布厂区拆除生产设施进行现场验收。

宣传

2021 年是《公约》正式生效 24 周年，4 月 29 日是第 6 个国际禁止化学武器组织日，在国家禁化武办统一部署下，山西省禁化武办下发了《关于组织开展禁止化学武器组织日宣传活动的通知》，指导各市、县工业和信息化部门及履约企业等充分利用多种媒体进行广泛宣传。长治市、晋城市、运城市工业和信息化局在机关电子屏不定期滚动播放宣传短片，印制和发放宣传册和宣传海报，工作人员走上街头向社会公众宣传禁化武知识。山西临汾染化（集团）有限责任公司、山西焦化集团有限公司、晋城市鸿生化工有限公司等企业制作了宣传板报、张贴宣传标语。太原理工大学把禁化武国际视察列入 4 月的教学内容，使禁化武理念得到了更深入、更广泛的传播，进一步增强了社会公众的履约意识和守法意识。

培训

2021 年 5 月，山西省禁化武办在履约重点市组织《条例》及《细则》宣贯暨禁化武履约工作能力提升培训班，培训各类履约人员 60 人，提升了重点市履约队伍工作能力。10 月 19 日，山西省相关人员参加国家禁化武办在青海省西宁市举办的监控化学品进出口管理座谈会。

专项工作

2021 年，山西省禁化武办从监控化学品生产、经营及使用企业名录库中随机抽取 3 家企业进行了监控化学品"双随机、一公开"执法检查。检查过程中，检查组查阅了企业禁化武履约工作的组织领导和接受国际视察的预案，听取了设施代表的视察前情况介绍，查看了监控化学品生产车间、实验室等设施，查阅了监控化学品生产数据台账，对企业在准备过程中存在的问题和短板，及时进行指导并督促整改，确保达到能随时接待国际视察的要求。

（供稿人：马景波、寇世平、樊小娟）

内蒙古自治区

组织协调

内蒙古自治区禁化武办征求内蒙古自治区外事办公室、公安厅、商务厅等 11 个部门的意见，提请内蒙古自治区人民政府下发了《自治区〈禁止化学武器公约〉履约工作部门联席会议制度》（内政办字〔2020〕031 号）。

数据宣布与接受视察

2021 年，在我国向禁化武组织提交的 2020 年过去活动年度宣布中，内蒙古自治区有宣布设施 24 个。

2021 年，禁化武组织没有对内蒙古自治区进行现场视察。

监督管理

内蒙古自治区禁化武办转发了国家禁化武办《关于开展 2021 年监控化学品监督检查的通知》，同时印发了《关于开展全区监控化学品专项监督检查工作的通知》，对 2021 年内蒙古自治区监控化学品专项监督检查工作进行了安排和布置。2021 年内蒙古自治区禁化武办对 3 家监控化学品企业开展了"双随机、一公开"执法检查工作，对 2 家企业的第二类监控化学品的生产和使用情况开展了专项检查工作。针对检查中发现的问题，现场提出整改意见，使企业基础管理工作得到进一步规范和完善，促进了监控化学品监督管理工作规范化、科学化、程序化，提升了内蒙古自治区监控化学品管理水平。

宣传

内蒙古自治区禁化武办开展了"4·29 国际禁止化学武器组织日"宣传活动。在内蒙古自治区政府门户网站开设了"4·29 国际禁止化学武器组织日专栏"，印制了 600 份宣传册发放至自治区《禁止化学武器公约》履约工作厅际联席会议成员单位、自治区工业和信息化厅相关领导和各处室、直属二级单位、各盟市及相关旗县工业和信息化局、工业园区，以及监控化学品生产企业等，增强了 2021 年社会公众的履约意识和履约工作影响力。

培训

针对乌海和阿拉善盟部分监控化学品生产企业履约基础较薄弱的情况，2021 年 5 月 18 日和 21 日，自治区工业和信息化厅组织禁化武履约专家分别深入乌海乌达工业园区和阿拉善盟腾格里工业园区，对两个盟市的监控化学品生产企业开展禁化武履约业务培训工作，使企业履约能力和水平得到提高。

（供稿人：丹江、王晶）

辽宁省

组织协调

2021 年 4 月，辽宁省禁化武办印发了《辽宁省 2021 年履行〈禁止化学武器公约〉工作要点》，向各市禁化武办部署了 2021 年禁化武履约主要工作。

数据宣布与接受视察

2021 年，在我国向禁化武组织提交的 2020 年过去活动年度宣布中，辽宁省有宣布设施 73 个。

2021 年，禁化武组织没有对辽宁省进行现场视察。

监督管理

按照《条例》《细则》要求，辽宁省禁化武办积极组织并开展行政许可工作，2021 年完成 3 家企业的监控化学品生产设施新建审批，3 家企业的监控化学品生产特别许可现场考核，以及 1 家企业新建监控化学品生产设施竣工验收上报。

2021 年 5 月 24 日～ 27 日，辽宁省禁化武办指导沈阳市工业和信息化局会同应急管理局、公安局、营商环境建设局及相关区、县（市）政府，对沈阳市 29 家监控化学品生产企业开展了联合指导检查工作。

宣传

2021 年 4 月 29 日是《公约》正式生效 24 周年纪念日，也是第 6 个国际禁止化学武器组织日。辽宁省禁化武办于 4 月 29 日在辽宁省工业和信息化厅网站首页发布了题为"2021 年 4 月 29 日——中国履行《禁止化学武器公约》24 周年"的宣传报道，同时组织各市禁化武办将国家禁化武办制作的宣传册、宣传海报等通过各单位官方网站、微信公众号、微博等新媒体进行积极宣传。沈阳市组织局机关部分相关处室人员开展座谈宣传活动，丹东市、阜新市利用门户网站、微信群等方式进行宣传。

培训

沈阳市、大连市、锦州市、营口市禁化武履约主管部门分别组织了当地监控化学品企业进行培训学习。

2021 年 9 月 14 日，辽宁省禁化武办派员参加国家禁化武办在北京市举办的国家履行《禁止化学武器公约》专家委员会换届大会。辽宁省有 1 名禁化武履约专家被聘为国家履行《禁止化学武器公约》专家委员会委员。

（供稿人：梁孟佳）

吉林省

组织协调

2021 年 10 月 14 日，吉林省禁化武办下发了《关于加强全省监控化学品管理工作的通知》，要求省内各级禁化武办做好经费保障、执法队伍建设、履约宣布培训等各项工作，督促地区和企业将监控化学品管理责任落实落细落到位，全省监控化学品管理工作平稳有序开展。

数据宣布与接受视察

2021 年，在我国向禁化武组织提交的 2020 年过去活动年度宣布中，吉林省有宣布设施 49 个。

2021 年，禁化武组织没有对吉林省进行现场视察。

监督管理

强化监控化学品管理。吉林省禁化武办从监控化学品生产特别许可管理和考核、监控化学品建设项目管理、监控化学品防扩散等方面持续加大监督检查力度。

加强执法能力建设。吉林省禁化武办组织 1 人参加了由吉林省司法厅组织的执法资格考试，并顺利通过。至此，吉林省禁化武办 4 人全部取得了监控化学品管理执法资格，提升了整体执法能力和水平。

宣传

吉林省禁化武办积极组织开展"4·29 国际禁止化学武器组织日"宣传活动，利用宣传海报、展板、门户网站、微信群等方式开展监控化学品管理普法宣传工作，同时积极参与禁化武履约年度报告的编撰工作。

培训

为做好禁化武 2022 年预计活动年度宣布和监控化学品管理工作，吉林省工业和信息化厅组织召开了全省禁化武履约预计活动年度宣布培训会，系统解读《公约》《条例》《细则》。会上，吉林省禁化武办相关同志分别介绍了吉林省接待禁化武国际视察工作方案和企业接待禁化武国际视察工作预案，讲解了监控化学品行政许可办理流程，并对做好年度宣布工作有关事项提出了具体要求。吉林省禁化武办全体同志，各市（州）、长白山管委会、梅河口市禁化武办相关负责同志和全省监控化学品企业相关责任人参加了会议。通过本次会议，吉林省各级履约人员的业务能力得到了有效提升，为做好履约工作奠定了坚实基础。

专项工作

吉林省禁化武办积极开展监控化学品专项监督检查工作，通过现场检查、下发文件、电话调度等方式，认真履行好《条例》《细则》赋予的各项职权。吉林省工业和信息化厅领导高度重视监控化学品管理工作，有关厅级领导亲自带队，对吉林市等重点地区监控化学品行政许可办理工作情况进行专项检查，督促相关企业严格按照《条例》《细则》规定，及时办理各类行政许可，并对企业相关责任人进行现场约谈。在吉林省禁化武办的悉心指导下，相关企业负责人意识到违法违规可能给企业造成的严重后果，及时按要求补办了各项许可手续。

（供稿人：马力利、金龙）

黑龙江省

组织协调

按照国家禁化武办要求，2021年年初黑龙江省禁化武办安排部署了全省2021年禁化武履约重点工作，总结分析了2020年黑龙江省监控化学品管理的各项工作，加强监控化学品生产、经营和使用行政许可和日常监管工作，做好履约宣传、培训工作，进一步增强监控化学品生产企业主动履约意识，提升禁化武工作负责人履约工作能力，夯实履约工作基础。

数据宣布与接受视察

2021 年，我国向禁化武组织提交的 2020 年过去活动年度宣布中，黑龙江省有宣布设施 21 个。

2021 年，禁化武组织没有对黑龙江省进行现场视察。

监督管理

黑龙江省禁化武办严格按照《公约》《条例》《细则》的规定，依法加强对监控化学品设施建设、生产、经营、使用和储运等活动的管理，进一步规范黑龙江省禁化武履约工作，认真开展行政许可工作，2021 年上报 1 项新建监控化学品生产设施申请并获得国家禁化武办的批复。

宣传

黑龙江省禁化武办将"4·29 国际禁止化学武器组织日"与禁化武履约普法工作相结合，根据新冠肺炎疫情防控的实际要求，组织指导各市通过微信公众号、微信工作群、微信朋友圈等方式开展纪念国际禁止化学武器组织日宣传活动，增强企业履约意识和守法意识，促进社会公众对履约工作的理解和支持。

培训

黑龙江省禁化武办组织各市（地）、企业禁化武责任人开展履行《公约》业务培训工作，重点学习了《公约》《条例》《细则》等基础知识和法律法规。

（供稿人：王冰、曹滨巍）

上海市

组织协调

2021 年，上海市禁化武办积极协调各履约成员单位，深入贯彻国家禁化武办的任务部署，全面推进各项履约工作落实。深化行政审批改革，及时更新行政许可事项清单，优化审批流程；完善政务服务标准化监控化学品管理平台建设，将监控化学品生产许可审查、竣工验收、经营和使用许可事项纳入一网通办；更新监控化学品行政许可表格样式，节约办理时间，贴近企业服务；认真做好监控化学品设施建设、竣工验收、生产、经营、使用等各项行政许可审批工作，夯实履约工作基础；严格依法规范行政许可，严谨审查许可材料，严肃对待现场验收和考核工作，提高行政许可和审查质量，切实发挥源头管控作用；督促企业认真学习《宣布手册》和监控化学品统计调查制度，熟练掌握和使用禁化武数据采集与宣布系统，按要求及时、准确提交数据宣布；针对新冠肺炎疫情防控常态化的新情况，开展监控化学品企业专项监督检查，督促企业完善接受国际视察预案，扎实做好各项基础性准备工作和现场接待工作，要求企业查漏补缺，防患未然，增强企业的履约意识，提升企业的履约能力。

数据宣布与接受视察

2021 年，在我国向禁化武组织提交的 2020 年过去活动年度宣布中，上海市有宣布设施 30 个。

2021 年，禁化武组织没有对上海市进行现场视察。

监督管理

上海市禁化武办依法加强对监控化学品设施建设、生产、经营、使用活动的管理，及时组织专家对相关企业提交的许可申请进行审查。其中，上海市禁化武办对 3 家企业的生产特别许可证申请进行现场考核；对 3 家企业进行设施竣工验收审核；对 5 批次监控化学品进口申请进行最终用户和最终用途审查，根据合同对企业销售、使用等原始记录台账进行检查，切实把好防扩散关口。同时，上海市禁化武办强化日常监管，督促企业做实日常管理基础工作，提醒企业坚持底线思维，增强风险意识，杜绝麻痹懈怠心理，切实做到常备不懈，全面履职。

宣传

上海市禁化武办认真贯彻实施依法办事的行政理念，深入广泛开展监控化学品领域的普法教育宣传工作。结合日常执法检查、专项执法行动进行普法，向行政相对人员发放法规读本，现场普法释理，提高遵法守法意识。在"4·29国际禁止化学武器组织日"，以电子屏滚动播放、张贴宣传海报、发放宣传品等多种形式，在上海市政府集中办公点进行普法宣传；通过上海市经济和信息化委员会官方网站、微信公众号向社会公众广泛宣传《公约》相关知识和上海履约工作情况；积极动员履约企业参与宣传活动，进一步增强企业的履约责任感和自觉性。

培训

上海市禁化武办组织召开2021年上海市禁化武履约企业专题培训班，邀请了上海市禁化武专家，从禁化武组织、法律法规、工作实践、操作程序、审查标准等方面对禁化武履约工作进行解读，要求企业认真学习，细化落实责任，夯实禁化武履约工作基础，提高禁化武履约工作能力。

专项工作

上海市禁化武办深入开展监控化学品企业专项监督检查工作，2021年完成对3家监控化学品企业的专项检查。重点检查了企业的《视察前情况介绍》、物料平衡计算、生产原始记录、原料产品购买及出入库记录、产品销售台账、生产能力评估及产量统计台账等方面。针对检查暴露的问题，上海市禁化武办要求企业及时整改，不断完善，提升禁化武履约工作能力。

（供稿人：陆寅、刘元东）

江苏省

组织协调

江苏省根据国家禁化武办 2021 年履约工作要求和江苏省履约工作特点，提出开展"履约能力建设年"的总体思路，在严格做好数据宣布、接受国际视察准备、规范行政管理、防扩散等常规工作的基础上，着力推动监管部门执法能力提升和企业基础管理能力提升，先后举办和开展了执法人员执法业务培训、监控化学品企业排查整治、"双随机、一公开"执法检查、全省禁化武履约能力竞赛等一系列活动。通过活动，江苏省各级履约管理人员的依法监管能力得到进一步提升，广大履约企业的基础工作得到进一步规范，全省履约工作持续健康发展。2021 年 10 月 28 日，江苏省禁化武办在常熟市召开江苏省禁化武履约工作会议，对近年来全省禁化武履约情况进行了总结回顾，针对新冠肺炎疫情形势下国际视察暂停的特殊背景，对做好监控化学品的常态化管理提出了具体要求。

数据宣布与接受视察

2021 年，在我国向禁化武组织提交的 2020 年过去活动年度宣布中，江苏省有宣布设施 156 个。

2021 年，禁化武组织没有对江苏省进行现场视察。

监督管理

一是规范行政许可。2021 年，江苏省工业和信息化厅共受理办结监控化学品生产设施建设许可初审、监控化学品生产特别许可、第二类监控化学品使用许可等行政许可事项 56 件，其中监控化学品生产特别许可 17 件，第二类监控化学品经营和使用许可 4 件，转报新（改、扩）建监控化学品设施许可申请 10 件。另外，转报监控化学品进口许可 25 件。为提高相关行政许可事项的审查质量，江苏省工业和信息化厅进一步规范监控化学品行政许可办事流程，强化事中监督管理，确保监控化学品设施建设项目、生产特别许可、监控化学品进口活动符合法规规章要求。

二是加强执法基础。江苏省工业和信息化厅印发了《江苏省监控化学品行政执法常用执法文书》和使用规范，为省、市、县工业和信息化部门开展执法检查工作提供了统一的执法文书样式，解决了长期以来各级履约部门执法文书格式不一、执法程序不规范的问题。提升履约监管人员的执法业务能力，组织举办全省禁化武履约执法人员执法业务培训，增强履约监管人员执法监管意识，掌握执法监管要求和开展执法监督和办案基本知识，推动各市履约监管人员通过执法资格考试取得执法证件。目前江苏省各市执法人员持证人数达 31 人，持证率达 90% 以上。

三是开展监督检查。江苏省工业和信息化厅开展监控化学品排查整治，按照全省统一部署，各设区市禁化武履约主管部门组织专家对监控化学品企业的履约工作情况开展排查整治，共检查各类企业 187 家，检查发现履约方面的问题 307 条，下达责令改正通知 30 份。江苏省工业和信息化厅组织开展监控化学品"双随机、一公开"执法检查工作，按照 2021 年度事中事后监管计划，全省组织监督检查人员和履约专家 105 人次，对 13 个设区市的 35 家监控化学品企业开展"双随机、一公开"执法检查工作，共发现问题 82 条，提出提升建议 45 条。江苏省对发现的问题全部反馈各设区市，督促企业落实整改措施并限时完成，实现整改事项闭环管理。

宣传

一是开展系列宣传活动，营造履约社会氛围。江苏省工业和信息化厅以"4·29 国际禁止化学武器组织日"和全省履约能力竞赛为契机，积极开展履约法规和履约知识宣传活动，征集履约宣传海报 16 幅。履约企业、协会积极参与年度履约工作报告编撰，收集上报地方及企业履约报告 10

篇。推荐 5 名履约战线老同志作为"国家履约史"口述人。各设区市分别结合各地实际，开展了形式多样、内容丰富的履约宣传和技能培训活动。

二是举办履约能力竞赛，强化履约工作基础。为切实解决部分企业和履约干部履约意识淡化、履约管理松懈的苗头性问题，2021 年年初，江苏省禁化武办制定了《江苏省履行〈禁止化学武器公约〉能力竞赛方案》，在全省范围内开展履约能力竞赛活动，并召开专题会议进行部署，明确了"六个一"的工作目标，即通过竞赛活动，实现每家企业接受一次法制教育和业务培训，接受一次专家系统辅导，对《视察前情况介绍》进行一次全面修订完善，对 2020 年度数据开展一次视察演练，每个设施代表进行一次模拟视察前情况介绍，发现和储备一批履约业务骨干。各设区市禁化武履约主管部门组织开展了集体培训、专家"一对一"指导、履约能力竞赛初赛等工作。江苏省累计组织专业培训 5 场，参训人员 426 人，专家"一对一"辅导企业 88 家次，指导修订完善《视察前情况介绍》154 份。广大履约企业积极参与，江苏省 154 家监控化学品企业全部完成《视察前情况介绍》修订和生产经营数据核实，并通过初赛活动积累经验、发现不足，加强了对宣布数据、接受视察、监控化学品管理等主要履约义务和具体工作要求的理解，有效增强了企业履约意识，提升了业务水平。2021 年 10 月底，江苏省禁化武办在江苏省常熟市举办了全省禁化武履约能力竞赛（决赛）活动，模拟视察前情况介绍、视察员询问、核实生产数据等接受国际视察主要环节活动，由各设区市禁化武履约主管部门推荐的 22 家企业同场竞技、切磋交流，取得了良好效果。履约能力竞赛的举办，进一步激发了广大企业干部职工积极参与履约工作的热情，有力增强了地方禁化武履约主管部门做好履约工作的创新争先意识，为应对履约工作新形势新挑战奠定了坚实基础。

培训

开展执法业务培训，提升执法监管水平。2021 年 3 月，江苏省禁化武办举办了全省禁化武履约执法人员执法业务培训，邀请国家禁化武办、省高级人民法院、省司法厅等单位业务处室负责同志进行授课。各设区市禁化武履约主管部门启动执法人员持证上岗，目前 13 个设区市已有 31 人取得了行政执法资格。

专项工作

江苏省工业和信息化厅结合第二类监控化学品管理工作实际，先后开展监控化学品经营工作调研、现场检查工作，对企业经营第二类监控化学品情况进行监督检查，并在此基础上印发了《关于加强第二类监控化学品经营管理的通知》，对规范企业内部管理流程，加强经营资格审查，强化事后监督管理，明确省、市、县各级工业和信息化部门监管职责做出了明确要求。

（供稿人：陈忠明）

浙江省

组织协调

为确保履约各项工作的顺利开展，浙江省禁化武办转发了国家禁化武办《2021 年履行〈禁止化学武器公约〉工作要点》的通知，并就浙江省做好禁化武履约工作提出 6 点要求。一是健全履约管理体系。鉴于近年浙江省、市、县级禁化武履约主管部门人员调整比较普遍的现状，要求各地加强履约工作领导，根据《细则》要求，抓好履约工作体系和队伍建设，保障工作经费，为做好履约工作提供组织保障。二是落实行政审批改革。按照《浙江省保障"最多跑一次"改革规定》和《浙江省建设法治政府（依法行政）工作联席会议办公室关于公布行政许可事项目录和告知承诺制行政许可事项目录的通知》要求，第二类监控化学品使用许可、第二类监控化学品经营许可、改变第二类监控化学品使用目的许可 3 项监控化学品行政审批事项已委托下放设区市经济和信息化局，要求抓好相关工作的衔接落实，规范审批行为、创新审批方式、优化审批流程、完善事中事后监管措施，确保接得住、管得好、有监督。三是严格履行监管职责，分级分类监管。浙江省禁化武办对第二类监控化学品企业实施全覆盖检查，依托浙江省行政执法监管平台，采取省、市经济和信息化部门联合执法，对第三类、含磷、硫、氟的第四类监控化学品企业实行"双随机、一公开"执法检查，要求各级履约主管部门加大监督检查力度，加强对企业信息筛查，查漏补缺，督促和指导企业做好年度宣布和监控化学品相关审批工作，防范化解履约风险隐患。四是积极应对国际视察。受新冠肺炎疫情影响，2020年禁化武组织只完成原定计划34%的工业视察任务，2021年全球工业视察计划次数并未减少，还将优先完成第二类、第三类监控化学品设施初始视察，且第二类监控化学品设施视察比例有所增加。因此，国际视察一旦重启，宁波市、嘉兴市、绍兴市、舟山市、台州市等地达到视察阈值但未接受过国际视察的第三类监控化学品生产企业、新宣布的第二类监控化学品使用企业，以及后续视察期限内的第二类监控化学品生产、使用企业面临国际视察的概率很大。针对禁化武国际视察新动态，要求各级禁化武履约主管部门指导达到视察阈值的监控化学品企业建立接待国际视察预案，督促企业加强生产现场管理，规范各类数据资料，切实做好接受视察的各项准备工作，确保国际视察顺利通过。五是做好履约宣传培训。结合"4·29国际禁止化学武器组织日"开展履约宣传活动，浙江省禁化武办组织禁化武履约领域和社会公众参加线上禁化武履约宣传普法主题知识竞赛和宣传海报评选等活动，加强工业履约和化工安全宣传，推动企业增强守法意识和履约主动性，提高社会公众对禁化武履约的认知度，营造履约良好环境。六是加强专家队伍建设。依托高等院校、科研院所和相关行业协会，进一步调整充实浙江省履约专家队伍，要求各市经济和信息化局重视培养本地区履约技术人员，经培训考核后充实到履约管理专家队伍。加强国际组织职员后备人才选拔培养和推送，浙江省禁化武办组织化工相关专业技术人员参与履约培训，鼓励和推荐具备条件的技术专家参与国际履约重要会议、重要事务及履约重大问题研究等活动。

浙江省禁化武办梳理分析浙江省各市近 2 年履约工作情况，并在全省材料工作座谈会上进行通报。推荐了 1 名履约专家担任国际禁化武组织教育和外联咨询委员会委员。

数据宣布与接受视察

2021 年，在我国向禁化武组织提交的 2020 年过去活动年度宣布中，浙江省有宣布设施 185 个。

2021 年，禁化武组织没有对浙江省进行现场视察。

监督管理

浙江省认真贯彻执行《条例》《细则》，依法加强对监控化学品设施建设、生产、使用、进口等活动的管理。完成了 14 家企业新建生产设施的审核上报、2 家企业设施的竣工验收、9 家企业生产特别许可的申（换）证工作，以及进口监控化学品的审核工作。对在库第二类监控化学品生产、使用企业实行了全覆盖检查。

浙江省禁化武办进一步做好监控化学品监管事项标准化规范化工作，承接好国家下放的监控化学品生产特别许可审批事项，修改完善监控化学品行政审批办事指南，并在省经济和信息化厅门户网站公布，供各级经济和信息化部门和企业查阅。及时更新浙江省行政执法监管平台数据库中有关监控化学品的监管信息，完善监控化学品行政检查、行政处罚实施清单。

宣传

结合 2021 年 4 月 29 日《公约》正式生效纪念日暨第 6 个国际禁止化学武器组织日，浙江省禁化武办积极部署和开展履约主题宣传活动和普法教育。在浙江企业信息平台和浙江省经济和信息化厅门户网站首页分别开设禁化武履约宣传专栏，在"浙江经信"微信公众号介绍浙江省履约工作。走进企业、大学张贴海报、发放宣传册、组织履约宣传普法主题知识竞赛。浙江省 11 个市经济和信息化局和重点化工园区均同步开展宣传活动，利用新媒体和传统媒体，面向社会公众普及《公约》知识，宣传履约政策法规，提高社会公众对禁化武履约的认知度。浙江省共印制和发放履约宣传册 2000 余册、海报 260 余份，经信微信平台推送 3 条宣传信息，组织 5780 人参加禁化武履约宣传普法主题知识竞赛活动。浙江省禁化武办获得了国家禁化武办联合工业和信息化部新闻宣传中心举办的 2021 年度"禁化武履约宣传普法主题知识竞赛"优秀组织奖。

培训

做好新冠肺炎疫情防控常态化形势下的履约培训工作。为规范履约行为，继续推进禁化武履约培训教材 1～4 册的学习应用，浙江省禁化武办选派专家赴市（地）宣讲，2021 年共组织 5 个市 261 人，就数据宣布、接受视察和监控化学品管理等内容进行业务培训。同时，结合生产特别许可考核和监督检查工作，现场检查指导企业建立健全生产记录、出入库记录和销售记录等原始记录和台账，规范工艺技术标准和操作规程，指导和督促企业加强生产管理和制度建设，取得了良好效果，有效提高了企业履约的积极性和主动性，进一步提升了浙江省履约能力。

专项工作

浙江省禁化武办积极落实监控化学品领域"互联网＋监管"工作，持续推进跨层级的监控化学品"双随机、一公开"抽查监管机制。及时更新浙江省行政执法平台中监控化学品抽查对象名录库和禁化武履约执法检查人员名录库，公布 2021 年度监控化学品"双随机、一公开"执法检查计划。2021 年二季度，综合企业信用等方面因素，在浙江省行政执法平台随机抽取 10 家监控化学品企业和相关执法检查人员。2021 年三季度和四季度，运用"掌上执法"，开展省市联合监控化学品"双随机"实地检查工作，检查结果在平台公示。2021年，浙江省监控化学品"双随机、一公开"抽查监管工作涉及宁波市、温州市、嘉兴市、金华市、衢州市、台州市6个市辖区的企业，浙江省10个地市禁化武办参与执法检查，抽查监管工作做到了操作透明、程序规范、公开及时。

（供稿人：朱小庆）

安徽省

组织协调

2021年6月23日～25日，安徽省禁化武办在安庆市召开了安徽省禁化武履约工作会议，总结了安徽省近年来禁化武履约工作，安排部署了下一步禁化武履约重点工作。

数据宣布与接受视察

2021年，在我国向禁化武组织提交的2020年过去活动年度宣布中，安徽省有宣布设施34个。

2021年，禁化武组织没有对安徽省进行现场视察。

监督管理

2021年，安徽省禁化武办完成国家行政许可事项下放对接相关工作，完善第二类、第三类监控化学品和含磷、硫、氟的第四类监控化学品的生产特别许可办事流程图和办事指南，修改完善事中事后监管有关内容。2021年完成监控化学品生产特别许可事项4项，监控化学品经营许可事项1项，新建监控化学品生产设施初审事项4项，监控化学品设施竣工验收1项，并上报给国家禁化武力。

宣传

2021 年 4 月 29 日是《公约》正式生效 24 周年纪念日，也是第 6 个国际禁止化学武器组织日，根据国家禁化武办的工作安排，安徽省经济和信息化厅在厅门户网站上推送了禁化武宣传册，通过新媒体适时推送宣传小视频，在全省范围内开展禁化武履约宣传工作。

培训

为夯实安徽省禁化武履约基础，提升禁化武履约工作人员的能力和水平，2021 年 6 月 23 日～25 日，安徽省禁化武办在安庆市组织举办了全省禁化武履约工作培训班，各市、部分履约工作重点县禁化武履约主管部门的相关工作人员，以及全省履约企业的设施代表和数据宣布人员 110 余人参加了培训。培训班上国家禁化武办负责同志讲解了行政许可注意事项；禁化武履约专家介绍国际禁化武组织的历史沿革，并对禁化武履约国际形势进行回顾与展望，就企业如何做好接受国际视察进行了精心辅导。培训期间，安徽省禁化武办组织专家对 1 家企业开展了视察演练，并组织了部分企业现场观摩演练全过程。参加培训的学员对此次培训予以高度肯定，培训取得了预期效果。

（供稿人：唐旭）

福建省

数据宣布与接受视察

2021 年，在我国向禁化武组织提交的 2020 年过去活动年度宣布中，福建省有宣布设施 45 个。

2021 年，禁化武组织没有对福建省进行现场视察。

监督管理

在日常监督管理方面，福建省主要抓好 4 个方面的工作。一是不断完善制度建设。根据国家禁化武办要求，2021 年 12 月，福建省更新了涉及监控化学品行政许可的相关表格和参考样式。二是积极服务企业，福建省指导企业做好行政许可申请工作。2021 年 5 月和 7 月，福建省指导 2 家企业办理了新建监控化学品设施初审，指导 1 家企业办理了监控化学品特别生产许可申请。三是积极做好防扩散工作。福建省对省内唯一一家进口监控化学品的经营企业加强进口活动管理，指导企业加强监控化学品流向登记，规范监控化学品的经营活动，2021 年福建省共出具进口第二类、第三类监控化学品最终用途证明 31 件。四是通过"双随机、一公开"方式加强对企业的监督抽查，2021 年共抽查了 3 家企业，并对发现的问题，责令企业限期完成整改。

宣传

福建省积极开展禁化武相关普法宣传工作。一是认真组织开展线上宣传工作，在省内各级主管部门门户网站、微信公众号发布禁化武有关普法宣传海报和专题知识，提升线上宣传覆盖度；二是积极组织福州大学、福建师范大学等高校在学校内开展履约知识竞赛和宣传活动，提高化工专业师生的履约知识水平；三是积极下沉企业和园区，先后调研了莆田石门澳、龙岩朋口和南平金塘等化工园区，组织园区管委会和园区内相关企业开展专题宣传活动，增强园区管理人员和企业员工的履约意识。

（供稿人：余陈荣）

江西省

组织协调

江西省人民政府分管领导高度重视禁化武履约工作，对国家禁化武办印发的通报、简报，以及江西省禁化武办的专报等做出专门批示。江西省工业和信息化厅主要领导多次强调要认真做好禁化武履约工作，建立长效机制。

数据宣布与接受视察

2021 年，在我国向禁化武组织提交的 2020 年过去活动年度宣布中，江西省有宣布设施 29 个。

2021 年，禁化武组织没有对江西省进行现场视察。

监督管理

2021 年，江西省工业和信息化厅办理了 2 家第三类监控化学品企业和 1 家含磷、硫、氟的第四类监控化学品企业的生产特别许可证书换证审核，办理了 1 家含磷、硫、氟的第四类监控化学品企业的新改扩建设施审核，办理了 1 家第二类、2 家第三类、3 家含磷、硫、氟的第四类监控化学品企业的竣工验收审核和上报。

2021 年，江西省工业和信息化厅承接了工业和信息化部下放的第二类、第三类监控化学品和含磷、硫、氟的第四类监控化学品的生产特别许可权力事项，制定了审批流程、审批时限及申报材料要求，并在江西省政务服务网上发布。强化监控化学品生产特别许可审批，组织专家赴现场审查企业履约及生产管理情况，查找存在的问题，指导企业提升履约能力和管理水平。将禁化武行政许可事项全部纳入江西省工信系统"智慧工信一网通办"审批系统，企业通过该系统网上直接申办相关事项，实现"网上申报、一次不跑"。

宣传

2021 年，按照国家禁化武办统一部署，江西省禁化武办要求各地工业和信息化部门加强"4·29 国际禁止化学武器组织日"宣传。在江西省工业和信息化厅门户网站、履约微信群、QQ 群宣传禁化武履约相关知识和工作等。

培训

2021 年 11 月 30 日，江西省禁化武办在南昌市召开了全省禁化武履约培训视频会议，对企业和地市禁化武履约主管部门进行了《公约》《条例》《细则》等法律法规、生产特别许可、接受国际视察、数据宣布等方面的培训。江西省禁化武履约专家、各设市（区）和县（区）工业和信息化局禁化武履约分管领导及科室负责人、监控化学品企业法定代表人及经办人共计 280余人参加会议。通过此次会议，大家提高了履约意识，增强了履约能力。

（供稿人：刘敬东）

山东省

组织协调

2021 年，山东省禁化武办组织各市、区（县）及监控化学品企业，严格履行《公约》义务，贯彻《条例》《细则》规定，按照国家禁化武办工作部署开展各项履约工作。积极参加国家禁化武办举办的会议、培训。举办全省禁化武履约工作培训班。

数据宣布与接受视察

2021 年，在我国向禁化武组织提交的 2020 年过去活动年度宣布中，山东省有宣布设施 321 个。

2021 年，禁化武组织没有对山东省进行现场视察。

监督管理

按照《条例》要求，山东省禁化武办及时开展监控化学品日常监管工作，办理了 35 家企业监控化学品生产设施建设初审，18 家企业生产特别许可初审，6 家企业监控化学品生产设施竣工验收初审，19 家企业监控化学品生产特别许可审批，5 家企业第二类监控化学品使用批复事项。

山东省禁化武办对辖区内监控化学品企业的情况进行调查，令设施建设和生产特别许可有缺失的企业进行整改，为企业办理各类行政许可事项进行辅导和服务。认真审核进口监控化学品最终用途，确保各类监控化学品用于和平目的，防止化学武器扩散。

宣传

山东省禁化武办积极参与国家禁化武履约宣传主题活动，充分调动基层履约机构加强履约宣传，印制宣传册、海报；通过多种渠道在机关、企业和学校等地分发宣传册、张贴海报，宣传禁化武履约工作。

培训

2021 年 12 月 9 日，山东省禁化武办在山东省威海市召开了全省禁化武年度工作会议，举办了全省禁化武履约综合培训班，布置数据宣布工作，培训数据宣布应用系统，学习《条例》《细则》，落实国务院深化"证照分离"改革，深化"放管服"改革，优化营商环境，进一步激发市场主体发展活力的要求，解读"双随机、一公开"执法检查等事中事后监管工作要求。省市禁化武履约人员进行充分交流，现场解答相关问题，讨论如何在新冠肺炎疫情常态化防控形势下，做好履约工作。

专项工作

严格履行监管职责，山东省禁化武办对全省 18 家监控化学品企业进行"双随机、一公开"执法检查，督促企业完善履约基础资料，提升接受禁化武组织视察的能力。

（供稿人：罗新军、田晓慧）

河南省

组织协调

一是河南省禁化武办组织召开了河南省禁化武履约工作会议。会议总结了河南省 2020 年的履约工作，分析了国际国内的履约新形势，部署了 2021 年的工作要点，表彰了 2020 年履约先进集体及先进个人。二是河南省禁化武办印发了《河南省 2021 年履行〈禁止化学武器公约〉工作要点》，要求各省辖市做好全年履约工作。

数据宣布与接受视察

2021 年，在我国向禁化武组织提交的 2020 年过去活动年度宣布中，河南省有宣布设施 63 个。

2021 年，禁化武组织没有对河南省进行现场视察。

监督管理

一是河南省禁化武办认真贯彻涉企经营许可事项的"证照分离"改革。贯彻落实《工业和信息化部关于深化"证照分离"改革的通告》，取消第二、三类监控化学品和含磷、硫、氟的第四类监控化学品的生产特别许可初审，承接工业和信息化部移交的"第二类、第三类监控化学品和含磷、硫、氟的第四类监控化学品的生产特别许可审批。对第二类监控化学品经营许可等涉企经营许可事项审批进行优化，实行简化审批材料、优化审批流程、优化行政许可申请网上办事指南等改革措施，真正做到行政许可便捷高效，最大限度地减轻企业负担。

二是河南省禁化武办依法依规开展行政许可工作。严格按照《条例》《细则》规定，对申请监控化学品设施建设审批的企业及时进行审核，对符合国家有关政策的企业，及时上报国家禁化武办审批。2021年共办理监控化学品生产设施新（扩、改）建初审项目3项、设施拆除（永久停产）项目9项。

三是河南省禁化武办强化监控化学品进出口监管工作。审慎监管，做好进口监控化学品最终用途审查工作，严防非法转让风险，2021年审查了1家企业1个批次进口经营监控化学品事项。

四是河南省禁化武办加强监控化学品监管。继续组织监控化学品企业进行互联网发布信息自查与排查，对虚假信息进行清理。对5个省辖市禁化武履约主管部门依法行政情况进行抽查指导。

五是河南省禁化武办做好接受视察的准备工作。指导企业完善监控化学品物料平衡电子台账和《视察前情况介绍》，提高企业的履约管理水平和接受视察能力。

宣传

河南省禁化武办紧紧围绕"践行总体国家安全观"活动主题要求，印发了《河南省工业和信息化厅关于做好"4·29"国际禁止化学武器组织日宣传工作的通知》，发动全省各市、县工业和信息化主管部门和相关企业积极参与国家禁化武办组织的海报征集活动，并在4月29日前后组织了大规模的宣传活动。通过各基础电信运营商向全省移动电话用户发送禁化武公益短信；在"河南工信"微博、微信公众号上发布了禁化武宣传海报和有关文章；利用办公区电子屏持续播放禁化武宣传片，全面宣传禁化武相关法律法规；组织全体干部职工观看宣传展板。各项工作组织周密，活动形式丰富多彩，取得了积极的宣传效果，进一步提高了社会公众对禁化武工作的认知度。

培训

2021年6月30日，河南省禁化武办在新乡市举办了全省履行《公约》

培训班，各省辖市禁化武办负责同志和业务骨干，以及重点监控化学品生产、使用企业设施代表和数据申报人员参加了培训。培训班邀请了履约专家就履行《公约》进行了专题授课，河南省禁化武办的相关同志就监控化学品的行政监管和行政许可进行了讲解，并开展了接受禁化武组织视察演练。

专项工作

开展监控化学品企业监督抽查活动。2021 年，河南省禁化武办对开封市、新乡市、南阳市、平顶山市、安阳市等地市的 12 家监控化学品企业履约情况进行了抽查，提出问题整改建议 28 条，并督促企业全部整改到位。

（供稿人：刘国正、韩中星）

湖北省

组织协调

为加强湖北省监控化学品管理，促进监控化学品企业高质量发展，抓好履约各项任务落实，湖北省禁化武办向各市（县、区）经济和信息化主管部门印发了《湖北省禁化武履约 2021 工作要点》，从数据宣布、接受视察各项准备、加强履约监管、履约宣传培训、强化履约体系建设、发挥桥梁纽带和技术支撑作用等方面部署全省禁化武履约工作。湖北省禁化武履约工作进一步规范化、制度化，企业履约守法意识得到了加强。

数据宣布与接受视察

2021 年，在我国向禁化武组织提交的 2020 年过去活动年度宣布中，湖北省有宣布设施 60 个。

2021 年，禁化武组织没有对湖北省进行现场视察。

监督管理

湖北省禁化武办加强监控化学品日常监管。一是严格监控化学品生产设施建设管理。指导 2 家第二类、2 家第三类、2 家含磷、硫、氟的第四类监控化学品企业的生产设施建设申请。二是加强新（扩、改）建生产设施的竣工验收工作，组织了对 2 家含磷、硫、氟的第四类监控化学品企业生产设施的竣工验收。三是加大生产特别许可取（换）证工作力度，组织了对 6 家企业的 14 个监控化学品（第二类、第三类和含磷、硫、氟的第四类）进行了生产特别许可取（换）证现场考核。四是强化企业基础管理和制度建设，建立健全履约保证体系。五是对 3 家第二类监控化学品使用企业进行现场审查核验，并颁发第二类监控化学品使用许可证。六是加大执法力度，严肃查处违规行为。依据《条例》《细则》规定，按照国家禁化武办的要求，对第二类、第三类，以及含磷、硫、氟的第四类监控化学品设施建设、生产、销售、使用进行了专项检查，先后关停了违规生产第二类监控化学品的企业，对违规建设第二类、第二类，以及含磷、硫、氟的第四类监控化学品设施的企业进行查处，下达整改通知书，限期整改，并将企业纳入监管体系。

宣传

湖北省禁化武办以 2021 年 4 月 29 日《公约》正式生效 24 周年纪念日暨第 6 个国际禁止化学武器组织日为契机开展了履约普法宣传活动。一是创新履约宣传工作思路，会同省工业和信息化厅法规处在全厅开展禁化武履约宣传普法讲座，履约宣传走进机关。二是广泛征集履约宣传作品，湖北省多幅作品进入全国公众投票前 10 名，其中有 2 幅主题海报入选。三是翻印分发国家禁化武办制作的《2021 年国际禁化武组织日宣传册》到高校、科研院所、各县（市、区）禁化武履约主管部门和企业，进一步增强了社会公众的履约意识，提高了全社会对履约工作的认知度，扩大了禁化武履约工作的影响，收到了良好的效果。

培训

湖北省禁化武办创新履约培训方式。印发了《2021年湖北省禁化武履约工作培训教材》，分发到县（市、区）和企业。2021年11月，在湖北省荆州市举办了2021年全省禁化武履约业务培训班，邀请了5位省禁化武履约专家现场授课，培训教材贴近湖北省禁化武工作实际，专家讲授深入浅出，富有知识性和指导性，深受广大企业的好评。选派专家赴荆州市及其县（市、区）工业和信息化局领导及工作人员培训班授课，宣讲《条例》《细则》，提高县（市、区）禁化武工作人员的履约意识和业务素质。

湖北省禁化武办扎实做好接受国际视察工作准备。深入宜昌、襄阳、荆门、仙桃等地及当地监控化学品企业，按照国家禁化武办要求，检查企业落实接受国际视察的各项准备工作，要求达到视察阈值的第二类、第三类和含磷、硫、氟的第四类监控化学品企业做好能随时接受国际视察的技术准备。组织禁化武履约专家对2家省内监控化学品企业开展国际视察演练，进行接受国际现场视察的全过程（包括视察程序、内容和要求）模拟。通过视察演练，监控化学品企业接受国际视察的能力和水平得到进一步提升。

专项工作

湖北省禁化武办加大专项监督检查力度。一是要求各市和监控化学品企业按照国家禁化武办通知要求进行自查。二是选派相关市禁化武履约管理人员和专家组成检查组，进行交叉专项监督检查，推动各地区交流学习，整体提升各级主管部门和企业的禁化武履约水平。检查了襄阳市、荆州市、天门市、仙桃市和随州市5个市的15家企业，从企业履约基础管理工作情况、接受视察准备情况、贯彻落实《条例》《细则》情况3个方面进行检查，就不同企业的履约情况分别提出限期整改意见，进一步夯实了监控化学品企业履约工作基础。

湖北省禁化武办加强对企业的服务指导。组织专家到随州市、荆州市、襄阳市、荆门市、黄冈市、仙桃市的监控化学品企业提供履约技术咨询服务。现场指导第二类、第三类和含磷、硫、氟的第四类监控化学品企业准备生产设施建设、竣工验收和生产特别许可申报材料等。依据履约法规和国家产业政策，加强对沿江监控化学品企业搬迁建设的业务指导。

（供稿人：戴兰林）

湖南省

组织协调

2021 年 12 月 17 日，湖南省工业和信息化厅召开了湖南省禁化武履约专题培训会议，对全省市（州）和重点县分管禁化武工作的主要负责人、各监控化学品生产企业的设施代表和数据宣布工作人员进行了培训，对 2021 年禁化武履约工作进行了全面总结，对 2022 年禁化武履约工作进行了安排和部署。

湖南省工业和信息化厅加强对市（州）禁化武工作的指导和对省内监控化学品企业的监管，认真做好年度宣布、日常监管、接受国际视察准备等履约工作。加强履约工作和行业管理相结合，规范企业生产经营行为，提升监控化学品生产企业的技术装备水平和管理水平，支持企业采用先进生产技术和新装备，推进监控化学品生产企业转型升级和绿色高质量发展。

数据宣布与接受视察

2021 年，在我国向禁化武组织提交的 2020 年过去活动年度宣布中，湖南省有宣布设施 23 个。

2021 年，禁化武组织没有对湖南省进行现场视察。

监督管理

湖南省工业和信息化厅严格按照《条例》《细则》规定，依法加强监控化学品生产设施建设、生产、经营、使用等活动的管理，进一步规范全省禁化武履约工作。

一是落实《条例》的各项职责，严格监控化学品日常监管。按照《条例》《细则》的要求，湖南省工业和信息化厅对监控化学品设施建设、生产、进出口等活动进行全程监管，规范监控化学品生产企业的生产经营活动。对申请监控化学品生产设施建设和生产特别许可的企业，严格按照工作流程，认真审核，并严格执行考核标准，组织专家到现场考核。

二是做好监控化学品生产企业的检查指导。湖南省工业和信息化厅对全省监控化学品生产企业，按国家禁化武办的要求开展监督检查，并组织监控化学品生产特别许可证抽查复查。对申请监控化学品生产特别许可的企业，严格按照工作流程、考核标准，组织专家赴现场考核，审核上报。

三是指导企业做好接受视察的准备工作。通过培训班等形式，湖南省工业和信息化厅对市（州）工业和信息化部门负责人和重点监控化学品企业就《接受禁止化学武器组织现场视察工作规范（试行）》进行专题培训，明确相关部门和地市禁化武办的工作职责。组织专家团队重点对第三类监控化学品和含磷、硫、氟的第四类监控化学品生产企业进行现场指导，帮助企业核实有关宣布数据、台账，并对《视察前情况介绍》进行修改完善，对接受视察方案、生产现场和相关设施要求进行指导，确保企业做好接受国际视察的各项准备工作。

四是积极做好防扩散工作。湖南省工业和信息化厅对省内监控化学品进出口企业加强指导，指导企业加强监控化学品流向登记管理，规范监控化学品的经营活动。

五是推进禁化武行政审批。根据《湖南省加快推进"互联网＋政务服务"工作实施方案》和湖南省人民政府的统一部署，湖南省工业和信息化厅对涉及禁化武履约工作的 5 项行政审批和初审事项，实行政务公开，开展政务服务事项网上办理工作。

宣传

2021 年 4 月 29 日是第 6 个国际禁化武组织日，湖南省工业和信息化厅高度重视。根据国家禁化武办的要求，湖南省进行了周密的安排部署，在湖南省工业和信息化厅门户网站上进行了宣传，并印制和发放了《2021年国际禁化武组织日宣传册》等相关宣传品，发文组织指导各市（州）工业和信息化部门，围绕《公约》《条例》《细则》及履约相关工作，自上而下地开展了多种形式的宣传活动。通过系列宣传活动，监控化学品企业和社会公众更加深刻认识到化学武器的危害、禁化武组织在销毁化学武器方面发挥的重要作用及履行《公约》的严肃性，进一步增强了企业做好履约工作的自觉性。

为进一步提升行政效能和服务质量，湖南省工业和信息化厅在门户网站对履约政策法规、履约相关活动、重点工作进行了网上宣传，主动公开监控化学品行政许可事项依据、程序和审批时限。

培训

为贯彻落实国家禁化武办的工作要求，2021年12月，湖南省工业和信息化厅举办了全省禁化武履约工作培训班，对《公约》《条例》《细则》的内容、数据宣布系统的使用进行了详细的讲解，进一步增强全省工业和信息化系统、监控化学品企业的履约意识，夯实履行《公约》工作基础，提升湖南省履约能力和履约水平。

（供稿人：孟建华、康文娟）

广东省

组织协调

一是加强组织领导，完善履约工作体系。一方面结合广东省机构改革，部分单位职能发生变化的实际情况，根据履约工作需要，广东省工业和信息化厅重新调整了广东省履行《公约》工作联席会议成员单位，进一步完善履约工作体系，为广东省履约工作提供了全面有力的保障。另一方面，为加强组织协调，切实做好广东省禁化武履约相关工作，进一步落实好广东省履行《公约》工作联席会议制度，广东省工业和信息化厅修订了《广东省履行〈禁止化学武器公约〉联席会议成员单位工作职责》，明确了联席会议各成员单位职责、任务分工和要求，确保履约工作落到实处。

二是规范做好接受国际视察的准备。为履行国际义务、维护国家利益、服务监控化学品企业、建立广东省接受禁化武组织现场视察的常态工作机制，广东省工业和信息化厅根据《公约》《接受禁化武组织现场视察工作规范（试行）》和国家履约工作要求，于10月印发了《广东省接受禁化武组织现场视察工作规则》。

数据宣布与接受视察

2021年，在我国向禁化武组织提交的2020年过去活动年度宣布中，广东省有宣布设施25个。

2021年，禁化武组织没有对广东省进行现场视察。

监督管理

一是立足服务企业，做好监控化学品行政许可工作。2021年，广东省工业和信息化厅为2家企业换发了第三类监控化学品生产特别许可证，为1家企业新发了第三类监控化学品生产特别许可证；为1家企业补办含磷、硫、氟的第四类监控化学品生产特别许可初审、监控化学品生产设施建设许可初审；为1家企业的监控化学品生产设施进行竣工验收；为1家企业办理了含磷、硫、氟的第四类监控化学品生产设施竣工验收和生产特别许可初审；为1家企业办理了2次进口监控化学品最终用途确认。

二是加强制度治理，落实行政许可要求。根据工业和信息化部《关于深化"证照分离"改革的通告》（以下简称《通告》）要求，广东省工业和信息化厅做好取消第二类、第三类监控化学品和含磷、硫、氟的第四类监控化学品生产特别许可的初审工作，积极承接第二类、第三类监控化学品和含磷、硫、氟的第四类监控化学品生产特别许可的审批职权，并在广东省政务服务事项管理系统增加了此许可事项。广东省第二类监控化学品经营许可审批时限在《通告》发布前已经完成压减，低于《通告》要求的 18 个工作日。

三是加强有效监管，严格组织监督检查。广东省工业和信息化厅严格落实监控化学品全生命周期行政许可管控措施，认真做好监控化学品全流程监管。严格按照《条例》《细则》《广东省人民政府办公厅关于印发广东省全面推行"双随机一公开"监管工作实施方案的通知》《广东省工业和信息化厅"双随机"抽查工作细则（试行）》等文件要求，2021年广东省工业和信息化厅抽取了近三年来未被检查的 5 家监控化学品企业进行执法检查。对检查中发现的问题，指导督促企业按要求整改。

宣传

在"4·29 国际禁止化学武器组织日"宣传活动期间，广东省工业和信息化厅组织印制《2021 年国际禁化武组织日宣传册》，向相关地市工业和信息化部门和监控化学品企业发放。同时通过广东省工业和信息化厅公众网、微信公众号和政务微信转发宣传内容。

培训

为提升禁化武履约工作组织能力，妥善应对国际形势变化对我国履约工作带来的挑战，进一步服务履约相关企业，提高履约企业和地市禁化武工作人员对数据宣布重要性的认识和对《视察前情况介绍》准备工作，广东省工业和信息化厅于 2021 年 4 月下旬组织相关地市工业和信息化部门主管人员和有关监控化学品企业负责人举办了"4·29"禁化武履约宣传培训活动。2021 年 11 月，广东省工业和信息化厅还组织了一期禁化武履约业务专题研修班，培训对象包括省、重点市工业和信息化主管部门履约工作负责人员、企业负责履约的工作人员及行业专家。通过培训，广东省禁化武履约工作相关负责人的业务水平得到了提升，监控化学品企业的履约工作日常管理得到加强，专家履约工作支撑能力得到提升，广东省履约队伍建设进一步得到加强，更好地满足了广东省履约工作的需要。

专项工作

2021 年 5 月 25 日，广东省工业和信息化厅相关负责同志陪同国家禁化武办检查组对省内 1 家监控化学品企业进行了专项检查。检查发现了 5 项问题，监控化学品企业报送已完成其中 3 项整改，另有规范原始台账记录、确认相关监控化学品实际产能并补办相关手续 2 项正在整改中。

（供稿人：郑威、佘准）

广西壮族自治区

组织协调

广西壮族自治区履行《禁止化学武器公约》工作领导小组办公室设在广西壮族自治区工业和信息化厅，由石化建材处承担广西禁化武履约日常工作。2021 年，按照国家禁化武办工作要求，广西壮族自治区禁化武办强化贯彻落实、严抓履约监管，从数据宣布、接受国际视察各项准备、加强履约监管、扩大履约宣传培训、强化履约体系建设、发挥专家智库技术支撑作用等方面部署全区禁化武履约工作。全区禁化武履约工作得到进一步规范化、制度化，企业履约守法意识得到提升。

数据宣布与接受视察

2021 年，在我国向禁化武组织提交的 2020 年过去活动年度宣布中，广西壮族自治区有宣布设施 30 个。

2021 年，禁化武组织没有对广西壮族自治区进行现场视察。

监督管理

广西壮族自治区禁化武办高度重视禁化武履约工作，大力推进"减证便民"工作。按照"最多跑一次"的要求，进一步深化"互联网＋政务服务"，推进审批服务便民化。对监控化学品行政许可事项，严格按照《条例》《细则》要求，优化行政审批流程，绘制审批流程图，提升禁化武履约工作的总体水平。

宣传

一是以"4·29 国际禁止化学武器组织日"为契机，广西壮族自治区禁化武办精心准备、认真筹划了履约宣传活动，充分利用海报、电子屏、新媒体等方式向化工企业、社会公众普及禁化武履约知识，广泛宣传禁化武履约工作的重要意义，取得了较好的效果。二是翻印分发《监控化学品管理文件汇编》到区内各市（县、区）履约主管部门、履约专家、履约重点企业，进一步增强各方的履约意识，提高对履约工作的认知度，扩大了禁化武履约工作的影响，取得了良好效果。

培训

广西壮族自治区禁化武办积极参加国家禁化武办举办的履约培训班，掌握国际国内禁化武履约形势，学习日常监管和接受国际视察准备等相关知识。同时，充分考虑履约工作政治性、纪律性、专业性要求高的特点，分层分类开展培训工作，不断提高履约干部的综合素质。

（供稿人：陈超群）

海南省

组织协调

2021 年，分管厅领导多次组织原材料工业处对禁化武年度工作进行专题研究和部署。海南省禁化武办组织省内履约企业学习《公约》《条例》《细则》《接受禁化武组织现场视察工作规范（试行）》《禁止化学武器组织宣布手册（2013）》《全国监控化学品统计调查制度》等履约法规和相关文件，要求企业全面准确掌握宣布要求，熟练使用电子宣布系统，确保数据宣布各项工作落实到位，并认真核对履约企业的宣布数据，确保数据宣布准确无误，按时上报。

数据宣布与接受视察

2021 年，在我国向禁止化学武器组织提交的 2020 年过去活动年度宣布中，海南省有宣布设施 2 个。

2021 年，禁化武组织没有对海南省进行现场视察。

监督管理

根据国家禁化武办的工作部署，进一步加强事中事后监管，采取"双随机、一公开"执法检查，结合海南省履约工作特点，海南省禁化武办重点组织对全省监控化学品企业抽查和监督检查，进一步查缺补漏，督促企业加强管理，规范生产。完成 2022 年度预计活动年度宣布工作。2021 年 3 月，海南省禁化武办赴东方临港产业园，分别对 3 家监控化学品企业实施"双随机、一公开"执法检查。7 月，组织各市县工业和信息化部门对照《各类监控化学品名录》开展辖区内化工生产企业摸底调查，依照《全国监控化学品统计调查制度》有关规定，完成国家禁化武数据采集与宣布系统在线填报。10月，组织专家对1家企业申请销毁第二类监控化学品进行现场核验处置方案及核实处置情况。

宣传

深入开展《公约》生效24周年和第6个国际禁止化学武器组织日宣传活动。按照国家禁化武办的工作要求，海南省禁化武办印发了《海南省工业和信息化厅关于做好国际禁止化学武器组织日宣传活动和转发国家禁化武印发2021年履行〈禁止化学武器公约〉工作要点的通知》。为保证宣传工作的顺利开展，同时印发了相关政策解读文件，并指导市县工业和信息化部门和履约企业开展宣传活动。各地采取传统宣传与新媒体相结合的方式，在政府网站、厅公告栏等媒体平台进行即时宣传，在省政府办公区等人流密集区通过张贴宣传海报、发放宣传册等形式开展宣传活动。活动期间，共开辟新媒体专栏学习10余次，制作各类墙报、板报20余块，发放各类宣传册200余本。

培训

举办海南省禁化武履约综合培训。市县工业和信息化部门、部分化工生产企业和医药制造企业等单位共70多人参加培训。此次培训邀请了2名国家禁化武履约专家解读了《公约》《条例》《细则》，及其他行政规范性文件与管理政策，培训取得良好效果。

（供稿人：师敬伟、谢秋云、候胜明）

重庆市

组织协调

重庆市禁化武办向重庆市禁化武履约企业普及《公约》《条例》《细则》《接受禁化武组织现场视察工作规范（试行）》等履约法规。联合市级相关部门，拟定重庆市新冠肺炎疫情防控常态化形势下接受禁化武现场视察预案。

数据宣布与接受视察

2021年，在我国向禁化武组织提交的2020年过去活动年度宣布中，重庆市有宣布设施15个。

2021年，禁化武组织没有对重庆市进行现场视察。

监督管理

按照重庆市"证照分离"及行政审批改革要求，重庆市禁化武办对接国家禁化武办，简化了经营许可和使用许可申报材料。承接下放的监控化学品生产特别许可事项，编制了网上行政审批资料，目前许可申请已经可以通过"愉快办"平台进行申请。对照重庆市行政审批时限压缩70%的目标，简化监控化学品相关行政审批事项流程，成功将审批时限压缩到6个工作日。

重庆市禁化武办办理了1家企业含磷、硫、氟的第四类监控化学品生产设施的竣工验收。办理了1家企业的第三类监控化学品生产特别许可的现场考核。

宣传

重庆市禁化武办充分利用企业的报刊、广播、微博、微信等媒体，通过宣传专栏、视频展播、悬挂横幅、播放电子滚动屏、张贴海报、发放宣传品等多种形式，宣传了禁化武履约工作的工作成就和履约工作者的精神风貌。通过重庆市经济和信息化委员会机关内电子屏播放禁化武宣传短片。

培训

考虑到新冠肺炎疫情防控要求，开展了线上培训，选送了4位专家参加国家禁化武办组织的禁化武履约后备人才线上培训。

专项工作

重庆市禁化武办联合执法处开展"双随机、一公开"执法检查。对 3 家监控化学品企业进行了现场检查，未发现企业有违反《公约》的行为，检查结果在重庆市经济和信息化委员会网站和信用中国（重庆）网站进行公示。

（供稿人：尹玲、陈万明）

四川省

组织协调

按照《工业和信息化部关于做好疫情防控常态化形势下接受禁化武组织重启视察准备的通知》要求，四川省禁化武办认真梳理禁化武履约相关工作。一是根据《公约》《条例》《细则》《接受禁化武组织现场视察工作规范（试行）》，指导企业认真做好各项准备，完善预案，及时更新，保持随时接受国际视察的能力。二是在国家禁化武办的指导下，四川省禁化武办会同省级相关部门和乐山市政府、五通桥区政府开展了新冠肺炎疫情防控形势下的视察预案的研究制定工作。三是及时跟踪国际视察动态，做细做实接受视察前的各项准备工作。

数据宣布与接受视察

2021 年，在我国向禁化武组织提交的 2020 年过去活动年度宣布中，四川省有宣布设施 31 个。

2021 年，禁化武组织没有对四川省进行现场视察。

监督管理

四川省禁化武办统筹履约与发展、监管与服务，严格履行生产设施建设许可、生产特别许可和第二类监控化学品使用经营许可报批手续，不断强化事中事后监管力度。一是完善四川一体化政务服务平台权力事项录入，新增"第二、三类和含硫、磷、氟第四类监控化学品生产设施竣工验收初审"事项。二是完成 1 家企业新建第三类监控化学品生产设施申请、1 家企业改建第四类监控化学品生产设施申请、4 家企业新办及延续监控化学品生产特别许可申请。三是按照"双随机、一公开"有关规定和程序，随机抽出执法检查人员和专家，对随机抽出的 2 家监控化学品生产企业的履约基础管理工作、视察准备、贯彻《条例》《细则》等情况进行了抽查。对抽查中发现的问题，抽查组逐一给予指导，监控化学品生产企业按照有关规定和要求及时进行了整改。

宣传

以"4·29 国际禁止化学武器组织日"为契机，四川省禁化武办通过网站、报刊、专栏等多种形式，广泛宣传禁化武履约的重要意义，扩大履约宣传的传播面和影响力，提高全社会对履约工作的认知度。

培训

2021 年 10 月，四川省禁化武办组织全省 21 个市（州）经济和信息化主管部门、20 余个重点园区、近 40 家监控化学品生产企业相关负责人和具体经办人员，在成都市举办全省禁化武履约综合培训班，邀请履约专家重点解读《细则》，对国家禁化武数据采集与宣布系统的使用、监控化学品数据宣布及接受国际视察、监控化学品行政许可及监督检查等进行培训。通过培训，四川省进一步提升了禁化武履约队伍的业务能力和监管水平。

（供稿人：罗明、刘代联）

贵州省

组织协调

为切实履行《公约》，做好监控化学品监管工作，按照国家禁化武办

《2021 年履行〈禁止化学武器公约〉工作要点》，结合贵州省实际，贵州省禁化武办制定印发了《贵州省禁化武办 2021 年履约工作要点》，对 2021 年贵州省履约工作进行了安排部署。一是组织市（州）禁化武主管部门，督促指导监控化学品生产企业按照国家禁化武办要求完成预计宣布和过去活动年度宣布工作，并向国家禁化武办报告 2021 年上半年停产企业和拆除设施企业情况。二是认真做好监控化学品行政许可事项相关工作。就《监控化学品行政许可表格式样》（征求意见稿）向市（州）禁化武履约部门、履约企业征求意见，认真研究并反馈至国家禁化武办；三是更新完善了地方履约监管人员和专家名录库。

数据宣布与接受视察

2021 年，在我国向禁化武组织提交的 2020 年过去活动年度宣布中，贵州省有宣布设施 3 个。

2021 年，禁化武组织没有对贵州省进行现场视察。

监督管理

根据《国务院关于深化"证照分离"改革进一步激发市场主体活力的通知》《工业和信息化部关于深化"证照分离"改革的通告》，为进一步优化行政服务，深化放管服改革，按照国家和贵州省安排部署，贵州省禁化武办将监控化学品生产特别许可纳入权责清单。监控化学品行政许可表格样式正式更新实施后，贵州省禁化武办认真对照梳理，更新和完善监控化学品行政许可办事指南。

贵州省禁化武办加强对企业的指导和服务，先后对 2 家企业就第三类监控化学品设施新（改、扩）建，以及第二类监控化学品经营许可证的办理等行政许可申请进行指导，并要求监控化学品企业严格遵守《公约》《条例》《细则》规定，认真履行《公约》要求，做好监控化学品管理。

宣传

为增强社会公众和业界对《公约》的认知,宣传"化学领域成就完全用于造福人类"的理念,积极营造加强监控化学品监督管理的良好氛围,按照国家禁化武办要求,贵州省禁化武办开展了以"携手共建一个永无化学武器的世界"为主题的一系列"4·29国际禁止化学武器组织日"宣传活动。贵州省工业和信息化厅领导高度重视宣传活动,专题安排部署了各项工作,批准了宣传活动经费。印发了《关于开展2021年"4·29国际禁止化学武器组织日"宣传活动的通知》,积极组织各市(州)禁化武履约部门和企业开展宣传活动。宣传活动紧紧围绕《公约》宗旨目标,以《条例》《细则》的普法教育和我国履约贡献为重点,充分利用贵州省工业和信息化厅官方网站、大型展板、电子屏幕等宣传媒介,宣传监控化学品基本知识、化学武器危害,以及禁化武组织的发展历程等信息。2021年4月29日上午,在贵州省政府门口,发放了《2021年国际禁化武组织日宣传册》,并在现场开展了履约知识宣传答题活动,在规定时限内完成答题并得分在90分以上的群众,获得贵州省禁化武办赠送的定制雨伞一把,现场答题人数累计350余人,发放雨伞200把、宣传册200本,取得了良好的宣传效果。

培训

一是为做好新冠肺炎疫情防控常态化下的履约工作,贵州省禁化武办以"4·29国际禁止化学武器组织日"活动为契机,以各级禁化武履约部门和履约企业为对象,开展了《公约》《条例》《细则》等法律法规的学习和培训、知识竞赛,提升了禁化武履约部门和履约企业的综合素质和履约工作能力。二是参加了国家禁化武办在青海省西宁市举办的监控化学品进出口管理工作会。

为尽快熟悉和掌握新的禁化武数据采集与宣布系统,贵州省禁化武办邀请各市(州)禁化武办、各履约企业加入"禁化武系统答疑群"微信群，及时解决新系统使用过程中遇到的问题，顺利完成了 2022 年预计活动宣布和 2020 年过去活动宣布。

专项工作

根据《国家禁化武办关于开展 2021 年监控化学品监督检查工作的通知》要求，贵州省禁化武办加强组织部署，督促指导各市（州）禁化武办和履约企业做好迎接检查的准备。

加强监控化学品监管和执法力度，按照国家禁化武办《监控化学品"双随机、一公开"抽查实施办法》的要求及《贵州省工业和信息化厅2021 年"双随机、一公开"抽查工作计划》的安排，2021 年 11 月 4 日，贵州省禁化武办组织履约专家赴省内 2 家监控化学品企业，开展"双随机、一公开"监管执法检查工作。检查组对照监控化学品"双随机、一公开"抽查事项表，对所涉第三类监控化学品的生产情况及视察准备等方面逐项进行了检查，并要求企业针对存在的问题及时整改，形成闭环。就监控化学品生产特别许可证办理工作向企业进行政策宣传，并向国家禁化武办报送 2021 年"双随机、一公开"监督检查情况。

（供稿人：周珊）

云南省

组织协调

2021 年，云南省禁化武办在国家禁化武办的领导和帮助下，加强上下联动，内外沟通，扎实推进各项履约重点工作的完成。一是为进一步提升云南省履约管理水平，建立健全履约管理体系，建立了云南省履行《禁止化学武器公约》厅际联席会议制度，负责统筹协调云南省禁化武履约相关工作。二是指导各地禁化武履约工作者及监控化学品生产企业熟悉掌握升级后的数据采集与宣布系统、学习《全国监控化学品统计调查制度》，顺利完成关于监控化学品 2022 年预计活动年度宣布工作。三是协调指导退出监控化学品监管的企业按照《条例》《细则》相关要求，做好台账的移交保管等后续工作。

为适应新形势下履约工作需要，云南省禁化武办修订并印发了《云南省接待国际禁止化学武器组织现场视察工作预案》，指导云南省各有关部门和企业做好接受禁化武组织现场视察各项工作。

数据宣布和接受视察

2021 年，在我国向禁化武组织提交的 2020 年过去活动年度宣布中，云南省有宣布设施 13 个。

2021 年，禁化武组织没有对云南省进行现场视察。

监督管理

云南省禁化武办加强对监控化学品生产企业的动态管理，适时对全省监控化学品企业进行排查摸底，弄清监控化学品生产企业底数、掌握情况，及时调整监管企业数据库，加强对监控化学品企业的监管力度。一是对新增监控化学品企业进行实地察看，指导监控化学品企业建立健全履约机制，完善相关台账资料，提升企业接受国际视察和国家监督检查的能力和水平，并与当地市、县（区）禁化武履约主管部门和企业负责人进行交流沟通，使其充分了解《公约》《条例》等相关法律法规，深刻认识到化学武器给全人类带来的巨大危害和履约的重要意义，增强其遵守履约法规、履行《公约》义务的自觉性和主动性，为今后的监管工作打好坚实基础。二是贯彻落实国务院继续推进简政放权、放管结合、优化服务改革的精神，严格落实，积极推进"证照分离"改革的相关工作，按照云南省委、省政府决策部署，主动承接工业和信息化部下放事权，根据《工业和信息化部关于深化"证照分离"改革的通告》，承接的第二、三类监控化学品和含磷、硫、氟第四类监控化学品生产特别许可事项及时在政务服务系统修改完善了审批事项流程、监控化学品行政许可表格样式等要素，并对相应事项缩减了审批时限、简化了审批材料，优化了审批流程，减轻了企业负担，为履约监管工作打下良好基础。

宣传

云南省禁化武办以"4·29 国际禁止化学武器组织日"为契机，结合新冠肺炎疫情防控和复工复产要求，以及云南省履约工作实际，认真组织开展"携手共建一个无化武的世界"为主题的禁化武组织日宣传活动。宣传活动紧紧围绕《公约》宗旨目标、《条例》及《细则》的普法教育、《公约》成就和我国贡献，充分利用展板、电子屏幕、张贴宣传海报、发放宣传册等形式进行广泛宣传，使社会公众进一步增强了履约意识，加深了对履约工作的理解和支持，宣传达到了预期目的。

专项工作

2021 年 5 月、9 月，云南省禁化武办分别通过国家企业信用信息公示系统（云南）随机抽取昆明市、红河州、曲靖市、昭通市 4 个市（州）的 7 家监控化学品生产企业进行了"双随机、一公开"执法检查。检查组通过查看企业的生产设施、查阅台账资料、交流座谈等方式对被检查企业的履约基础管理、视察资料准备、贯彻《条例》等方面进行检查核实。对检查中发现的问题给予了指导并督促企业进行整改，同时将检查结果在"互联网＋监管"、云南省信用信息一体化平台等系统上进行公示。

（供稿人：宋召勤、戚东平）

西藏自治区

无监控化学品相关设施。

陕西省

组织协调

一是召开全省禁化武履约工作会。2021 年 12 月 2 日，陕西省禁化武办在西安市召开了全省禁化武履约工作会，会议总结了近年来陕西省履约工作，宣贯了《公约》《条例》等相关法律法规和实操知识，并对 2022 年履约工作进行了部署。各市（区）禁化武办负责同志、有关履约企业负责人和履约专干、相关院校和机构的履约专家及履约志愿者等 80 余人参加了会议。

二是召开禁化武履约座谈会。为进一步加强禁化武履约管理，陕西省禁化武办充分做好陕西省履约工作，2021 年 12 月 3 日，围绕《条例》《细则》及如何发挥履约专家作用，进一步做好陕西省履约工作，召开了全省禁化武履约工作座谈会。各市（区）履约主管部门分管禁化武履约工作负责人、省禁化武履约技术专家和部分企业禁化武履约负责人等 30 余人参加会议。

三是表彰先进。为弘扬禁化武履约工作者的爱岗敬业精神，陕西省禁化武办进一步激发履约工作人员的工作热情和进取精神，陕西省禁化武办对 2020 年度表现出色的 2 个先进集体和 6 名先进个人予以通报表扬，并向每个先进集体和先进个人颁发了荣誉证书，以示鼓励。

数据宣布与接受视察

2021 年，在我国向禁化武组织提交的 2020 年过去活动年度宣布中，陕西省有宣布设施 28 个。

2021 年，禁化武组织没有对陕西省进行现场视察。

监督管理

按照《条例》《细则》等履约法律法规规定，陕西省禁化武办认真做好监控化学品管理，加大行政许可监管力度。一是对现有监控化学品认真监管。按照规定职责，督促企业按照法律法规做好监控化学品管理各项工作。对新增和停产企业密切关注，仔细摸排，掌握信息，严格落实监控化学品全生命周期行政许可管控措施，确保企业及时按规定程序申报相关手续。二是做好行政许可工作。2021年，陕西省禁化武办颁发了第二类监控化学品使用许可1份，审核并转报第二类监控化学品设施改建申请1份、第二类监控化学品竣工验收申请1份，以及含磷、硫、氟第四类监控化学品新建设施申请1份。

宣传

一是与共青团陕西省委联合下发了《关于征集"4·29国际禁止化学武器组织日"宣传作品的通知》。这是陕西省禁化武办首次与团省委联合发文，目的在于打通高校渠道，鼓励青年和大学生多多参与。联合发文效果显著，作品征集活动共收到12家单位报送的169件宣传作品，总数列全国第一，其中收到9所高校报送的155件作品，占报送作品的91.7%，西北大学文学院报送的作品获创意奖。

二是组织相关单位参加禁化武履约宣传普法主题知识竞赛活动。陕西省禁化武办组织了18000余人参加国家禁化武办举办的知识竞赛，普及了禁化武履约法律法规相关知识，陕西化工集团有限公司获得优秀组织奖。

三是积极组织第6个"4·29国际禁止化学武器组织日"活动。陕西省各单位积极行动，开展各种宣传活动。延安市禁化武办在门户网站开展宣传，并组织辖区内的企业展开宣传活动；陕西陕化煤化工集团有限公司召开禁化武主题座谈，组建了首批公司级履约专员并颁发聘书，开展了禁化武主题宣展等相关活动；为在全校范围内展开宣传，西北大学召开了禁化武履约宣传作品征集活动总结座谈会，对报送的宣传作品进行了评选颁奖。其他各级禁化武履约单位也纷纷通过门户网站、电子屏、展板、公众号推送，发放宣传册等方式大力开展宣传活动，进一步提高了社会公众对禁化武履约的认知度。

四是认真编写陕西省 2019 年度履约报告。《中国履行〈禁止化学武器公约〉报告（2019）》是全面反映我国履约工作情况，记录履约工作的重要文献，按照国家禁化武办的要求，陕西省禁化武办认真编写完成了 2019 年度本省履约报告，按时提交给国家禁化武办进行汇总。

五是利用媒体进行宣传报道。2021 年 12 月 4 日，《西北信息报》在头版推出"履行禁化武公约陕西在行动"专题报道。10 月 23 日《中国化工报》头版以"陕西推进禁化武履约工作"为题刊登陕西省的履约工作会情况。

培训

2021 年 12 月 2 日，陕西省禁化武办在西安市举办全省禁化武履约工作培训会。来自各市（区）禁化武履约工作负责人、相关企业工作负责人共 80 余人参加了本次培训会。培训会就履约工作涉及的重点、要点问题进行了授课，并就企业如何开展禁化武履约工作经验进行分享。

（供稿人：赵亚茹）

甘肃省

数据宣布与接受视察

2021 年，在我国向禁化武组织提交的 2020 年过去活动年度宣布中，甘肃省有宣布设施 9 个。

2021 年，禁化武组织没有对甘肃省进行现场视察。

监督管理

一是认真做好数据宣布工作。甘肃省禁化武办及时下发通知，提出明确要求。在宣布工作过程中，抓落实，认真审核每家企业的数据。二是组织专家对 2 家企业的第二类、第三类和含磷、硫、氟的第四类监控化学品新（改、扩）建生产设施申请，进行了资料审查和现场核实，并签署初审意见。三是制定 2021 年甘肃省工业和信息化系统安全生产工作要点，对省内相关监控化学品企业的履约工作提出明确要求。在企业自查自纠的基础上，组织专家对 3 家企业进行专项监督检查。

宣传

甘肃省禁化武办在"4·29 国际禁止化学武器组织日"通过发送公益短信等方式，向广大市民宣传《公约》。

（供稿人：李让绪、刘伟）

青海省

组织协调

1998 年，经青海省人民政府办公厅批准成立了青海省履行《禁止化学武器公约》工作领导小组办公室（以下简称青海省禁化武办），由分管副省长任领导小组组长。办公室设在省重工业厅，主管厅长任办公室副主任。2000 年政府机构改革，省重工业厅撤销，履行《公约》工作划入省经济委员会。2014 年青海省经济委员会更名为青海省经济和信息化委员会，青海省禁化武办设在省经济和信息化委员会行业指导处，承担了青海省禁化武日常履约的具体工作。2015 年青海省经济和信息化委员会内处室职能调整，青海省禁化武办设在省经济和信息化委员会原材料工业处，无编制。2018 年青海省机构改革后，青海省禁化武办调整至省工业和信息化厅原材料工业处至今，承担青海省履约工作领导小组办公室日常工作，无编制。2018 年年底，青海省政府办公厅在清理各类领导小组过程中，撤销"青海省履行《禁止化学武器公约》工作领导小组办公室"，在省工业和信息化厅设立"青海省履行《禁止化学武器公约》工作办公室"，负责青海省履行《公约》的组织协调和日常工作，无专职人员编制。

在国内新冠肺炎疫情管控日趋紧张的情况下，青海省禁化武办于2021年10月19日成功承办了全国监控化学品进出口管理座谈会，国家禁化武办有关负责同志，以及有关省（自治区、直辖市）禁化武履约主管部门和重点监控化学品进出口企业近50名同志参加会议。

青海省禁化武办配合山东省禁化武办、山东省工业和信息化研究院开展了监控化学品行业发展情况调研，安排青海省相关地区和监控化学品企业进行了座谈，配合提供相关资料。

数据宣布与接受视察

2021年，在我国向禁化武组织提交的2020年过去活动年度宣布中，青海省有宣布设施2个。

2021年，禁化武组织没有对青海省进行现场视察。

监督管理

青海省禁化武办加强省内监控化学品企业对《细则》的学习，联合地方工业和信息化主管部门对1家首次申报数据的企业进行了指导，2021年青海省新增了1家第四类监控化学品宣布厂区。按照国家禁化武办相关工作要求，青海省及时组织省内监控化学品企业通过禁化武数据宣布与采集系统填报2022年预计活动年度宣布和2020年过去活动年度宣布相关数据，青海省禁化武办完成审核后报送国家禁化武办。青海省禁化武办会同西宁市工业和信息化局分别对1家第二类监控化学品使用企业和1家第四类监控化学品生产企业开展了执法检查，并对第四类监控化学品生产企业下达了整改通知，要求企业加快办理新建设施竣工验收手续。

宣传

为广泛宣传禁化武履约工作的重要意义和丰硕成果，提高全社会对禁化武履约工作维护世界和平的认知度，营造全社会关心支持履约工作的氛围，青海省禁化武办通过制定履约宣传工作方案、发放宣传册、电视台滚动播放消息、推送履约主题宣传短信等方式，在全省范围内开展了第 6 个 "4·29 国际禁止化学武器组织日" 宣传活动，并将履约宣传的相关展板和活动手册发放至监控化学品企业，进一步强化企业的履约意识。

培训

青海省禁化武办积极争取省级禁化武履约专项资金，用于全省监控化学品企业履约建设、人才队伍和专家队伍培训等履约重点工作。2021年新冠肺炎疫情反复，青海省执行了严格的疫情防控措施，根据全省疫情防控工作部署，及时调整疫情防控措施下的履约培训工作方案，克服诸多困难，采取在线授课、封闭管理等方式，于 12 月 17 日～ 21 日在西宁市成功举办 2021 年全省履约培训班。培训会通报了青海省 2020 年禁化武履约工作情况，接受国际视察的准备工作流程和注意事项，讲解了 2021 年禁化武年度宣布工作有关事项，以及数据采集与宣布系统填报的有关要求。通过此次培训，青海省进一步提高了禁化武工作人员的责任担当和履约能力，增强了监控化学品企业自觉履约、守法经营的意识，为接受国际视察工作奠定了坚实基础。

专项工作

青海省禁化武办会同属地工业和信息化主管部门完成了 1 家企业的第二类监控化学品使用许可证换证、1 家企业的在建监控化学品设施现场检查，督促企业加强对新修订《细则》的学习，指导企业按照履行《公约》工作要求，完善《视察前情况介绍》、生产原始记录、原材料出入库等视察准备资料。

（供稿人：杨浩祥、陶宏伟）

宁夏回族自治区

组织协调

2021 年，宁夏回族自治区禁化武办组织召开全区禁化武业务培训暨年度工作会议，总结了宁夏 2020 年履约工作，传达了全国禁化武履约工作情况，安排部署了全区重点履约工作任务，并对各市工业和信息化局相关业务人员开展了业务指导和培训，进一步提升了禁化武履约工作人员依法履职的能力和水平。

数据宣布与接受视察

2021 年，在我国向禁化武组织提交的 2020 年过去活动年度宣布中，宁夏回族自治区有宣布设施 29 个。

2021 年，禁化武组织没有对宁夏回族自治区进行现场视察。

监督管理

深化"放管服"改革。按照新修订的《细则》，宁夏回族自治区禁化武办进一步完善监控化学品生产设施的新（改、扩）建初审、竣工验收初审和生产特别许可的考核工作，规范工作流程，明确工作程序，由自治区、市两级工业和信息化部门进行审核，实现所有审批"网上办"，压减审批时限至 10 个工作日内完成，提高为企服务的工作效率。在日常行政审批管理工作中，宁夏回族自治区禁化武办严格按照《条例》《细则》的要求，一是认真抓好监控化学品新建设施审核工作。2021 年完成 7 个含磷、硫、氟的第四类监控化学品新建设施的初审和报批工作。二是认真做好新建项目的竣工验收工作。组织专家对企业进行实地查验，完成了 2 家企业生产设施竣工验收的审核、报批工作。三是开展《宁夏回族自治区工业和信息化厅行政审批办事手册》的修改工作，严格按照《条例》《细则》的规定，详细梳理了监控化学品行政审批办事流程，形成内控制度。

严格执行《条例》《细则》。一是进一步加大日常监管力度。按照《条例》《细则》的规定，宁夏回族自治区禁化武办对区内监控化学品企业的生产、加工、消耗数据，进行定期统计和监测，针对引入化工项目较多的地区进行了多次专项业务指导，进一步强化了各市工业和信息化部门的属地监管职责，提高了业务人员的业务技能。二是指导企业建章建制、健全履约架构。责成各相关企业成立禁化武履约工作机构，明确专人负责，按《公约》《条例》要求做好履约工作，包括完善基础资料（例如日报表、月报表、出入库台账等原始资料的登记和保存），指导企业制定监控化学品管理制度和接受禁化武组织视察工作预案等，将履约工作融入日常生产工作中。监管力度的加大，很大程度上规范了企业的运营，推进了企业履约水平的提高，强化了企业的基础管理能力。三是强化服务意识。在日常审批过程中，一次性告知企业所有需要完善和补充的资料，主动指导企业进行整改，确保申报资料的质量并坚持特事特办，重大项目争取国家禁化武办和相关单位的支持，将管理与服务相结合。

开展常态化日常管理。宁夏回族自治区禁化武办将监控化学品生产企业的监督管理工作与处室日常工作紧密结合在一起，加强常态化日常监管和服务，将监控化学品生产企业的监督管理工作与行业管理工作紧密结合起来，利用企业调研、座谈等时机，加强对企业履约工作开展情况的了解和指导，指出不足，督促整改。对于调研过程中发现的新建监控化学品设施，及时进行普法宣传，要求企业依法依规办理相关行政审批手续，确保依法合规建设、生产。

宣传

积极开展履约宣传作品的征集工作。根据国家禁化武办的安排，宁夏回族自治区禁化武办积极动员有关企业参与履约作品征集活动，选送的4张海报均入选国家禁化武办第一轮20组海报的海选评比。企业参与这项活动，加深了对《公约》的理解和对履约工作的支持。

积极开展国际禁化武组织日宣传。宁夏回族自治区禁化武办组织开展灵活多样的"4·29国际禁止化学武器组织日"宣传活动，区内监控化学品生产企业积极参与，采用微信、网站、电子屏、展板、海报、宣传册等多种方式开展宣传活动，取得了良好的宣传效果。

培训

宁夏回族自治区禁化武办组织各市工业和信息化部门业务人员和监控化学品企业80余人开展了禁化武专项培训。此次培训邀请了监控化学品领域的资深专家，立足履约及监控化学品管理等工作实际，从监控化学品法律法规、项目审批程序及要求、履约工作责任与义务等方面进行了专题培训，并现场回答了有关企业实际工作中遇到的问题和困惑；部分区内监控化学品企业进行了交流发言，介绍了本企业接受国际视察、监控化学品日常管理等工作情况。此次专题培训进一步提升了自治区监控化学品企业的履约意识和能力，为做好履约工作打下了坚实的基础。

专项工作

开展"双随机、一公开"执法检查。为进一步加强监控化学品管理，夯实履约工作基础，促进监控化学品企业健康发展，2021年宁夏回族自治区禁化武办开展了"双随机、一公开"执法检查，通过检查，提出整改意见，督促企业限时完成整改，及时帮助企业完善监控化学品的管理制度，夯实履约基础。

（供稿人：马刚、孙雯婷）

新疆维吾尔自治区

组织协调

2021 年，新疆维吾尔自治区工业和信息化厅根据相关法律法规的规定，制定并发布了《新疆维吾尔自治区监控化学品行政处罚裁量基准》（以下简称《裁量基准》），规范自治区行政区域内（不含新疆生产建设兵团）监控化学品行政裁量权，促进监控化学品管理依法行政、合理行政。对监控化学品设施违规建设、生产、使用、经营和数据统计等方面进行裁量基准细化，为自治区各级工信部门行使监控化学品行政裁量提供了明确的依据。

新疆维吾尔自治区禁化武办积极协调履约工作各厅际联席会议成员单位，认真贯彻国家禁化武办的工作部署，全面推进各项履约工作的落实。按时间节点提交宣布数据，做好行政许可审批工作，确保《裁量基准》生效。专题部署开展了"4·29 国际禁止化学武器组织日"和履约法律法规宣传活动。

数据宣布与接受视察

2021 年，在我国向禁化武组织提交的 2020 年过去活动年度宣布中，新疆维吾尔自治区有宣布设施 28 个。

2021 年，禁化武组织没有对新疆维吾尔自治区进行现场视察。

监督管理

新疆维吾尔自治区禁化武办严格按照《条例》《细则》的规定，依法加强对监控化学品设施建设、生产、经营、使用等活动的管理，进一步规范自治区禁化武履约工作。一是切实做好生产特别许可的初审工作。在企业申报基础上，共完成了各类监控化学品行政许可6项。其中，补办监控化学品生产设施建设审批2项，生产设施扩建审批1项，生产设施竣工验收2项，监控化学品生产特别许可初审1项。二是根据部分生产、使用监控化学品企业实际，做好年度宣布工作。三是积极组织自治区相关生产、使用监控化学品企业进行自查，做好接受国际视察和国家禁化武办抽查的准备工作。四是加强自治区监控化学品企业互联网发布信息的管理。经排查，截至2021年年底，暂未发现有企业违规发布虚假信息。

宣传

新疆维吾尔自治区禁化武办积极开展《公约》正式生效24周年和第6个"4·29国际禁止化学武器组织日"宣传纪念活动。专题部署各地州市工信部门、监控化学品生产使用企业深入学习《条例》《细则》等相关法律法规，加强相关部门、企业和社会对履约工作的支持和了解；组织各单位和企业多方联动，运用悬挂横幅、张贴海报、举办展览、播放宣传片等方式，深入企业、走上街头开展宣传；充分利用自治区工业和信息化厅网站、微信等平台，开展形式多样、内容丰富的宣传活动，进一步强化各单位和企业的履约工作责任感。

（供稿人：吴凡）

新疆生产建设兵团

组织协调

为切实做好新疆生产建设兵团禁化武履约相关工作，加强部门间的协调配合，全面完成履约各项任务，自2019年12月起，报经新疆生产建设兵团分管领导同意，建立了以新疆生产建设兵团工业和信息化局的负责同志为召集人，以新疆生产建设兵团公安局、财政局、生态环境局、交通运输局、商务局、市场监督管理局、外事办公室、应急管理局等部门为成员单位的新疆生产建设兵团履行《禁止化学武器公约》联席会议制度。

数据宣布与接受视察

2021年，在我国向禁化武组织提交的2020年过去活动年度宣布中，新疆生产建设兵团有宣布设施12个。

2021年，禁化武组织没有对新疆生产建设兵团进行现场视察。

监督管理

根据《条例》《细则》有关规定，2021年6月30日，新疆建设兵团禁化武办办理了1家企业监控化学品生产特别许可。2021年12月1日，办理1家第二类监控化学品使用企业单位名称变更许可。

培训

新疆生产建设兵团禁化武办以履约相关企业为重点，加大普法宣传力度和深度，不断提升兵团履约的工作能力，保证化工企业安全生产及运输，确保完成履约各项任务。受疫情等因素影响，2021年12月14日，组织开展了线上兵团禁化武履约工作培训班，分别对《公约》《条例》《细则》及数据宣布注意事项，化工企业安全生产及运输安全方面的相关要求和警示案例，兵团禁化武履约工作情况及"十四五"化学工业发展情况等内容进行了讲解和介绍，兵团工业和信息化局相关处室和师市工信部门、企业代表共40余人参加了培训。

（供稿人：张磊）

China 支撑篇

中国履行《禁止化学武器公约》报告（2021）

中国电子信息产业发展研究院

单位概况

中国电子信息产业发展研究院是工业和信息化部直属事业单位，又称赛迪研究院，下设赛迪智库18个研究所及赛迪集团等20家控股企业，赛迪智库致力于面向政府、服务决策。赛迪研究院政策法规研究所（以下简称政法所）长期参与履约相关法规规章制度的修订工作，并为国家禁化武办提供法律咨询服务，组建了专业团队为履约支撑工作提供问题解决方案。

履约工作

一是开展《条例》修订起草工作。根据当前监控化学品国际履约形势及国内相关进出口立法情况的变化，尤其是2020年《中华人民共和国出口管制法》（以下简称《出口管制法》）的颁布实施，对监控化学品管理提出了新的规范要求。《条例》作为监控化学品管理的最高上位法依据，同时也是针对监控化学品行业领域的特别法，必须及时与《出口管制法》的有关规定做好衔接，并回应监控化学品行业管理的新需要。基于此，政法所受国家禁化武办委托，组织开展《条例》的修订研究及起草工作。结合在2020年开展的条文梳理、制度分析、行业管理调研论证等工作基础，2021年度，政法所在对前期起草的《条例》修订初稿多次论证修改的基础上，结合相关单位及专家的征求意见，形成了《条例（修订建议稿）》、修订说明及相关重点问题说明。

二是撰写《条例修订前期研究报告》。监控化学品管理是一个集履行国际义务和促进国内产业发展双重目标于一身的治理话题。《条例》的修订背后是对监控化学品管理制度进行梳理、提炼、分析、推演、创新、完善的过程。政法所在承担《条例》条文修订起草的同时，在分析《条例》适用的时代背景和现实需要的前提下，针对监控化学品行政许可制度的健全与优化、第二类监控化学品监管制度优化、监控化学品进出口审批制度完善、数据宣布和国际视察法治规范建构、相关处罚手段补充等问题开展了系统的理论研究、规范研究和实证研究，并形成《条例修订前期研究报告》。

三是开展监控化学品管理的相关难点热点问题研究。随着履约工作的实践发展和国内外监管要求的变迁，监控化学品行业管理中也涌现了诸多新问题、新挑战。结合《条例》修订的需要，政法所针对《出口管制法》对两用物项提出的新要求，第四类监控化学品的概念定义，非含磷、硫、氟的第四类监控化学品的备案管理制度调整，授权省级履约主管部门进出口许可权限的可行性等问题，组织开展了一系列专题研究，并形成相应成果，为履约主管部门未来研究监管制度改革和完善提供了决策参考。

（供稿人：陈全思、徐丹）

中国电子产品可靠性与环境试验研究所

单位概况

中国电子产品可靠性与环境试验研究所又名工业和信息化部电子第五研究所（以下简称电子五所）、中国赛宝实验室，1955 年成立，作为中国最早从事电子产品可靠性研究与服务的研究所，开创了中国相关研究领域的诸多先河。

电子五所作为工业和信息化部直属单位，受部委托和授权，为部内行业管理和地方政府提供技术支撑，代表中国进行国际技术交流、标准和法规的制定；作为国家级科研院所，为国家、地方政府和相关单位提供专业支持；作为生产性服务业公共平台，为企业提供强有力的质量技术服务，服务领域涉及航空、航天、兵器、船舶、电子、机械、通信、交通、软件、能源、化工等众多行业。业务范围涵盖广泛，包括体系认证、产品检验、计量校准、元器件检测、失效性分析与 DPA、工艺与材料、环保技术、可靠性与环境试验、软件测评、信息安全、信息化监理、仪器设备与工具软件、标准与政策研究、技术培训等。

电子五所充分发挥人才优势，自 2015 年起建立了专业化的禁化武履约团队，团队成员 5 名，包括 1 名博士和 4 名硕士，并选派 1 名团队成员长期借调国家禁化武办，深度参与履约各项工作。

履约工作

一是编制和发行《中国履行〈禁止化学武器公约〉报告（2020）》（以下简称《履约报告（2020）》）。自 2015 年以来，电子五所已连续编撰六版年度报告。《履约报告（2020）》收录了工业和信息化部领导在内的相关领导关于禁化武履约工作的讲话和活动，介绍了我国 2020 年禁化武履约工作的总体情况，记录了各级履约主管部门年度工作及相关企业履约情况，年度报告目前已经成为反映我国履约立场成就和工作成绩的标志品牌，具有丰富的参考价值和史料价值。

二是开展低浓度监控化学品进出口豁免规定研究。《细则》第五十七条规定：《各类监控化学品名录》和《列入第三类监控化学品的新增品种清单》中的监控化学品低于一定浓度阈值时，可以豁免数据申报和进出口许可，相关浓度阈值由工业和信息化部根据实际情况制定和调整。受国家禁化武办委托，电子五所在国家禁化武办前期工作的基础上，开展了低浓度监控化学品进出口豁免规定研究，调研我国含低浓度三乙醇胺的化妆品和洗涤剂的现状，开展低浓度阈值防扩散风险评估，提出监管浓度阈值建议，结合监控化学品进出口管理体制机制，研究并提出审慎灵活、分步实施的低浓度阈值豁免政策建议。课题研究对完善我国监控化学品监管法规制度体系，促进企业进出口贸易具有重要的意义。

三是支撑国家禁化武办相关工作。电子五所继续派遣借调人员到国家禁化武办协助完成履约相关工作，借调人员在借调期间踏实肯干、主动担当作为，出色地完成了各项交办的工作，表现突出，得到了国家禁化武办领导和同事的一致肯定。

（供稿人：苏健梅）

工业和信息化部国际经济技术合作中心

单位概况

工业和信息化部国际经济技术合作中心（以下简称中心）是工业和信息化部专门从事国际产业合作的正局级事业单位，中国国际贸易促进委员会电子信息行业分会挂靠运行。中心聚焦国际合作、政策研究、展览展示三大业务，着力打造工业和信息化领域高水平国际合作执行平台、高端国际化研究智库和综合经贸服务机构，持续提升产业链供应链国际化发展水平，为服务中国特色大国外交和制造强国、网络强国建设提供有力支撑。

在政策研究方面，中心扎实开展产业链供应链国际合作、国际经贸规则、工业绿色发展等领域的研究，全面做好 WTO 合规评估、中美经贸摩擦、俄乌冲突影响等支撑工作。在国际合作方面，中心支撑服务工业和信息化部多双边国际合作机制，承担金砖、中法、中国－东盟、中欧、中俄等国际合作执行平台工作，组织开展企业交流对话、产业合作对接、前沿技术创新、中外园区建设、国际人才培训等国际交流活动，推动国际产业合作项目落地。中心是工信智库联盟核心成员，承担国家中小企业公共服务示范平台、"一带一路"工业通信业智库联盟、中国绿色供应链联盟秘书处工作。在展览展示方面，中心组织举办金砖国家新工业革命展、中国国际工业设计博览会、中国国际电子生产设备暨微电子工业展览会、俄罗斯国际通信技术设备展览会等国内国外展览，为企业搭建集展览展示、政策交流、市场对接、技术研讨、招商引资等多功能为一体的综合性贸易服务平台。在培训方面，中心组织工业和信息化领域跨国经营管理、国际经贸规则、数字化绿色化转型、涉外法律及国际纠纷应对等专业培训，为相关对外培训交流提供支撑。

履约工作

中心高度重视禁化武履约支撑工作，集中优势研究力量，以服务我国履约工作和化工高质量发展为核心目标，以夯实履约基础、提高智力支撑能力为工作主线，完成履约支撑各项工作。一是扩展信息通道，深入开展政策研究，承担国家禁化武办委托的多项课题研究工作，加强对国际履约动态的持续跟踪和重大信息报送，通过《国际履约观察》等刊物为履约决策提供智力和信息支撑；二是夯实平台建设，做好国家履行《禁止化学武器公约》专家委员会秘书处工作，组织专家围绕履约热点问题开展专题研究，支持专家委员作为中国代表参与禁化武组织科咨委、教育委员会等机构的工作；三是开展履约青年人才培养，组织青年专家积极参与研讨、培训等国际履约交流活动，提升青年专家的国际视野；四是提供决策咨询，支持国家禁化武办参加执理会及相关活动，维护履约相关文件数据库，为决策提供第一手参考资料；五是做好日常支撑，完成禁化武办交办的其他支撑工作。

（供稿人：黄琰童）

中国农药工业协会

协会动态

中国农药工业协会（以下简称协会）成立于 1982 年 4 月，是中国化工行业最早成立的行业协会之一，是跨地区、跨部门、跨行业的具有独立法人资格的全国非营利性社团组织。在全体会员的共同努力下，协会会员队伍不断壮大，现有 774 家会员单位，其中包括农药原药与制剂加工、农药中间体、农药助剂、农药包装机械及材料、农药施药器械、外贸出口为主的生产、科研、设计和大专院校等企事业单位及省（自治区、直辖市）农药（工业）协会。

协会重点工作包括落实政府宏观调控政策，推动产业结构调整；加强经济运行监测和热点问题研究，积极反映行业诉求；促进行业科技进步和技术创新，提高行业核心竞争力；担当实施行业自律职责，引导推动行业企业履行社会责任；大力开展大宗产品协作组工作，保持大宗产品持续发展；切实履行服务宗旨，搭建信息交流平台；加强对外交流与合作，不断提升产业国际影响力；加强协会自身建设，增强服务能力和水平等。

主要工作

根据《公约》相关规定，监控化学品企业应当向禁止化学武器组织提交年度宣布并接受现场视察。鉴于部分农药原药产品属于第四类监控化学品，生产这类产品的企业属于《公约》监控的范围。为切实推进农药原药企业禁化武履约工作，协会高度重视履约工作，通过多种途径开展支撑工作。

一是支撑国家禁化武办相关工作。选派相关人员到国家禁化武办借调，协助国家禁化武办开展履约相关工作，发挥好协会作为政府与企业、企业与企业之间的桥梁和纽带作用。

二是开展禁化武履约课题研究。部分原药产品属于第四类监控化学品，开展相关课题研究为进一步加强监控化学品管理、做好履约工作提供理论和数据支撑。

（供稿人：张东生）

河北省监控化学品协会

协会动态

河北省监控化学品协会是由河北省内依法注册的监控化学品生产、贸易企业及相关经济组织自愿组成的全省性、非营利性社会组织。协会坚决贯彻国家履行《公约》的法律法规，积极宣传《公约》宗旨，协助政府落实履约工作，促进河北省监控化学品行业健康、有序发展。

2021年，河北省监控化学品协会以视频会议方式召开理事会1次，常务理事会3次。

主要工作

组织技术专家协助河北省禁化武办对省内监控化学品企业进行了监控化学品行政许可现场考核和"双随机、一公开"执法检查。

（供稿人：张翠）

辽宁省化工学会

协会动态

辽宁省化工学会成立于 1972 年，是学术性、公益性非营利法人社会团体，辽宁省科协优秀科技社团，科技成果转移转化服务基地，全省科协系统先进集体，承接政府转移职能与公共服务试点示范学会。

2021 年，辽宁省化工学会承办了中国化工学会年会暨辽宁高端化工产业发展峰会，邀请了 13 位院士参会并做大会报告，参会的专家学者共 2000 余人。学会新成立精细化工安全技术与工程专业委员会、橡胶专业委员会，设立学会服务站 10 家，全年新发展个人会员 100 人。

主要工作

2021 年 4 月～ 5 月，选派禁化武履约专家协助省禁化武办完成对 3 家企业的监控化学品生产特别许可现场考核工作。

（供稿人：李爽）

湖北省监控化学品协会

协会动态

湖北省监控化学品协会是由湖北省境内依法注册的从事监控化学品生产、科研、经营的企业、事业单位和相关经济组织自愿组成的全省性、行业性、非营利性社会团体，共有会员单位 89 个。协会设有秘书处，并有 10 人组成的专家组，其中国家级专家 6 人，国家履行《禁止化学武器公约》专家委委员 1 人。2021 年新增会员单位 5 家。

主要工作

一是支撑开展禁化武履约宣传和培训。2021 年 9 月 22 日～ 24 日，受海南省工业和信息化厅委托，组织 2 位专家在海南省禁化武履约业务培训班上授课。2021 年 10 月，支撑湖北省禁化武办在荆州市举办全省履约工作人员培训班，组织协会专家编印《2021 湖北省禁化武履约工作培训教材》，并从视察现场布置、《视察前情况介绍》撰写、宣布和数据采集、物料平衡和生产能力核定、国际禁化武履约形势等方面进行讲解。

二是支撑开展监控化学品企业现场考核、监督检查和视察演练工作。按《条例》规定，国家对生产和使用第二类监控化学品及生产第三类监控化学品，以及含磷、硫、氟的第四类监控化学品的企业，实行生产特别许可制度，依法办理生产特别许可证。在湖北省禁化武办的组织下，协会派员参加了对 9 家企业的生产特别许可现场考核，12 家企业的监督检查和 2 家企业的视察演练活动。

三是加强国内外履约信息跟踪报道，出版发行了共 48 期《湖北履约简讯》。

（供稿人·陈道勇）

四川省化工行业协会

协会动态

一是完成《四川省能源化工产业"十四五"高质量发展路径研究》报告，为四川省能源化工产业高质量发展提供政策参考。二是支撑四川省科技厅开展 2021 年度四川省科学技术奖励提名等工作，组织专家对申报 2021 年四川省科技进步奖项目的单位进行技术指导。三是支撑四川省经济和信息化厅举办全省化工企业安全生产培训班，各市地州经济和信息化局分管安全工作的负责人和 160 多个化工企业的安全管理负责人及相关人员等共 230 多人参加了培训，培训大力推动了四川省化工企业安全生产管理水平。四是深入开展化工行业热点问题调研，及时向省经济和信息化厅调查组、省经济和信息化委员会、省发展和改革委员会等单位反映化工行业管理存在的问题和企业诉求，切实履行政府和企业的桥梁责任。五是完成协会换届工作。2021 年 10 月 14 日，在四川省成都市召开了协会第三届理事会第一次会员大会，依法选举产生了第三届理事会会长单位、副会长单位，第三届理事会领导班子。

主要工作

2021 年，协会支撑四川省禁化武办开展以下工作。

一是开展对禁化武履约企业的工作指导。针对省内部分企业对新修订《细则》了解不够、履约工作无法适应新要求的问题，协会对相关监控化学品企业开展了《细则》的宣贯，指导企业对照新修订的《细则》要求做好禁化武履约和监控化学品管理工作。指导工作主要包括指导企业在监控化学品生产设施建设，特别许可证申请，生产、储存、销售、销毁等各环节的岗位操作原始记录，报表、台账、分析报告单等资料落实专人核对、统计、上报，并分类装订保存及管理监控；对企业制定的国际视察及国内监督检查接待预案等进行指导，特别强调监控化学品管理领导小组应有后备成员，在接受视察时重点做好基本情况介绍，在介绍产品生产工艺时重点介绍物料的平衡情况、化学反应情况、三废处理情况等。以上指导工作有效地促进了企业监控化学品生产保证体系的建立。

二是积极参与监控化学品现场视察工作。支撑四川省禁化武办对 2 家监控化学品企业进行了现场考核，指导企业做好监控化学品的生产、使用、保管、迎检等工作，指导企业顺利完成了生产特别许可证的延续。

三是协办四川省禁化武履约综合培训班。2021 年 10 月，协助四川省禁化武办在四川省成都市举办了四川省禁化武履约综合培训班，培训班上专家做了禁化武数据采集与宣布系统使用、监控化学品数据宣布与接受国际视察规范报告，进一步提升了企业的履约管理水平。

四是积极开展履约宣传活动。为更好地支撑四川省禁化武办做好2021 年履约宣传工作，协会组织工作人员认真深入学习了《公约》《条例》《细则》，通过学习，大家提高了对禁化武履约工作的认识，提升了履约能力，为宣贯落实《公约》《条例》《细则》奠定了良好的基础。

（供稿人：周德康）

南通市监控化学品协会

协会动态

一是顺利完成协会换届。2021 年 5 月 7 日，协会召开了换届大会及第四届第一次会员大会，会议通过了协会章程的修改、理事会重组、新增监事会等工作，选举了理事会理事长及成员，发展了 12 家新会员单位。

二是加强协会党组织建设。在南通市工业和信息化局党委的指导下，协会建立了功能型党支部，选举了支部书记，有力激发了协会基层党建活力，凸显协会基层党员的先锋模范作用。

三是加强协会专家队伍建设。为进一步完善南通市禁化武履约工作体系，充分发挥专家在监控化学品生产、监管中的技术支撑作用，指导、帮助监控化学品生产企业提高履约技能，做好随时应对国际视察的准备，协会重组了南通市监控化学品协会专家组，推举了 20 位专家组成员。

主要工作

支撑做好履约宣布工作。协会指导南通市 29 家企业完成 2020 年度过去活动宣布，指导 4 家企业完成 2022 年度的预计活动宣布工作。

支撑做好监控化学品监督管理工作。一是积极协助南通市禁化武办做好含磷、硫、氟第四类监控化学品的生产特别许可证延续工作，指导 4 家企业顺利通过了换证现场考核。二是协助做好监控化学品监督检查工作，指导 4 家企业顺利通过江苏省禁化武办的"双随机、一公开"执法检查。三是做好监控化学品企业拆除生产设施的信息保存工作，根据南通市化工整治工作要求，对停产拆除的监控化学品企业均拍摄了拆除前后的照片，留存待查。

　　支撑做好履约宣传培训。一是鼓励会员单位积极参与全省禁化武履约能力竞赛。二是组织专家对全市企业开展了南通赛区的预赛，最终选出 3 家企业参加决赛，获得优异的成绩。三是协助南通市禁化武办开展履约相关培训，邀请履约专家对监控化学品企业的相关人员进行履约形势及履约能力方面的培训。

（供稿人：虞卉）

河北科技大学

单位概况

2019 年，河北科技大学在国家禁化武办的指导下成立了"化学安全与履约技术研究中心"（以下简称中心）。该中心是我国高校唯一建立的《公约》履约技术与策略相关的技术研究机构。研究内容为化学安全与《公约》相关的科学技术与策略，对维护国家化工医药产品生产链安全和监控化学品生产企业正常运行具有重要的政治意义和现实意义。

中心拥有一支学缘结构合理、专业齐全（包括化学工程与技术、药物化学、药化分析、药理、生物化学、植物化学、环境工程与环境保护、安全工程等）的队伍，拥有禁化武履约专家 13 人。

履约工作

为国家禁化武办提供履约技术支持。一是研提应对禁化武组织附表 2 视察的趋势分析及应对建议。中心分析了我国附表 2 设施的危险等级、评估预测近 5 年核查次数，形成数据分析，为国家禁化武办提供决议参考。二是承担履约科研课题——"生物毒素研究与分析"。中心对我国目前生物毒素现状和分析方法等工作开展调研，为毒素防护和应急响应工作的开展提供资料参考。

组织召开履约相关会议。一是组织召开主题为"生物毒素与安全"的第一届化学安全与履约研讨会，促进生物安全体系建设。二是组织召开"加强化学安全与安保，做好国内履约支撑"专题研讨会。为加强我国化工企业的化工安全与安保管理，促进我国履约工作的开展，2021 年11 月 27 日～28 日，中心与国家履行《禁止化学武器公约》专家委员会联合主办了"加强化学安全与安保，做好国内履约支撑"专题研讨会。会议邀请了国家履行《禁止化学武器公约》专家委员会的多位专家参加并作报告。

（供稿人：孙凤霞）

China 附 录

中国履行《禁止化学武器公约》报告（2021）

附录一 2021 年中国履约大事记

1 月

5 日 联合国安理会举行叙利亚化武问题视频公开会。中国常驻联合国副代表戴兵大使出席会议，并就叙利亚化武问题调查、禁化武组织技秘处工作方式等问题阐明中方立场。

14 日 国家禁化武办批复同意四川禾本作物保护有限公司等 6 家企业建设监控化学品生产设施。

18 日 国家禁化武办颁发 2021 年第一批监控化学品生产特别许可证。

20 日 国家禁化武办征集禁止化学武器组织教育和外联咨询委员会委员人选。

27 日 国家禁化武办面向全社会征集"4·29 国际禁止化学武器组织日"宣传作品。

2 月

3 日 国家禁化武办批复同意济源市清水源水处理有限公司等 5 家企业建设监控化学品生产设施。

3 日 联合国安理会举行叙利亚化武问题视频公开会，中国常驻联合国副代表耿爽大使出席会议，并就叙利亚化武问题调查报告、加强叙利亚政府与禁化武组织技秘处合作等问题阐明中方立场。

5 日 国家禁化武办颁发 2021 年第二批监控化学品生产特别许可证。

11 日 中国新任常驻禁化武组织代表谈践大使向禁化武组织总干事阿里亚斯递交全权证书。

20 日 国家禁化武办批复同意江苏春江润田农化有限公司等 5 家企

业建设监控化学品生产设施。

23 日　军事科学院军事医学研究院毒物分析实验室、防化研究院分析化学实验室参加禁化武组织第 6 次生物医学样品水平测试。军事科学院防化研究院分析化学实验室承担了此次测试结果评估任务。

25 日　工业和信息化部、外交部派员参加由禁化武组织举行的第 95 届工业问题线上磋商。

3 月

1 日　国家禁化武办正式通过外交途径推荐禁止化学武器组织教育和外联咨询委员会委员人选。

4 日　联合国安理会举行叙利亚化武问题视频公开会，中国常驻联合国副代表耿爽大使出席会议并发言阐明中方原则立场，呼吁有关方停止政治操弄，为解决叙利亚化武问题创造条件。

5 日　中国向禁化武组织提交中国民用工业设施 2020 年过去活动年度宣布。

9 日　国家禁化武办批复同意江西鸿久新材料科技有限公司等 2 家企业建设监控化学品生产设施。

9 日～12 日　禁化武组织第 96 次执理会会议在荷兰海牙举行，中国驻荷兰大使兼常驻禁化武组织代表谈践率团与会，在一般性辩论中发言，就改进禁化武组织工作氛围和方式、日本遗弃在华化武、叙利亚化武与使用化武追责问题、修订行政与财务咨询委员会议事规则、中枢神经作用剂等问题阐明中方立场和主张。

15 日　中国向禁化武组织提交中国年度国家防备化学武器方案、第一类监控化学品合成实验室 2020 年过去活动年度宣布。

16 日　国家禁化武办印发《关于 2020 年过去活动年度宣布有关情况的通报》。

16 日　国家禁化武办批复同意成都科美特特种气体有限公司等 2 家

企业建设监控化学品生产设施。

22 日　中国向禁化武组织提交中国民用工业设施补充宣布。

22 日　国家禁化武办批复同意营口营新化工科技有限公司建设监控化学品生产设施。

30 日　国家禁化武办公开征求对《监控化学品行政许可表格式样》（征求意见稿）的意见。

30 日　中国、日本、禁化武组织技秘处第 34 轮日遗化武三方磋商通过视频方式举行。三方主要就重启销毁活动的相关计划和视察计划等交换意见。

31 日　国家禁化武办印发《2021 年履行〈禁止化学武器公约〉工作要点》。要求以履行《公约》义务、维护负责任大国形象、服务高质量发展为核心目标，以夯实履约基础、提高监管效能为工作主线，加强组织领导，加强制度治理，加强监督管理，加强国际合作，加强队伍建设，全面完成履约各项工作，为"十四五"开好局、起好步营造良好环境，以优异成绩庆祝中国共产党成立 100 周年。

4 月

2 日　国家禁化武办组织开展禁化武履约宣传普法主题知识竞赛，广泛宣传履约工作的重要意义和丰硕成果，提高全社会对履约工作的认知度。

6 日　联合国安理会举行叙利亚化武问题视频公开会，中国常驻联合国副代表耿爽大使出席会议，并就叙利亚化武问题调查进展等阐明立场。

7 日～9 日　中方对吉林长春、敦化疑似日遗化武埋藏点进行了金属探测和现地勘察。

8 日　国家禁化武办通过外交途径向禁化武组织提交《禁止化学武器公约》第七条履约情况。

11 日～12 日　国家禁化武办批复同意山东凯盛新材料股份有限公司等 8 家企业建设监控化学品生产设施。

14 日～16 日　中方在山西晋城实施了日遗化武内部调查作业，初步确认 1 枚日遗化武。

16 日　国家禁化武办印发《关于开展 2021 年监控化学品监督检查的通知》。

19 日～23 日　中方在天津实施了日遗化武内部调查作业，初步确认 12 枚日遗化武。

20 日～22 日　《禁止化学武器公约》第 25 届缔约国大会二期会在荷兰海牙举行，中国驻荷兰大使兼常驻禁化武组织代表谈践率团与会。会议投票通过了"处理叙利亚拥有及使用化武决定"，中国代表团投反对票并做解释性发言，呼吁使用化武追责问题回归公约框架。

21 日～23 日　国家禁化武办批复同意鲁西化工集团股份有限公司等 8 家企业建设监控化学品生产设施。

23 日　国家禁化武办颁发 2021 年第三批监控化学品生产特别许可证。

26 日　国家禁化武办批复同意宁夏海利科技有限公司等 3 家企业建设监控化学品生产设施。

28 日　国家禁化武办发布《2021 年国际禁化武组织日宣传册》。

28 日　国家禁化武办发布"4·29 国际禁止化学武器组织日"宣传海报 2 幅。

29 日　国家禁化武办组织的禁化武履约宣传普法主题知识竞赛圆满结束，全国近 5.2 万人参与了知识竞赛活动。陕西省禁化武办、河南省禁化武办、浙江省禁化武办、陕西化工集团有限公司、河北诚信集团有限公司 5 家单位获优秀组织奖，58 人获个人奖。

5 月

上中旬　中方在黑龙江鸡西、哈尔滨、齐齐哈尔等 7 地进行日遗化武内部调查作业，初步确认 277 枚日遗化武。

6 日　联合国安理会举行叙利亚化武问题视频公开会，中国常驻联合国代表张军大使作为安理会主席主持会议，呼吁避免禁化武组织工作政治化，强调禁化武组织不应被当作地缘政治工具。

7 日　国家禁化武办颁发2021年第四批监控化学品生产特别许可证。

7 日～ 13 日　国家禁化武办批复同意内蒙古三爱富万豪氟化工有限公司等 6 家企业建设监控化学品生产设施。

8 日～ 12 月 4 日　中方监督协助日方在吉林省敦化市哈尔巴岭实施三期作业，共挖掘回收日遗化武 6131 枚（件），销毁 2332 枚（件）。

12 日～ 6 月 24 日　中方监督协助日方实施哈尔巴岭日遗化武第一期挖掘回收作业，共挖掘回收 2453 枚日遗化武。

13 日　国家禁化武办组织召开《禁止化学武器公约》履约工作部际联席会议联系人会议。

17 日　工业和信息化部、外交部派员参加由禁化武组织举行的第 96 届工业问题线上磋商。

19 日～ 6 月 24 日　中方监督协助日方实施哈尔巴岭日遗化武第一期销毁作业，共销毁 1086 枚日遗化武。

20 日　国家禁化武办批复同意山东先达农化股份有限公司等 2 家企业建设监控化学品生产设施。

23 日～ 28 日　中方对吉林长春疑似日遗化武埋藏点实施了金属探测和现地勘察。

24 日～ 28 日　国家禁化武办随机选派执法检查人员组成检查组，对广东先导先进材料股份有限公司、天津利安隆新材料股份有限公司进行了专项监督检查，对广东省化工轻工有限公司、内蒙古兴发科技有限公司、天津利安隆新材料股份有限公司进行了"双随机、一公开"现场检查。

27 日　国家禁化武办颁发 2021 年第五批监控化学品生产特别许可证。

27 日　国家禁化武办批复同意安徽昊帆生物有限公司等 2 家企业建设监控化学品生产设施。

31 日～6 月 4 日　国家禁化武办随机选派执法检查人员组成检查组，对内蒙古永和氟化工有限公司、齐鲁制药（内蒙古）有限公司呼伦贝尔分公司进行了专项监督检查、对内蒙古兴发科技有限公司进行了"双随机、一公开"现场检查。

6 月

2 日～4 日　中方在湖北武汉实施了日遗化武内部调查作业，初步确认 2 枚日遗化武。

3 日　国务院正式发布《关于深化"证照分离"改革 进一步激发市场主体发展活力的通知》（国发〔2021〕7 号），取消"第二、三类监控化学品和第四类监控化学品中含磷、硫、氟的特定有机化学品生产特别许可"初审环节，并将由省级工业和信息化主管部门初审、工业和信息化部审批的两级审批方式，调整为省级工业和信息化主管部门直接审批，同时在申请材料中取消车间设备平面布置图。将第二类监控化学品经营许可的审批时限由 20 个工作日压减至 18 个工作日。自 2021 年 7 月 1 日起生效。

3 日　联合国安理会举行叙利亚化武问题视频公开会，中国常驻联合国副代表耿爽大使出席会议并发言阐明立场。呼吁所有缔约国以《公约》为准绳，坚持协商合作解决问题。

7 日　国家禁化武办启动《中国履行〈禁止化学武器公约〉报告（2020）》的编撰工作。

8 日～10 日　中方在重庆南岸区实施了日遗化武内部调查作业。

15 日～16 日　国家禁化武办批复同意辽宁宝来新材料有限公司等 5 家企业建设监控化学品生产设施。

22 日～24 日　国家禁化武办派员参加禁化武组织第 19 届亚洲地区

国家履约机构年度会议。

23 日　国家禁化武办印发《关于开展 2022 年预计活动年度宣布有关事项的通知》。

28 日　国家禁化武办批复同意浙江石油化工有限公司等 3 家企业建设监控化学品生产设施。

28 日　中国向禁化武组织提交哈尔巴岭日遗化武更新宣布材料（5月 12 日～6 月 24 日第一期挖掘回收作业挖掘回收 2453 枚日遗化武，5月 19 日～6 月 24 日第一期销毁作业销毁 1086 枚日遗化武）。

29 日　工业和信息化部发布《关于深化"证照分离"改革的通告》（工信部政法函〔2021〕159 号），发布《深化"证照分离"改革的贯彻落实措施（2021 年版）》。

30 日　国家禁化武办颁发 2021 年第六批监控化学品生产特别许可证。

7 月

5 日　工业和信息化部、外交部派员参加由禁化武组织举行的第 97届工业问题线上磋商。

6 日～9 日　禁化武组织第 97 次执理会会议在荷兰海牙举行。中国驻荷兰大使兼常驻禁化武组织代表谈践率团与会并在一般性辩论中发言、就改进禁化武组织工作氛围、库存化武和日本遗弃在华化武销毁、叙利亚化武与使用化武追责、推动各磋商机制工作等问题阐明了中方立场和主张。

12 日～21 日　国家禁化武办批复同意西安彩晶光电科技有限公司等 7 家企业建设监控化学品生产设施。

26 日　工业和信息化部办公厅印发《关于启用新版监控化学品生产特别许可证书样式的通知》（工信厅安全〔2021〕26 号）。

29 日　国家禁化武办启动《全国监控化学品统计调查制度》的延续

报批工作。

29 日 国家禁化武办批复同意宁夏永农生物科技有限公司等 3 家企业建设监控化学品生产设施。

8 月

4 日 联合国安理会举行叙利亚化武问题视频公开会，中国常驻联合国副代表耿爽大使出席会议并发言阐明立场，呼吁维护《公约》权威和有效性，停止将叙利亚化武问题政治化。

7 日～9 月 24 日 中方受日方委托，实施了通化、龙井至哈尔巴岭和沈阳、呼伦贝尔、齐齐哈尔、尚志至哈尔滨日遗化武运输作业。

9 日～9 月 27 日 中方监督协助日方实施哈尔巴岭日遗化武第二期挖掘回收作业，挖掘回收 3678 枚日遗化武。

16 日 国家禁化武办就《监控化学品行政许可表格式样》（征求意见稿）征求意见。

17 日 国家禁化武办委托江苏省化工行业协会启动禁化武履约专家能力提升项目。

17 日 国家禁化武办委托上海市化工行业协会启动禁化武履约在线教学课程制作项目。

23 日 国家禁化武办印发《颁发监控化学品生产特别许可证书备案表的通知》。

23 日～27 日 为达到销毁目的，经中日双方商定，中方将通化临时托管库保管的 24 枚日遗化武及 112.1 千克污染物运输到哈尔巴岭托管库。

24 日～26 日 河北省工业和信息化厅向国家禁化武办备案监控化学品生产特别许可审批结果。

27 日 国家禁化武办就禁化武组织修订《宣布手册》研提意见。

28 日～31 日 为达到销毁目的，经中日双方商定，中方将龙井临时托管库保管的 1303 枚日遗化武及 1232.93 千克污染物运输到哈尔巴岭托管库。

9 月

1 日　国家禁化武办通过外交渠道致函禁化武组织变更中方联系人和联系方式。

2 日　联合国安理会举行叙利亚化武问题视频公开会，中国常驻联合国副代表耿爽大使出席会议并发言阐明立场，强调叙利亚化武问题的调查应严格按照禁化武公约规定，得出经得起事实和历史检验的结论。

2 日～ 3 日　国家禁化武办批复同意潍坊新绿化工有限公司等 7 家企业建设监控化学品生产设施。

2 日～ 13 日　为达到销毁目的，经中日双方商定，中方将沈阳托管库保管的 304 枚日遗化武及 1098.47 千克污染物运输到哈尔滨托管库。

8 日～ 10 日　国家禁化武办批复同意山东国邦药业有限公司等 3 家企业建设监控化学品生产设施。

14 日　国家履行《禁止化学武器公约》专家委员会在北京召开换届大会。工业和信息化部副部长徐晓兰出席会议发表讲话，并为新任专家委委员颁发聘书。

15 日～ 19 日　为达到销毁目的，经中日双方商定，中方将呼伦贝尔临时托管库保管的 1 桶散装黄剂和 9.56 千克污染物运输到齐齐哈尔托管库；将呼伦贝尔临时托管库保管的 5 枚日遗化武运输到哈尔滨托管库；将齐齐哈尔托管库保管的 405 枚日遗化武运输到哈尔滨托管库。

15 日～ 27 日　中方监督协助日方实施哈尔巴岭日遗化武第二期销毁作业，销毁 153 枚日遗化武。

18 日　国家禁化武办批复同意潍坊茂源生物科技有限公司建设监控化学品生产设施。

21 日～ 22 日　为达到销毁目的，经中日双方商定，中方将黑龙江尚志临时托管库保管的 696 枚日遗化武及 1436.5 千克污染物运输到哈尔滨托管库。

23日　中国向禁化武组织提交中国第一类监控化学品合成实验室2022年预计活动年度宣布。

23日　广东省工业和信息化厅向国家禁化武办备案监控化学品生产特别许可审批结果。

27日　国家禁化武办印发《监控化学品行政许可审批机关三种往来文书参考样式》。

27日～28日　国家禁化武办批复同意宁夏永利新材料有限公司等7家企业建设监控化学品生产设施。

10月

4日　联合国安理会举行叙利亚化武问题视频公开会，中国常驻联合国副代表耿爽大使出席会议并发言阐明立场，呼吁通过对话合作解决问题，并敦促唯一化武拥有国尽早销毁所有化学武器。

4日　工业和信息化部、外交部派员参加出禁化武组织举行的第98届工业问题线上磋商。

5日～8日　禁化武组织第98次执理会会议在荷兰海牙举行。中国驻荷兰大使兼常驻禁化武组织代表谈践率团与会，在一般性辩论中发言并就日遗化武等问题进行专题发言。

8日～12月5日　中方监督协助日方实施哈尔巴岭日遗化武第三期销毁作业，共销毁1093枚日遗化武。

10日　军事科学院防化研究院化学分析实验室参加禁化武组织第50次环境样品水平测试。

11日　国家禁化武办批复同意联化科技（德州）有限公司建设监控化学品生产设施。

11日　中国向禁化武组织提交哈尔巴岭日遗化武更新宣布材料（8月9日～9月27日第二期挖掘回收作业挖掘回收3678枚日遗化武，9

月 15 日～ 27 日第二期销毁作业销毁 153 枚日遗化武）。

12 日　上海市经济和信息化委员会向国家禁化武办备案监控化学品生产特别许可审批结果。

13 日～ 15 日　外交部派员参加禁化武组织解决保密争端委员会第 23 次会议。

19 日　国家禁化武办召开监控化学品进出口管理座谈会。会议分析了当前监控化学品进出口及防扩散工作的形势和任务，并就坚持总体国家安全观、统筹发展与安全、落实《中华人民共和国出口管制法》和《条例》及其实施细则等相关法律法规提出新的要求。

20 日　江苏省工业和信息化厅向国家禁化武办备案监控化学品生产特别许可审批结果。

20 日～ 22 日　中方对重庆南岸区新发现废旧炮弹实施了 X 光鉴定作业。

21 日　经国家禁化武办推荐，浙江工业大学周瑛教授正式获聘为禁止化学武器组织教育和外联咨询委员会委员，自 2022 年 1 月 1 日起任职，首个任期为 3 年。

21 日～ 11 月 2 日　中方受日方委托，实施了南宁至广州日遗化武运输作业。

22 日　中国向禁化武组织提交中国民用工业设施 2022 年预计活动年度宣布。

22 日　中国常驻禁化武组织代表团代表中国政府向禁化武组织捐款 1.8 万美元，用于开展国际合作、处理日遗化武等相关工作。

22 日　辽宁省工业和信息化厅向国家禁化武办备案监控化学品生产特别许可审批结果。

25 日　河北省工业和信息化厅向国家禁化武办备案监控化学品生产特别许可审批结果。

26 日　工业和信息化部副部长徐晓兰主持召开《禁止化学武器公约》履约工作部际联席会议。会议分析了 2020 年以来禁化武履约工作形势，研究国内履约重要问题，明确下一步工作思路和重点任务。中央军委国际军事合作办公室、国家铁路局、中国国家铁路集团有限公司、中国民用航空局等部际联席会议成员或成员单位代表出席会议并发言。

26日　工业和信息化部办公厅印发《关于修订监控化学品行政许可表格样式的通知》（工信厅安全〔2021〕44号）。

30日～11月3日　为达到销毁目的，经中日双方商定，中方将南宁临时托管库保管的6枚日遗化武及5千克污染物运输到广州托管库。

11月

1日　河北省工业和信息化厅向国家禁化武办备案监控化学品生产特别许可审批结果。

4日　安徽省工业和信息化厅向国家禁化武办备案监控化学品生产特别许可审批结果。

5日～12日　国家禁化武办批复同意山东滨农科技有限公司等5家企业建设监控化学品生产设施。

8日　国家统计局正式印发《全国监控化学品统计调查制度》（国统制〔2021〕136号），批准调查制度延续，有效期至2024年11月。

17日　山西省工业和信息化厅向国家禁化武办备案监控化学品生产特别许可审批结果。

18日　国家禁化武办批复同意安徽金轩科技有限公司等5家企业建设监控化学品生产设施。

18日　中国、日本、禁化武组织技秘处第35轮日遗化武三方磋商通过视频方式举行。三方主要就日遗化武销毁进展、2022年核查计划、执理会代表团访华、启动视频核查等交换意见。

23日～26日　国家禁化武办派员在线参加第23届国家履约机构会议。会议主要讨论了工业核查、化学安保、电子学习系统更新、化学技术中心、禁化武组织国际合作与援助等议题。

25 日　国家禁化武办委托工业和信息化部国际经济技术合作中心启动《禁止化学武器公约》第五次审议大会方案研究工作。

26 日　国家禁化武办批复同意内蒙古浩普科技有限公司建设监控化学品生产设施。

26 日　国家禁化武办研提《禁止化学武器公约》第 26 届缔约国大会一般性辩论发言建议。

29 日　中日双方就 2022 年度日遗化武调查作业计划草案进行视频磋商。

29 日　上海市经济和信息化委员会向国家禁化武办备案监控化学品生产特别许可审批结果。

29 日～ 12 月 2 日　《禁止化学武器公约》第 26 届缔约国大会在荷兰海牙举行，中国驻荷兰大使兼常驻禁化武组织代表谈践率团与会并在一般性辩论中发言，就当前国际化武裁军和军控问题、叙利亚化武、加强国际合作、禁化武组织 2022—2023 年预算等问题阐明中方立场和主张。

12 月

1 日～ 3 日　中方在云南大理对前期发现的 3 枚疑似日遗化武进行了 X 光鉴定作业。

6 日　国家禁化武办印发《关于开展 2021 年过去活动年度宣布工作的通知》。

6 日　国家禁化武办印发《关于 2022 年预计活动年度宣布有关情况的通报》。

8 日　联合国安理会举行叙利亚化武问题视频公开会，中国常驻联合国代表团孙志强参赞出席会议并发言阐明立场，强调叙利亚化武问题相关调查和报告应做到程序合规、证据可靠、结论可信。

9 日　国家禁化武办批复同意宁夏格瑞精细化工有限公司等 2 家企业建设监控化学品生产设施。

10 日　江苏省工业和信息化厅向国家禁化武办备案监控化学品生产特别许可审批结果。

10 日　湖北省经济和信息化厅向国家禁化武办备案监控化学品生产特别许可审批结果。

14 日　国家禁化武办印发《关于表扬 2021 年度履行〈禁止化学武器公约〉工作先进集体和个人的通报》。

15 日　山西省工业和信息化厅向国家禁化武办备案监控化学品生产特别许可审批结果。

20 日　军事科学院军事医学研究院毒物分析实验室、防化研究院分析化学实验室参加禁化武组织第 6 次生物毒素样品分析演练。

20 日　中国和日本就 2022 年佳木斯水域日遗化武销毁作业计划进行视频磋商。

21 日～22 日　国家禁化武办批复同意湖北迅达药业有限公司等 2 家企业建设监控化学品生产设施。

22 日　向禁化武组织提交哈尔巴岭口遗化武更新宣布材料（10 月 8 日～12 月 5 日第三期销毁作业销毁 1093 枚日遗化武）。

28 日　河北省工业和信息化厅向国家禁化武办备案监控化学品生产特别许可审批结果。

30 日　国家禁化武办批复同意襄阳金达成精细化工有限公司等 6 家企业建设监控化学品生产设施。

附录二　2021 年中国履约文件选编

国家禁化武办关于开展 2021 年监控化学品监督检查工作的通知

禁化武办发〔2021〕37 号

各省、自治区、直辖市及新疆生产建设兵团工业和信息化主管部门：

根据《国家禁化武办关于印发 2021 年履行〈禁止化学武器公约〉工作要点的通知》（禁化武办发〔2021〕25 号）要求，国家履行《禁止化学武器公约》工作办公室组织开展 2021 年监控化学品监督检查工作。现将工作安排通知如下。

一、指导思想

以习近平新时代中国特色社会主义思想为指导，以统筹国内和国际，统筹发展和安全为工作主线，按照党中央、国务院全面深化改革各项部署要求，大力推广随机抽查，对直接涉及公共安全和人民群众生命健康等特殊重点领域，依法依规实行全覆盖的重点监管。规范监管行为，创新管理方式，强化市场主体自律和社会监督，提升监管效能。

二、总体要求

全面贯彻落实《国务院办公厅关于推广随机抽查规范事中事后监管的通知》（国办发〔2015〕8 号）、《国务院办公厅关于加强和规范事中事后监管的指导意见》（国发〔2019〕18 号）工作要求，严格按照《工业和信息化部"双随机、一公开"监管实施办法》（工信厅政〔2018〕45 号）及《工业和信息化部全面推行行政执法公示制度执法全过程记录制度重大执法决定法制审核制度暂行实施方案》（工信部政〔2019〕93 号，以下简称"三项制度"）开展工作，严格规范公正文明执法，严肃查处违法违规行为，坚持规范透明，抽查结果及时、准确、规范向社会公开。

三、实施步骤

（一）准备阶段（4月）

结合国家重要节点安全稳定和履约工作需要，综合考虑设施风险等级、检查历史记录等因素，国家禁化武办将对全国 12 家新增第二类监控化学品生产、使用、消耗企业进行专项检查，随机抽取 4 家在 2020 年过去活动年度宣布中达到视察阈值以上的第三类和第四类监控化学品生产企业，随机抽取 2 家监控化学品进出口企业进行"双随机、一公开"抽查。更新监控化学品监督检查人员名录和专家名录库，检查人员由随机抽取的国家禁化武办和被检查对象所在省级禁化武办执法人员组成，通过随机组合分为 5 个检查组，每组由 2 名检查人员和 2～3 名专家组成，负责该组的监督检查工作。

（二）检查阶段（5月至11月）

提前 3～5 个工作日将检查通知发送至检查对象所在地省级禁化武办，一并通知检查对象名称、检查人员姓名、实施检查时间等。

检查组实施检查时，应按照"三项制度"有关要求，填写检查记录，如实记录检查情况，并由被检查单位负责人签字或盖章确认。检查结束之日起 5 个工作日内完成检查报告，15 个工作日内向社会公示"双随机、一公开"抽查结果。

（三）总结阶段（12月）

督促企业提交整改报告，梳理总结工作经验，通报检查和整改结果。

四、工作要求

（一）统一思想认识。在重点领域实施重点监管和推行"双随机、一公开"监管，是贯彻落实党中央、国务院关于深刻转变政府职能，深化简政放权、放管结合、优化服务改革，进一步加强和规范事中事后监管的重要举措。各级禁化武办务必充分认识此项工作的重要性和必要性，全面落实工作部署和要求，合理安排工作，夯实工作基础，保障监督检查顺利进行。

（二）严格依法检查。监督检查工作要遵守《监控化学品管理条例》及其实施细则的有关规定。不得妨碍检查对象的正常生产经营活动。地方禁化武办在开展本地区监督检查工作时，要注重统筹协调，避免重复检查，不给企业增加不合理负担。

（三）做好疫情防控。按照常态化疫情防控要求。时刻紧绷疫情防控这根弦，在监督检查期间，严格遵守检查对象所在地疫情防控各项要求，做好个人防护。减少不必要的人员聚集，确保检查工作顺利开展。

特此通知。

国家履行《禁止化学武器公约》工作办公室

2021 年 4 月 16 日

工业和信息化部办公厅关于启用

新版监控化学品生产特别许可证样式的通知

工信厅安全〔2021〕26 号

根据《国务院关于深化"证照分离"改革进一步激发市场主体发展活力的通知》（国发〔2021〕7 号）要求，2021 年 7 月 1 日起，监控化学品生产特别许可由省级工业和信息化主管部门直接审批。按照《工业和信息化部关于深化"证照分离"改革的通告》（工信部政法函〔2021〕159 号），现启用新版《监控化学品生产特别许可证》证书样式。

新版《监控化学品生产特别许可证》空白证书由工业和信息化部统一印制，请各省级工业和信息化主管部门按需领取使用，并严格做好空白证书保管工作。2021 年 7 月 1 日前由工业和信息化部颁发的《监控化学品生产特别许可证》可继续使用至有效期届满。

特此通知。

附件：新版监控化学品生产特别许可证书样式

工业和信息化部办公厅

2021 年 7 月 20 日

新版监控化学品生产特别许可证书样式

正面

反面

证书版面内容及格式要求

监控化学品生产特别许可证版式为横版，尺寸为 297mm（高）×420mm（宽），纸张为 157 克铜版纸。许可证正面印制国徽、边框、标题（监控化学品生产特别许可证）、证书编号、单位名称、法定代表人、单位地址、许可有效期、许可范围、发证机关、发证日期、工业和信息化部监制等内容。许可证反面印制监控化学品生产特别许可具体内容，包括生产品种、生产能力、监控化学品类别、备注和说明，与证书具有同等法律效力。

证书编号格式为 HW-XXXXXXX，XXXXXXX 代表厂区宣布代码，与国家禁化武数据采集与宣布系统用户名一致。许可范围填写核准生产监控化学品的具体品种。监控化学品类别填写第二类监控化学品、第三类监控化学品和第四类监控化学品中含磷、硫、氟的特定有机化学品，备注填写生产能力调整、生产品种变更等相关情况。

工业和信息化部办公厅关于修订监控化学品行政
许可表格样式的通知

工信厅安全〔2021〕44 号

各省、自治区、直辖市及新疆生产建设兵团工业和信息化主管部门：

为贯彻落实《工业和信息化部关于深化"证照分离"改革的通告》（工信部政法函〔2021〕159 号）有关要求，适应监控化学品行政许可工作改革需要，提高行政许可规范化水平，依据《中华人民共和国监控化学品管理条例》《〈中华人民共和国监控化学品管理条例〉实施细则》，现将修订后的《监控化学品行政许可表格样式》印发给你们，自 2021 年 12 月 1 日起施行。《工业和信息化部办公厅关于印发监控化学品行政许可表格样式的通知》（工信厅安全〔2018〕104 号）同时废止。

行政许可申请人可在工业和信息化部门户网站（www.miit.gov.cn）自行下载使用修订后的《监控化学品行政许可表格样式》。请各省级工业和信息化主管部门及时更新发布相关文件信息，并严格执行。

执行过程中发现问题，请及时报国家履行《禁止化学武器公约》工作办公室（工业和信息化部安全生产司）。

特此通知。

附件：监控化学品行政许可表格样式

工业和信息化部办公厅

2021 年 10 月 26 日

中华人民共和国工业和信息化部
行政许可事项申请表
监控化学品生产设施新（扩、改）建审批

申请单位（盖章）：

法定代表人（签字）：　　　　　邮编：

联系人：　　　　　　　　　　　联系电话：

申请日期：　　　　　年　　　月　　　日

工业和信息化部监制

一、填写说明

（一）新（扩、改）建第二类、第三类监控化学品和第四类监控化学品中含磷、硫、氟的特定有机化学品生产设施的，应当向省级工业和信息化主管部门提出书面申请并填写此表。

（二）本申请表应用黑色或蓝黑色钢笔、签字笔填写或用打印机打印四号仿宋字文本，字迹清晰工整，内容准确，附件材料应图文清晰。法定代表人签字必须由本人用黑色或蓝黑色钢笔、签字笔签署姓名。

（三）建设类型分为新建、扩建和改建三种。

新建：从无到有开始建设的监控化学品（包括伴生监控化学品）生产设施。

扩建：为扩大现有监控化学品（包括伴生监控化学品）的生产能力或增加新的监控化学品（包括伴生监控化学品）品种，在现有生产设施基础上建设的监控化学品（包括伴生监控化学品）生产设施。

改建：对现有监控化学品（包括伴生监控化学品）生产设施进行技术改造和设备更新。

（四）本申请表中的申请单位应填写申请单位营业执照上的名称。详细地址应按照营业执照上的"住所"进行填写。当监控化学品生产设施所在地与营业执照上"住所"不同时，应填写监控化学品生产设施所在地的详细地址，具体到门牌号码。

（五）本申请表中的营业执照登记机关应填写所在地工商行政管理局。法律、行政法规规定须经有关机关批准的法人或法人组织，填写批准机关名称。

（六）本申请表中的监控化学品名称应按如下规则填写：第二类、第三类监控化学品名称应与《各类监控化学品名录》和《列入第三类监控化学品的新增品种清单》一致；第四类监控化学品中含磷、硫、氟的特定有机化学品应填写化学名称的全称，不得用简称、别称或商品名称等代替。

（七）本申请表中的监控化学品类别应填写"第二类监控化学品""第三类监控化学品"或者"第四类监控化学品中含磷、硫、氟的特定有机化学品"，可简写为"第二类""第三类""第四类（PSF）"。

（八）本申请表中的生产特别许可证编号，新建设施不填写。

（九）本申请表中的申请单位地理位置图及交通图应包括申请单位在全国、所在省份、所在区县的地理位置图及交通图。

（十）申请表内容填写无误后报所在地省级工业和信息化主管部门，或通过设区的市级工业和信息化主管部门转报省级工业和信息化主管部门。

（十一）省级工业和信息化主管部门签署意见后，将申请表连同附件一并报工业和信息化部安全生产司（国家履行《禁止化学武器公约》工作办公室）。

（十二）本申请表外边距和格式不能改变，内容不够填写，可自行设置续表或调整栏目尺寸。每种监控化学品应单独填写一张《监控化学品基本情况》。申请表封面不编制页码，其他页编制页码。

二、承诺

（一）认真履行《禁止化学武器公约》义务，遵守《中华人民共和国监控化学品管理条例》《〈中华人民共和国监控化学品管理条例〉实施细则》规定。

（二）监控化学品生产设施竣工后，主动申请设施竣工验收及生产特别许可。

（三）依法履行《禁止化学武器公约》宣布义务，真实、准确、完整、及时申报相关数据。

（四）投产后若产量达到视察阈值，按照《禁止化学武器公约》有关要求，做好接受视察的各项准备工作，并履行接受禁止化学武器组织现场视察的义务。

（五）接受各级工业和信息化主管部门的指导和监督检查。

（六）本申请表中所填内容及所附材料均真实、合法。

法定代表人（签字）：

年　月　日

（单位盖章）

三、申请单位基本情况

申请单位			
详细地址			
法定代表人		联系人	
联系电话		传　真	
统一社会 信用代码			
营业执照 登记机关		营业期限	
职工总数	人	工程技术人员	人
申请单位简介（限300字） 含监控化学品品种、生产规模、技术路线，以及与其他产品共用设备情况等			

四、监控化学品基本情况

监控化学品名称		监控化学品类别	
CAS 代码		生产能力	
建设类型	□ 新建 □ 扩建 □ 改建	生产特别 许可证编号	
产品标准号		拟投产日期	
车间名称		车间代码	
车间负责人		车间人数	人
产品用途			

车间活动简介
含车间生产、加工、消耗、储存、包装等方面活动的介绍

产品生产方法及流程

主要原料年消耗	原料名称	单位	数量

五、各部门意见

所在地省级或设区的市级生态环境部门对该产品建设活动的审查意见（或按附件 5 提供相关材料）
盖章： 年　月　日
所在地省级或设区的市级应急管理部门对该产品建设活动的审查意见（或按附件 6 提供相关材料）
盖章： 年　月　日
设区的市级工业和信息化主管部门或地方人民政府确定的监控化学品管理部门转报意见（如企业直接向省级工业和信息化主管部门申请，不填此栏）
盖章： 年　月　日
省级工业和信息化主管部门审查意见
盖章： 年　月　日

附件：

1. 申请单位地理位置图及交通图

2. 申请单位厂区平面位置图

3. 产品工艺流程简图

4. 可行性研究报告

5. 生态环境部门批准文件复印件

6. 应急管理部门批准文件复印件（不涉及应急管理部门审批的，应提交相关说明文件及材料）

中华人民共和国工业和信息化部

行政许可事项申请表

监控化学品生产设施新（扩、改）建竣工验收

申请单位（盖章）

法定代表人（签字）：　　　　　邮编：

联系人：　　　　　　　　　　　联系电话：

申请日期：　　　　　　　　　年　　月　　日

工业和信息化部监制

一、填写说明

（一）第二类、第三类监控化学品和第四类监控化学品中含磷、硫、氟的特定有机化学品生产设施建设竣工的，应当向省级工业和信息化主管部门提出书面申请并填写此表。

（二）本申请表应用黑色或蓝黑色钢笔、签字笔填写或用打印机打印四号仿宋字文本，字迹清晰工整，内容准确，附件材料图文清晰。法定代表人签字必须由本人用黑色或蓝黑色钢笔、签字笔签署姓名。

（三）本申请表中的申请单位应填写申请单位营业执照上的名称。详细地址应按照营业执照上的"住所"进行填写。当监控化学品生产设施所在地与营业执照上"住所"不同时，应填写监控化学品生产设施所在地的详细地址，具体到门牌号码。

（四）本申请表中的营业执照登记机关应填写所在地工商行政管理局。法律、行政法规规定须经有关机关批准的法人或法人组织，填写批准机关名称。

（五）本申请表中的监控化学品名称应按如下规则填写：第二类、第三类监控化学品名称应与《各类监控化学品名录》和《列入第三类监控化学品的新增品种清单》一致；第四类监控化学品中含磷、硫、氟的特定有机化学品应填写化学名称的全称，不得用简称、别称或商品名称等代替。

（六）申请表内容填写无误后报所在地省级工业和信息化主管部门，或通过设区的市级工业和信息化主管部门转报省级工业和信息化主管部门。

（七）省级工业和信息化主管部门签署意见后，将申请表连同附件一并报工业和信息化部安全生产司（国家履行《禁止化学武器公约》工作办公室）。

（八）本申请表外边距和格式不能改变，内容不够填写，可自行设置续表或调整栏目尺寸。申请表封面不编制页码，其他页编制页码。

二、申请单位基本情况

申请单位			
详细地址			
营业执照 登记机关		营业期限	
法定代表人		统一社会 信用代码	
监控化学品名称		设计产能	

申请单位意见：

_____ 新（扩、改）建监控化学品生产设施已经竣工，特申请竣工验收。

法定代表人：（签字）　　　　　　　　（加盖公章处）
　　　　　　　　　　　　　　　　　年　　月　　日

三、竣工验收意见

竣工验收专家组意见
组长签字： 　　　　　　　　　年　月　日
省级工业和信息化主管部门审查意见
盖章： 　　　　　　　　　年　月　日

附件：

1. 第二类、第三类监控化学品和第四类监控化学品中含磷、硫、氟的特定有机化学品生产设施实际生产能力标定文件

2. 试生产情况报告（主要针对生产设施实际生产能力标定）

3. 试生产期间有代表性的原始记录、统计台账样张复印件

4. 企业监控化学品管理制度、岗位操作规程清单

5. 设置履行《禁止化学武器公约》管理机构和配备专 / 兼职监控化学品管理人员的文件

6. 竣工验收专家组人员名单（该附件由省级工业和信息化主管部门提供，应包括姓名、单位、职务或职称、签名等内容）

中华人民共和国工业和信息化部
行政许可事项申请表
第一类监控化学品生产许可

申请单位（盖章）：

法定代表人（签字）：　　　　　邮编：

联系人：　　　　　　　　　　　联系电话：

申请日期：　　　　　　年　　月　　日

工业和信息化部监制

一、填写说明

（一）为科研、医疗、制造药物或者防护目的需要生产第一类监控化学品的，应当向工业和信息化部安全生产司（国家履行《禁止化学武器公约》工作办公室）提出书面申请并填写此表。

（二）本申请表应用黑色或蓝黑色钢笔、签字笔填写或用打印机打印四号仿宋字文本，字迹清晰工整，内容准确，附件材料图文清晰。法定代表人签字必须由本人用黑色或蓝黑色钢笔、签字笔签署姓名。

（三）本申请表中的申请单位应填写申请单位营业执照或有关机关按照法律、行政法规规定批准申请单位成立文件上的名称。详细地址应按照营业执照或批准文件上的"住所"进行填写。当监控化学品生产设施所在地与营业执照上"住所"不同时，应填写监控化学品生产设施所在地的详细地址，具体到门牌号码。

（四）本申请表中的营业执照登记机关应填写所在地工商行政管理局。法律、行政法规规定须经有关机关批准的法人或法人组织，填写批准机关名称。

（五）本申请表中的第一类监控化学品名称应与《各类监控化学品名录》一致，不得用简称、别称或商品名称等代替。

（六）申请表内容填写无误后，将申请表连同附件一并报送工业和信息化部安全生产司（国家履行《禁止化学武器公约》工作办公室）。

（七）本申请表外边距和格式不能改变，内容不够填写，可自行设置续表或调整栏目尺寸。每种监控化学品应单独填写一张《监控化学品基本情况》。申请表封面不编制页码，其他页编制页码。

二、承诺

（一）认真履行《禁止化学武器公约》义务，遵守《中华人民共和国监控化学品管理条例》《〈中华人民共和国监控化学品管理条例〉实施细则》规定。

（二）在工业和信息化部指定的小型设施中生产第一类监控化学品。

（三）生产的第一类监控化学品仅用于科研、医疗、制造药物或者防护目的。

（四）建立健全第一类监控化学品管理制度，妥善保管台账和原始记录（凭证）。

（五）第一类监控化学品的储存符合国家有关规定，发现丢失、被盗时，立即报当地公安机关和所在地省级工业和信息化主管部门，并积极配合公安机关调查。

（六）依法销售第一类监控化学品。不向未取得第一类监控化学品使用许可证的单位销售第一类监控化学品。

（七）依法履行《禁止化学武器公约》宣布义务，真实、准确、完整、及时申报相关数据。

（八）按照《禁止化学武器公约》有关要求，做好接受视察的各项准备工作，并履行接受禁止化学武器组织现场视察的义务。

（九）接受各级工业和信息化主管部门的指导和监督检查。

（十）本申请表中所填内容及所附材料均真实、合法。

法定代表人（签字）：

年　月　日

（单位盖章）

三、申请单位基本情况

申请单位			
详细地址			
法定代表人		联系人	
联系电话		传 真	
统一社会 信用代码			
营业执照 登记机关		营业期限	
申请单位简介（限300字） 含第一类监控化学品品种、生产规模、技术路线，以及与其他产品共用设备情况等			

四、监控化学品基本情况

监控化学品名称		CAS 代码	
生产能力	千克	年最大生产量	千克
生产第一类监控化学品的目的、用途			
第一类监控化学品生产工艺简介			

附件：

1. 接受禁止化学武器组织视察预案

2. 视察前情况介绍

3. 监控化学品管理规章制度

4. 有效期满申请延续的，交回原生产许可证

中华人民共和国工业和信息化部
行政许可事项申请表
第一类监控化学品使用许可

申请单位（盖章）：

法定代表人（签字）：　　　　邮编：

联系人：　　　　　　　　　　联系电话：

申请日期：　　　　　　　　　年　　月　　日

工业和信息化部监制

一、填写说明

（一）为科研、医疗、制造药物或者防护目的需要使用第一类监控化学品的，应当向工业和信息化部安全生产司（国家履行《禁止化学武器公约》工作办公室）提出书面申请并填写此表。

（二）本申请表应用黑色或蓝黑色钢笔、签字笔填写或用打印机打印四号仿宋字文本，字迹清晰工整，内容准确，附件材料图文清晰。法定代表人签字必须由本人用黑色或蓝黑色钢笔、签字笔签署姓名。

（三）本申请表中的申请单位应填写申请单位营业执照或有关机关按照法律、行政法规规定批准申请单位成立文件上的名称。详细地址应按照营业执照或批准文件上的"住所"进行填写。当监控化学品生产设施所在地与营业执照或批准文件上"住所"不同时，应填写监控化学品生产设施所在地的详细地址，具体到门牌号码。

（四）本申请表中的营业执照登记机关应填写所在地工商行政管理局。法律、行政法规规定须经有关机关批准的法人或法人组织，填写批准机关名称。

（五）本申请表中的第一类监控化学品名称应与《各类监控化学品名录》一致，不得用简称、别称或商品名称等代替。

（六）申请表内容填写无误后，将申请表连同附件一并报送工业和信息化部安全生产司（国家履行《禁止化学武器公约》工作办公室）。

（七）本申请表外边距和格式不能改变，内容不够填写，可自行设置续表或调整栏目尺寸。每种监控化学品应单独填写一张《监控化学品基本情况》。申请表封面不编制页码，其他页编制页码。

二、承诺

（一）认真履行《禁止化学武器公约》义务，遵守《中华人民共和国监控化学品管理条例》《〈中华人民共和国监控化学品管理条例〉实施细则》规定。

（二）建立健全第一类监控化学品使用管理制度，妥善保管台账和原始记录（凭证）。

（三）第一类监控化学品仅用于科研、医疗、制造药物或者防护目的。

（四）依法购买第一类监控化学品，凭第一类监控化学品使用许可批复文件同工业和信息化部指定的生产单位签订合同，并将合同副本报送工业和信息化部备案。购买的第一类监控化学品仅用于科研、医疗、制造药物或者防护目的，不转售或挪作他用。

（五）第一类监控化学品的储存符合国家有关规定，发现丢失、被盗时，立即报当地公安机关和所在地省级工业和信息化主管部门，并积极配合公安机关调查。

（六）依法履行《禁止化学武器公约》宣布义务，真实、准确、完整、及时申报相关数据。

（七）按照《禁止化学武器公约》有关要求，做好接受视察的各项准备工作，并履行接受禁止化学武器组织现场视察的义务。

（八）接受各级工业和信息化主管部门的指导和监督检查。

（九）本申请表中所填内容及所附材料均真实、合法。

法定代表人（签字）：

年　月　日

（单位盖章）

三、申请单位基本情况

申请单位			
详细地址			
法定代表人		联系人	
联系电话		传　真	
统一社会 信用代码			
营业执照 登记机关		营业期限	

申请单位简介（限 300 字）

含第一类监控化学品品种、技术路线、用途，以及与其他产品共用设备情况等

四、监控化学品基本情况

监控化学品名称		CAS 代码	
监控化学品单耗	千克／批次	监控化学品 年使用总量	千克
使用第一类监控化学品的目的、用途			
第一类监控化学品使用工艺简介			

附件：

1. 接受禁止化学武器组织视察预案

2. 视察前情况介绍

3. 监控化学品管理规章制度

4. 有效期满申请延续的，交回原生产许可证

中华人民共和国工业和信息化部
行政许可事项申请表
监控化学品及其生产技术、专用设备进口审批

进口商名称（盖章）：

法定代表人（签字）：　　　　　　邮编：

进口商地址：

进口商联系人：　　　　　　　　　联系电话：

申请日期：　　　　　　　年　　　月　　　日

工业和信息化部监制

一、填写说明

（一）进口第一类、第二类和第三类监控化学品及其生产技术、专用设备的，应当向工业和信息化部提出书面申请并填写此表。

（二）本申请表应用黑色或蓝黑色钢笔、签字笔填写或用打印机打印四号仿宋字文本，字迹清晰工整，内容准确。法定代表人签字必须由本人用黑色或蓝黑色钢笔、签字笔签署姓名。

（三）本申请表中的进口商名称应填写对外签订进口合同或接受赠送货物的国内单位全称，应与其营业执照上的名称一致。不得填写进口商的简称或英文缩写。

（四）本申请表中的出口商名称应填写同国内进口商签订合同的境外单位全称，不得填写出口商简称或英文缩写。

（五）本申请表中的进出口企业代码应填写申请单位在完成商务部对外贸易经营者备案登记获得的 13 位代码。

（六）本申请表中的进口商地址应按照进口商营业执照上的"住所"进行填写。通信地址、收件人及联系电话应填写接收《监控化学品进口核准单》的详细地址及相关信息。

（七）本申请表中的监控化学品名称应按如下规则填写：第一类、第二类、第三类监控化学品名称应与《各类监控化学品名录》和《列入第三类监控化学品的新增品种清单》一致；不得用简称、别称或商品名称等代替。

（八）本申请表中的国内经营单位或用户名称应填写进口监控化学品在国内的经营单位或最终用户单位名称的全称，不得填写经营单位或最终用户单位的简称或缩写。

（九）本申请表中的最终用途应填写进口监控化学品的最终用途。

（十）进口商应根据实际情况选择提交《进口监控化学品经营申请表》或《进口监控化学品用户申请表》。

（十一）进口合同应提交原件。如文件语言非中文，应同时提交经公证的中文翻译件。

（十二）进口商法定代表人签署承诺，加盖公章后，将本申请表、监控化学品进口合同、《进口监控化学品经营申请表》或《进口监控化学品用户申请表》等材料一并报工业和信息化部安全生产司（国家履行《禁止化学武器公约》工作办公室）。第一次申请进口监控化学品的进口商应提交本单位简介。

（十三）本申请表外边距和格式不能改变，内容不够填写，可自行设置续表或调整栏目尺寸。申请表封面不编制页码，其他页编制页码。

二、承诺

（一）认真履行《禁止化学武器公约》义务，遵守《中华人民共和国监控化学品管理条例》《〈中华人民共和国监控化学品管理条例〉实施细则》规定。

（二）依法履行《禁止化学武器公约》宣布义务，真实、准确、完整、及时申报相关数据。

（三）加强最终用户和最终用途管理，监督最终用户按承诺用途使用进口监控化学品。

（四）接受各级工业和信息化主管部门的指导和监督检查。

（五）本申请表中所填内容及所附材料均真实、合法。

法定代表人（签字）：

年　月　日

（单位盖章）

三、监控化学品进口信息

进口商名称			
进出口企业代码			
通信地址			
收件人		联系电话	
出口国（地区）		进口合同号	
原产国（地区）		贸易方式	

监控化学品名称	海关商品编号	数量（千克）
出口商名称	地　　址	电　　话
国内经营单位或用户名称	地　　址	电　　话
最终用途		

四、审批意见

经办人：   签字： 年　月　日
审核意见   签字： 年　月　日
审批意见   签字： 年　月　日

进口监控化学品经营申请表

编号：

经营单位名称			
经营单位详细地址			
联系人		联系电话	
监控化学品名称	年销售量（千克）		本次申请量（千克）
进口商名称			

经营单位申明：

　　我单位（及本人）保证按照国家有关规定经营上述进口的监控化学品，在任何情况下都不用于生产化学武器及不复出口；监督用户将此监控化学品用于申报的用途、不挪作他用、不转让第三方；按时向当地省级工业和信息化主管部门报送销售记录，接受各级工业和信息化主管部门的监督检查。若违反上述承诺，自愿接受相应的处罚。

法定代表人（签字）：

单位盖章：

年　月　日

备注：	所在地省级工业和信息化主管部门确认意见：
（此表格自省级工业和信息化主管部门盖章之日起一年内有效）	盖章： 年　月　日

进口监控化学品用户申请表

编号：

用户名称			
用户详细地址			
联系人		联系电话	
监控化学品名称	年使用量（千克）		本次申请量（千克）
监控化学品用途			
进口商名称			

用户声明：

　　我单位（及本人）保证将进口的上述监控化学品全部用于上述用途，保证不挪作他用，也不转让第三方，在任何情况下不用于制造化学武器，也不转让第三方。若违反上述承诺，自愿接受相应处罚。

法定代表人（签字）：
单位盖章：
年　月　日

备注：	所在地省级工业和信息化主管部门 确认意见：
（此表格自省级工业和信息化主管部门盖章之日起一年内有效）	盖章： 年　月　日

中华人民共和国工业和信息化部
行政许可事项申请表
监控化学品及其生产技术、专用设备出口审批

出口商名称（盖章）：

法定代表人（签字）：　　　　　　邮编：

出口商地址：

出口商联系人：　　　　　　　　联系电话：

申请日期：　　　　　　年　　　月　　　日

工业和信息化部监制

一、填写说明

（一）出口第一类、第二类和第三类监控化学品及其生产技术、专用设备的，应当向工业和信息化部提出书面申请并填写此表。

（二）本申请表应用黑色或蓝黑色钢笔、签字笔填写或用打印机打印四号仿宋字文本，字迹清晰工整，内容准确。法定代表人签字必须由本人用黑色或蓝黑色钢笔、签字笔签署姓名。

（三）本申请表中的出口商名称应填写对外签订出口合同或对外赠送货物的国内单位全称，应与其营业执照上的名称一致。不得填写出口商的简称或英文缩写。

（四）本申请表中的进口商名称应填写与国内出口商签订合同的境外单位全称，不得填写进口商简称或英文缩写。

（五）本申请表中的进出口企业代码应填写申请单位在完成商务部对外贸易经营者备案登记获得的 13 位代码。

（六）本申请表中的出口商地址应按照出口商营业执照上的"住所"进行填写。通信地址、收件人及联系电话应填写接收《监控化学品出口核准单》的详细地址及相关信息。

（七）本申请表中的监控化学品名称应按如下规则填写：第一类、第二类、第三类监控化学品名称应与《各类监控化学品名录》和《列入第三类监控化学品的新增品种清单》一致；不得用简称、别称或商品名称等代替。

（八）本申请表中的最终用户应填写出口监控化学品在进口国内最终使用单位名称的全称，不得填写最终用户的简称或缩写。

（九）本申请表中的最终用途应填写出口监控化学品的最终用途。

（十）本申请表中的最终用途证明文件担保/公证单位名称应填写政

府部门或公证机关名称的中文翻译全称，应与公章名称相符。

（十一）出口合同及最终用途证明文件均应提交原件。如文件语言非中文，应同时提交经公证的中文翻译件。

（十二）出口商法定代表人签署承诺，加盖公章后，将本申请表、监控化学品出口合同、最终用途证明文件等材料一并报工业和信息化部安全生产司（国家履行《禁止化学武器公约》工作办公室）。第一次申请出口监控化学品的出口商应提交本单位简介。

（十三）本申请表外边距和格式不能改变，内容不够填写，可自行设置续表或调整栏目尺寸。申请表封面不编制页码，其他页编制页码。

二、承诺

（一）认真履行《禁止化学武器公约》义务，遵守《中华人民共和国出口管制法》《中华人民共和国监控化学品管理条例》《〈中华人民共和国监控化学品管理条例〉实施细则》规定。

（二）依法履行《禁止化学武器公约》宣布义务，真实、准确、完整、及时申报相关数据。

（三）加强最终用户和最终用途管理，监督最终用户按承诺用途使用出口监控化学品。

（四）接受各级工业和信息化主管部门的指导和监督检查。

（五）本申请表中所填内容及所附材料均真实、合法。

法定代表人（签字）:

年　月　日

（单位盖章）

三、监控化学品出口信息

出口商名称			
进出口企业代码			
通信地址			
收件人		联系电话	
进口国（地区）		出口合同号	
中转国（地区）		贸易方式	

监控化学品名称	海关商品编号	数量（千克）

进口商名称	地　址	电　话

最终用户名称	地　址	电　话

国内供货单位名称	地　址	电　话

国内供货单位监控化学品生产特别许可证有效期限	年　月　日至　年　月　日
最终用途	
最终用途证明文件担保 / 公证单位名称（中文）	

四、审批意见

经办人：
签字： 年 月 日
审核意见
签字： 年 月 日
审批意见
签字： 年 月 日

监控化学品生产特别许可申请表

申请单位（盖章）

宣 布 代 码

邮 政 编 码

监控化学品名称

申 请 日 期 _____年____月____日

工业和信息化部监制

一、填写说明

（一）生产第二类、第三类监控化学品和第四类监控化学品中含磷、硫、氟的特定有机化学品的，应当向省级工业和信息化主管部门提出书面申请并填写此表。

（二）本申请表应用黑色或蓝黑色钢笔、签字笔填写或用打印机打印四号仿宋字文本，字迹清晰工整，内容准确，附件材料图文清晰。法定代表人签字必须由本人用黑色或蓝黑色钢笔、签字笔签署姓名。

（三）本申请表中的申请单位应填写申请单位营业执照上的名称。详细地址应按照营业执照上的"住所"进行填写。当监控化学品生产设施所在地与营业执照上"住所"不同时，应填写监控化学品生产设施所在地的详细地址，具体到门牌号码。

（四）本申请表中的营业执照登记机关应填写所在地工商行政管理局。法律、行政法规规定须经有关机关批准的法人或法人组织，填写批准机关名称。

（五）本申请表中的监控化学品名称应按如下规则填写：第二类、第三类监控化学品名称应与《各类监控化学品名录》和《列入第三类监控化学品的新增品种清单》一致；第四类监控化学品中含磷、硫、氟的特定有机化学品应填写化学名称的全称，不得用简称、别称或商品名称等代替。

（六）本申请表中的宣布代码应填写国家禁化武数据采集与宣布系统用户名。监控化学品类别应填写"第二类监控化学品""第三类监控化学品"或者"第四类监控化学品中含磷、硫、氟的特定有机化学品"，可简写"第二类""第三类""第四类（PSF）"。

（七）本申请表中的产品标准号应填写产品质量技术标准号。

（八）申请表内容填写无误后报所在地省级工业和信息化主管部门，或通过设区的市级工业和信息化主管部门转报省级工业和信息化主管部门。

（九）本申请表外边距和格式不能改变，内容不够填写，可自行设置续表或调整栏目尺寸。每种监控化学品应单独填写一张《监控化学品基本情况》。申请表封面不编制页码，其他页编制页码。

（十）增加生产品种、扩大生产能力或者异地搬迁时应当先行办理监控化学品生产设施新（扩、改）建审批手续。其他许可事项发生变化应当申请变更监控化学品生产特别许可证。

二、承诺

（一）认真履行《禁止化学武器公约》义务，遵守《中华人民共和国监控化学品管理条例》《〈中华人民共和国监控化学品管理条例〉实施细则》规定。

（二）监控化学品的储存符合国家有关规定，发现丢失、被盗时，立即报当地公安机关和所在地省级工业和信息化主管部门，并积极配合公安机关调查。

（三）对变质或者过期失效的监控化学品及时制定处理方案，报所在地省级工业和信息化主管部门批准后实施。

（四）如生产品种涉及第二类监控化学品，取得第二类监控化学品生产许可证后依法销售第二类监控化学品，销售时查验购买人的第二类监控化学品经营许可证书、使用许可证书并留存复印件。

（五）依法履行《禁止化学武器公约》宣布义务，真实、准确、完整、及时申报相关数据。

（六）建立健全监控化学品管理制度，妥善保管台账和原始记录（凭证）。

（七）如产量达到视察阈值，按照《禁止化学武器公约》有关要求，做好接受视察的各项准备工作，并履行接受禁止化学武器组织现场视察的义务。

（八）接受各级工业和信息化主管部门的指导和监督检查。

（九）本申请表中所填内容及所附材料均真实、合法。

法定代表人（签字）:

年　月　日

（单位盖章）

三、申请单位基本情况

宣布代码：

申请单位			
详细地址			
法定代表人		联系人	
联系电话		传　真	
建设批复 文件号		统一社会 信用代码	
营业执照 登记机关		营业期限	
职工总数	人	工程技术人员	人
申请单位简介（限 300 字） 含监控化学品品种、生产规模、技术路线、是否和其他产品共用设备等			

四、监控化学品基本情况

监控化学品名称		监控化学品类别	
CAS 代码		生产能力	
产品标准号		投产日期	
车间名称		车间代码	
车间负责人		车间人数	人
产品用途			

车间活动简介
含车间在生产、加工、消耗、储存、包装等方面活动的介绍

产品生产方法及流程

三废处理情况	废水	废气	废渣
主要原料年消耗	原料名称	单位	数量

五、主要生产设备

产品主要生产设备和分析仪器				
序号	名称	设备编号	规格及型号	台数

六、审批意见

设区的市级工业和信息化主管部门或地方人民政府确定的监控化学品管理部门转报意见（如企业直接向省级工业和信息化主管部门申请，不填此栏）
盖章： 　　　年　月　日
省级工业和信息化主管部门审查意见
盖章： 　　　年　月　日

附件：

1. 接受禁止化学武器组织视察预案

2. 视察前情况介绍

3. 企业监控化学品管理制度

4. 产品质量标准（化工生产过程中间体可采用内控标准）

5. 产品说明书

6. 生产记录样张

7. 产品销售记录样张（适用第二类监控化学品）

8. 危险化学品安全生产许可证复印件。不涉及危险化学品的提供说明

9. 有效期满申请延续的，交回原生产特别许可证

10. 监控化学品生产设施新（扩、改）建批准文件复印件

监控化学品生产特别许可
现场考核表

申请单位

宣布代码

邮政编码

监控化学品类别

组织考核单位（盖章）

工业和信息化部监制

一、填写说明

（一）本考核表应用黑色或蓝黑色钢笔、签字笔填写或用打印机打印四号仿宋字文本，字迹清晰工整，内容准确。考核小组组长和考核人签字必须由本人用黑色或蓝黑色钢笔、签字笔签署姓名。

（二）本考核表中的申请单位应填写申请单位营业执照上的名称。详细地址应按照营业执照上的"住所"进行填写。当监控化学品生产设施所在地与营业执照上"住所"不同时，应填写监控化学品生产设施所在地的详细地址，具体到门牌号码。

（三）本申请表中的监控化学品名称应按如下规则填写：第二类、第三类监控化学品名称应与《各类监控化学品名录》和《列入第三类监控化学品的新增品种清单》一致；第四类监控化学品中含磷、硫、氟的特定有机化学品应填写化学名称的全称，不得用简称、别称或商品名称等代替。

（四）本申请表中的监控化学品类别应填写"第二类监控化学品""第三类监控化学品"或者"第四类监控化学品中含磷、硫、氟的特定有机化学品"，可简写为"第二类""第三类""第四类（PSF）"。

（五）本考核表中宣布代码应填写国家禁化武数据采集与宣布系统用户名。

（六）本考核表外边距和格式不能改变，内容不够填写，可自行设置续表或调整栏目尺寸。考核表封面不编制页码，其他页编制页码。

二、基本情况

申请单位			
详细地址			
法定代表人		联系人	
联系电话		传　真	
监控化学品名称	生产能力（吨／年）		监控化学品类别

三、监控化学品履约保证体系（45分）

序号	项目名称	权重	得分	备注	考核人签字
1	机构人员配备	5分			
2	企业禁化武履约和监控化学品管理基础知识水平	6分			
3	接受禁止化学武器组织视察办公条件	4分			
4	监控化学品管理制度	4分			
5	技术资料和设备工艺	3分			
6	履约重点工作	6分			
7	遵守法规情况	11分			
8	安全生产情况	3分			
9	环境保护情况	3分			

四、接受禁止化学武器组织视察资料准备情况（45分）

序号	项目名称	权重	得分	备注	考核人签字
1	视察汇报材料	16分			
2	生产原始记录	8分			
3	原料购买及出入库记录	5分			
4	产品出入库记录	3分			
5	产品销售台账	3分			
6	生产能力评估及产量统计台账	6分			
7	物化性质汇总表	4分			

五、产品分析（10分）

序号	项目名称	权重	得分	备注	考核人签字
1	质量检验标准	2分			
2	质量检验结果	4分			
3	质量检验记录	4分			

六、考核小组意见

项目	保证体系	资料准备	产品分析	综合得分
得分				

考核组经过现场考核，应对被考核单位监控化学品生产保证体系、接受禁止化学武器组织视察的资料准备情况和产品分析结果是否满足生产该监控化学品的各项条件做出结论，并对不足之处提出整改意见。综合得分不低于 90 分的，方能通过考核。

考核小组组长签字：

年　月　日

七、考核小组人员名单

姓名	单位	职务 / 职称	签字

监控化学品生产特别许可
现场考核评分标准

工业和信息化部监制

一、监控化学品履约保证体系（45分）

序号	项目名称	考核内容	考核要点和方法	标准分
1.1	机构人员配备	履约机构和工作人员设置情况	查看有关资料和座谈。有文件指定领导层中一人负责禁化武履约工作（1分），有职权明确的履约机构（1分），指定设施代表、候补设施代表、数据申报人等，且职权明确（1分）	3分
		专业技术人员配置情况	查看有关资料、证书和座谈。有2名以上具有本产品专业知识的工程技术人员和生产管理人员（1分），经过专业培训并有资格证书的专/兼职安全员和质量检验人员（1分）	2分
1.2	企业禁化武履约和监控化学品管理基础知识水平	企业主要负责人、数据申报人、相关技术人员对《禁止化学武器公约》《监控化学品管理条例》《〈监控化学品管理条例〉实施细则》等履约和监控化学品管理法律法规掌握情况	座谈和试卷考核。主要负责人、数据申报人、相关技术人员了解企业在禁化武履约中的责任和义务（3分），单位主要负责人和数据申报人通过现场试卷考核，成绩合格（3分）	6分
1.3	接受禁止化学武器组织视察办公条件	接受视察通信设备、办公设备、场地准备情况	查看现场。开通国际长途电话、国际传真，配备复印机、打印机等（1分），有容纳15人以上可用于视察前情况介绍的会议室（1分），有可供视察员使用的办公室、设备储藏室（1分），有适合安放气相色谱—质谱联用装置的质检室（1分）	4分
1.4	监控化学品管理制度	监控化学品管理各项规章制度制定情况	查看有关资料。制定了以下监控化学品管理规章制度，并有效运行：监控化学品统计、申报制度（1分），监控化学品储存管理制度（1分），产品质量管理制度（1分），质量检验管理制度及检验、试验、计量设备管理制度（1分）	4分

序号	项目名称	考核内容	考核要点和方法	标准分
1.5	技术资料和设备工艺	技术资料、生产工艺以及生产设备情况	查看有关资料和现场。有完整的技术资料（1分）和稳定的生产工艺（1分）；有满足生产所需的生产设备、工艺装备、计量设备、检验设备和消防设施等，且维护良好（1分）	3分
1.6	履约重点工作	接受视察预案准备及数据申报情况	结合平时的履约工作查看有关资料。制定了有效、可行、完善的接受禁止化学武器组织视察工作的预案（3分），按时、准确、全面申报监控化学品年度数据（3分）	6分
1.7	遵守法规情况	遵守《监控化学品管理条例》《〈监控化学品管理条例〉实施细则》情况	近五年内无违法生产、使用、经营监控化学品的记录（11分）	11分
1.8	安全生产情况	危险化学品安全生产许可证	涉危险化学品的生产企业取得了安全生产许可证（3分）	3分
1.9	环境保护情况	环境监测报告和三废排放情况	查看有关资料。应至少存有3年的县级以上生态环境部门或本单位监测的环境监测报告（1分），三废排放达标的证明文件（2分）	3分

二、接受禁止化学武器组织视察资料准备情况（45分）

序号	项目名称	考核内容	考核要点和方法	标准分
2.1	视察汇报材料	《视察前情况介绍》	查看有关资料。编写了中英文版文的《视察前情况介绍》，内容准确、翔实（8分）	8分
		企业地理位置及交通图	查看有关资料。具有能准确说明工厂在本地区地理方位、交通路线的企业地理位置及交通图（1分）。地理位置及交通图标明了工厂所处的位置、周边地理特征、方向、比例及主要交通情况，图纸清晰，尺寸为A4倍数（1分）	2分
		厂区平面位置图	查看有关资料。有与现场一致的厂区平面位置图（1分）。平面位置图标明了方向、比例、主要车间、供水、供电、供热、实验室、仓库、三废处理装置及医务室等，图纸清晰，尺寸为A4倍数（1分）	2分
		生产工艺流程图	查看有关资料。有被视察监控化学品的生产工艺流程图（1分），图上应注明主要设备名称、连接设备间的管线、流量计、以S符号标明的取样点（1分），流程图与技术资料、生产现场一致，并附有主要设备一览表（1分），图纸清晰，尺寸为A4的倍数（1分）	4分
2.2	生产原始记录	岗位操作原始记录情况	查看有关资料。第二类监控化学品生产及后续加工、消耗岗位应至少存有3年的原始操作记录，第三类监控化学品和第四类监控化学品中含磷、硫、氟的特定有机化学品生产岗位应至少存有1年的岗位原始操作记录，包括原料加料记录、中间品和成品出料记录等，新投产企业应提供记录样式及试车期间记录（4分）。记录规范、完整、清晰、齐全，第二类、第三类监控化学品满足物料衡算要求（4分）	8分

续表

序号	项目名称	考核内容	考核要点和方法	标准分
2.3	原料购买及出入库记录	原料购买、出入库和领用记录以及相关台账情况	查看有关资料。第二类监控化学品生产及后续加工、消耗涉及的主要原料应至少存有3年的购买、出入库和领用记录，第三类监控化学品和第四类监控化学品中含磷、硫、氟的特定有机化学品生产所涉及的主要原料应至少存有1年的购买、出入库和领用记录，新投产企业应提供记录样式（2分），台账填写规范、内容准确、完整清晰，第二类、第三类监控化学品满足物料衡算要求（3分）	5分
2.4	产品出入库记录	成品的出入库记录以及相关台账情况	查看有关资料。第二类监控化学品应至少存有3年的出入库单、台账，第三类监控化学品和第四类监控化学品中含磷、硫、氟的特定有机化学品应至少存有1年的出入库单、台账，新投产企业应提供记录样式（2分）。台账填写规范、内容准确、完整清晰，票据齐全（1分）	3分
2.5	产品销售台账	销售台账及记录情况（不外售产品，此项不予考核，视同合格）	查看有关资料。第二类监控化学品应至少存有3年的销售台账及相关的销售发票，第三类监控化学品和第四类监控化学品中含磷、硫、氟的特定有机化学品应至少存有1年的销售台账及相关的销售发票（2分）。台账填写规范、内容准确、完整清晰，票据齐全（1分）	3分
2.6	生产能力评估及产量统计台账	被考核监控化学品生产设备规格、反应周期、产量统计台账	查看有关资料。核实现场设备规格，并通过原始记录及反应周期核算被考核监控化学品的生产能力。标定设备年生产能力（1分），第二类监控化学品生产及后续加工、消耗岗位应至少存有3年的年、月产量统计台账，第三类监控化学品和第四类监控化学品中含磷、硫、氟的特定有机化学品生产岗位应至少存有1年的年、月产量统计台账，新投产企业应提供记录样式（2分），台账填写规范、内容准确、完整清晰，第二类、第三类监控化学品满足物料衡算要求（3分）	6分

序号	项目名称	考核内容	考核要点和方法	标准分
2.7	物化性质汇总表	厂区内所有化学品的物理化学性质汇总表及其所在生产车间	查看有关资料。应有厂区所有化学品清单，并标明所在的生产车间（1分），危险化学品应有 MSDS 的汇总表，非危险化学品应有物理、化学性质及毒性的汇总表（2分），汇总表齐全、清晰（1分）	4分

三、产品分析（10分）

序号	项目名称	考核内容	考核要点和方法	标准分
3.1	质量检验标准	被考核监控化学品是否按照相关质量检验技术标准检验	查看有关资料。与有关技术人员交谈，了解标准贯彻执行情况。被考核监控化学品是否具有现行有效的国家标准、行业标准或企业标准并贯彻执行（2分）	2分
3.2	质量检验结果	质量检验结果与宣布数据一致性	查看有关资料。根据标准，审查检验原始记录、检验报告和质量台账，分析检验结果的准确性，并核实是否与宣布的数据一致（4分）	4分
3.3	质量检验记录	产品质量检验原始记录、检验报告和分析台账	查看有关资料。按要求对被考核监控化学品进行了质量检验（1分），存有检验原始记录、检验报告、分析台账（1分），检验合格证规范（1分），扩、改建生产设施的或变更许可证的，检验原始记录、检验报告、分析台账和检验合格证至少保存3年（1分，新投产企业视同合格）	4分

第二类监控化学品经营许可申请表

申请单位（盖章）

宣 布 代 码

邮 政 编 码

监控化学品名称

申 请 日 期 ＿＿＿＿ 年＿＿＿＿月＿＿＿＿日

工业和信息化部监制

一、填写说明

（一）经营第二类监控化学品的，应当向所在地省级工业和信息化主管部门提出书面申请并填写此表。

（二）本申请表应用黑色或蓝黑色钢笔、签字笔填写或用打印机打印四号仿宋字文本，字迹清晰工整，内容准确。法定代表人签字必须由本人用黑色或蓝黑色钢笔、签字笔签署姓名。

（三）本申请表中的申请单位应填写申请单位营业执照上的名称。详细地址应按照营业执照上的"住所"进行填写。当监控化学品生产设施所在地与营业执照上"住所"不同时，应填写监控化学品生产设施所在地的详细地址，具体到门牌号码。

（四）本申请表中的营业执照登记机关应填写所在地工商行政管理局。法律、行政法规规定须经有关机关批准的法人或法人组织，填写批准机关名称。

（五）本申请表中的第二类监控化学品名称应与《各类监控化学品名录》一致，不得用简称、别称或商品名称等代替。

（六）本申请表中宣布代码应填写国家禁化武数据采集与宣布系统用户名。

（七）申请表内容填写无误后报所在地省级工业和信息化主管部门，或通过设区的市级工业和信息化主管部门转报省级工业和信息化主管部门。

（八）本申请表外边距和格式不能改变，内容不够填写，可自行设置续表或调整表内栏目尺寸。申请表封面不编制页码，其他页编制页码。

二、承诺

（一）认真履行《禁止化学武器公约》义务，遵守《中华人民共和国监控化学品管理条例》《〈中华人民共和国监控化学品管理条例〉实施细则》规定。

（二）建立健全第二类监控化学品管理制度，妥善保管台账和原始记录（凭证）。

（三）依法销售第二类监控化学品，销售时查验购买人的第二类监控化学品经营许可证书、使用许可证书并留存复印件。

（四）依法购买第二类监控化学品，购买时查验销售人的第二类监控化学品生产特别许可证书、经营许可证书并留存复印件。

（五）第二类监控化学品的储存符合国家有关规定，发现被盗、丢失时，及时报告当地公安机关和所在地省级工业和信息化主管部门，并积极配合公安机关调查。

（六）依法履行《禁止化学武器公约》宣布义务，真实、准确、完整、及时申报相关数据。

（七）对变质或者过期失效的第二类监控化学品及时制定处理方案，报所在地省级工业和信息化主管部门批准后实施。

（八）接受各级工业和信息化主管部门的指导和监督检查。

（九）本申请表中所填内容及所附材料均真实、合法。

法定代表人（签字）:

年　月　日

（单位盖章）

三、申请单位基本情况

申请单位			
详细地址			
法定代表人		联系人	
联系电话		传　真	
统一社会 信用代码			
营业执照 登记机关		营业期限	

申请单位简介（限300字）

四、审批意见

设区的市级工业和信息化主管部门或地方人民政府确定的监控化学品管理部门转报意见（如企业直接向省级工业和信息化主管部门申请，不填此栏）   　　　　　　　　　　　　　　　　　　　　　　　　盖章： 　　　　　　　　　　　　　　　　　　　　　　　年　月　日
省级工业和信息化主管部门审查意见   　　　　　　　　　　　　　　　　　　　　　　　　盖章： 　　　　　　　　　　　　　　　　　　　　　　　年　月　日

附件：

1. 经营第二类监控化学品的台账样式

2. 第二类监控化学品采购、运输、储存管理制度

3. 经营、储存第二类监控化学品安全措施的证明材料

4. 有效期满申请延续的，交回原经营许可证

5. 熟悉产品性能、监控化学品统计和履行《禁止化学武器公约》所需的专／兼职人员名单

第二类监控化学品使用许可申请表

申请单位（盖章）

宣 布 代 码

邮 政 编 码

监控化学品名称

申 请 日 期 ＿＿＿＿ 年 ＿＿＿ 月 ＿＿＿ 日

工业和信息化部监制

一、填写说明

（一）使用第二类监控化学品的，应当向所在地省级工业和信息化主管部门提出书面申请并填写此表。

（二）本申请表应用黑色或蓝黑色钢笔、签字笔填写或用打印机打印四号仿宋字文本，字迹清晰工整，内容准确，附件材料图文清晰。法定代表人签字必须由本人用黑色或蓝黑色钢笔、签字笔签署姓名。

（三）本申请表中的申请单位应填写申请单位营业执照上的名称。详细地址应按照营业执照上的"住所"进行填写。当监控化学品生产设施所在地与营业执照上"住所"不同时，应填写监控化学品生产设施所在地的详细地址，具体到门牌号码。

（四）本申请表中的营业执照登记机关应填写所在地工商行政管理局。法律、行政法规规定须经有关机关批准的法人或法人组织，填写批准机关名称。

（五）本申请表中的第二类监控化学品名称应与《各类监控化学品名录》一致，不得用简称、别称或商品名称等代替。

（六）本申请表中宣布代码应填写国家禁化武数据采集与宣布系统用户名。

（七）申请表内容填写无误后报所在地省级工业和信息化主管部门，或通过设区的市级工业和信息化主管部门转报省级工业和信息化主管部门。

（八）本申请表外边距和格式不能改变，内容不够填写，可自行设置续表或调整栏目尺寸。每种监控化学品应单独填写一张《监控化学品基本情况》。申请表封面不编制页码，其他页编制页码。

二、承诺

（一）认真履行《禁止化学武器公约》义务，遵守《中华人民共和国监控化学品管理条例》《〈中华人民共和国监控化学品管理条例〉实施细则》规定。

（二）建立健全第二类监控化学品管理制度，妥善保管台账和原始记录（凭证）。

（三）依法购买第二类监控化学品，购买时查验销售人的第二类监控化学品生产特别许可证书、经营许可证书并留存复印件。对于购买的第二类监控化学品，不转售、随意丢弃或挪作他用。

（四）第二类监控化学品的储存符合国家有关规定，发现丢失、被盗时，及时报告当地公安机关和所在地省级工业和信息化主管部门，并积极配合公安机关调查。

（五）对变质或者过期失效的第二类监控化学品及时制定处理方案，报所在地省级工业和信息化主管部门批准后实施。

（六）依法履行《禁止化学武器公约》宣布义务，真实、准确、完整、及时申报相关数据。

（七）如使用量达到视察阈值，按照《禁止化学武器公约》有关要求，做好接受视察的各项准备工作，并履行接受禁止化学武器组织现场视察的义务。

（八）接受各级工业和信息化主管部门的指导和监督检查。

（九）本申请表中所填内容及所附材料均真实、合法。

法定代表人（签字）：

年　月　日

（单位盖章）

三、申请单位基本情况

申请单位			
详细地址			
法定代表人		联系人	
联系电话		传　真	
统一社会信用代码			
营业执照登记机关		营业期限	

申请单位简介（限 300 字）

四、监控化学品基本情况

监控化学品名称		年使用总量	
使用车间名称		车间负责人	
车间情况			

使用监控化学品的目的、用途

第二类监控化学品使用工艺简介

五、审批意见

设区的市级工业和信息化主管部门或地方人民政府确定的监控化学品管理部门转报意见（如企业直接向省级工业和信息化主管部门申请，不填此栏）   盖章： 　年　月　日
省级工业和信息化主管部门审查意见   盖章： 　年　月　日

附件：

1. 所生产产品的说明书

2. 视察前的情况介绍

3. 第二类监控化学品使用和出入库的台账样式

4. 第二类监控化学品采购、运输、储存和使用管理制度

5. 有效期满申请延续的，交回原使用许可证

变质或者过期失效监控化学品
处置方案审批申请表

申请单位（盖章）

宣 布 代 码

邮 政 编 码

监控化学品名称

监控化学品类别

申 请 日 期＿＿＿＿年＿＿月＿＿日

工业和信息化部监制

一、填写说明

（一）需要处置变质或过期失效监控化学品的，应当向所在地省级工业和信息化主管部门提出书面申请并填写此表。

（二）本申请表应用黑色或蓝黑色钢笔、签字笔填写或用打印机打印四号仿宋字文本，字迹清晰工整，内容准确。法定代表人签字必须由本人用黑色或蓝黑色钢笔、签字笔签署姓名。

（三）本申请表中的申请单位应填写申请单位营业执照上的名称。详细地址应按照营业执照上的"住所"进行填写。当监控化学品生产设施所在地与营业执照上"住所"不同时，应填写监控化学品生产设施所在地的详细地址，具体到门牌号码。

（四）本申请表中的营业执照登记机关应填写所在地工商行政管理局。法律、行政法规规定须经有关机关批准的法人或法人组织，填写批准机关名称。

（五）本申请表中的监控化学品名称应按如下规则填写：第二类、第三类监控化学品名称应与《各类监控化学品名录》和《列入第三类监控化学品的新增品种清单》一致；第四类监控化学品中含磷、硫、氟的特定有机化学品应填写化学名称的全称，不得用简称、别称或商品名称等代替。

（六）本申请表中宣布代码应填写国家禁化武数据采集与宣布系统用户名。

（七）本申请表中的监控化学品类别应填写"第二类监控化学品""第三类监控化学品"或者"第四类监控化学品中含磷、硫、氟的特定有机化学品"，可简写为"第二类""第三类""第四类（PSF）"。

（八）本申请表中的处置类型包括：变质第一类监控化学品，过期失效第一类监控化学品，变质第二类监控化学品，过期失效第二类监控化学品，变质第三类监控化学品，过期失效第三类监控化学品，变质第四类监控化学品中含磷、硫、氟的特定有机化学品，过期失效第四类监控化学品中含磷、硫、氟的特定有机化学品，变质第四类监控化学品中不含磷、硫、氟的特定有机化学品，过期失效第四类监控化学品中不含磷、硫、氟的特定有机化学品，其他（如变质或过期失效的监控化学品混合物等）。

（九）申请表内容填写无误后报省级工业和信息化主管部门。

（十）本申请表外边距和格式不能改变，内容不够填写，可自行设置续表或调整栏目尺寸。申请表封面不编制页码，其他页编制页码。

二、承诺

（一）认真履行《禁止化学武器公约》义务，遵守《中华人民共和国监控化学品管理条例》《〈中华人民共和国监控化学品管理条例〉实施细则》规定。

（二）加强对变质或者过期失效监控化学品处置过程的管理，严格按照批准的处置方案处理变质或者过期失效监控化学品。对需要处置的变质或者过期失效监控化学品，不转售、随意丢弃或挪作他用。

（三）如涉及变质或者过期失效第二类监控化学品的处置，依法履行《禁止化学武器公约》宣布义务，真实、准确、完整、及时申报相关数据。

（四）如处置量达到视察阈值，按照《禁止化学武器公约》有关要求，做好接受视察的各项准备工作，并履行接受禁止化学武器组织现场视察的义务。

（五）接受各级工业和信息化主管部门的指导和监督检查。

（六）本申请表中所填内容及所附材料均真实、合法。

法定代表人（签字）:

　年　月　日

（单位盖章）

三、申请单位基本情况

申请单位			
详细地址			
法定代表人		联系人	
联系电话		传　真	
统一社会信用代码			
营业执照登记机关		营业期限	
处置地点详细地址			
处置类型			

申请单位简介（限 300 字）

四、变质或者过期失效监控化学品特性分析和描述

编号	拟处置的监控化学品名称	类别	数量	来源	物化性质

五、变质或者过期失效监控化学品预处理工艺

1. 预处理工艺流程

2. 主要设备

设备名称	规格型号	设计能力	数量	其他技术参数	拟处置的监控化学品名称

六、变质或者过期失效监控化学品处置工艺

1.处置工艺流程

2.主要设备

设备名称	规格型号	设计能力	数量	其他技术参数	拟处置的监控化学品名称

国家禁化武办关于表扬 2021 年度履行《禁止化学武器公约》
工作先进集体和个人的通报

禁化武办发〔2021〕145 号

各省、自治区、直辖市及新疆生产建设兵团工业和信息化主管部门：

2021 年，在党中央、国务院的坚强领导下，在工业和信息化部党组和各省（区、市）人民政府的正确指导和大力支持下，全国各级工业和信息化主管部门以习近平新时代中国特色社会主义思想为指导，贯彻落实党的十九大和十九届历次全会精神，弘扬伟大建党精神，克服新冠肺炎疫情影响，锐意进取、奋楫笃行，认真完成年度宣布，组织开展监控化学品监督检查，积极开展宣传培训，加强队伍建设，推选履约人才，取得显著成绩，涌现出一批先进集体和个人。

为弘扬禁化武履约战线先进事迹和履约工作者爱岗敬业、无私奉献精神，进一步激发广大履约工作者的工作热情和进取精神，国家履行《禁止化学武器公约》工作办公室决定对天津市禁化武办等 10 个先进集体、董猛等 15 名先进个人予以通报表扬。

希望受到表扬的先进集体和先进个人再接再厉，继续发挥模范表率作用，不断取得新成绩，做出新贡献。全国各级履约主管部门和全体履约工作者要以先进集体和先进个人为榜样，深入学习贯彻党的十九届六中全会精神，增强"四个意识"，坚定"四个自信"，做到"两个维护"，牢记"国之大者"，运用好党史学习教育成果，坚持底线思维，增强忧患意识，以攻坚克难的勇气担当、奋发有为的精神状态，积极履职尽责，推动履约工作迈出新步伐，以优异成绩迎接党的二十大胜利召开。

附件：1．先进集体名单

2．先进个人名单

国家履行《禁止化学武器公约》工作办公室

2021 年 12 月 14 日

附件 1

先进集体名单（共 10 个）

天津市禁化武办

山西省禁化武办

江苏省禁化武办

浙江省禁化武办

安徽省禁化武办

福建省禁化武办

湖北省禁化武办

云南省禁化武办

青海省禁化武办

宁夏回族自治区禁化武办

附件 2

先进个人名单（共 15 名）

河北省禁化武办	董　猛
山西省禁化武办	樊小娟
内蒙古自治区禁化武办	丹　江
上海市禁化武办	刘元东
江苏省禁化武办	马勇良、陈忠明
浙江省禁化武办	朱小庆
安徽省禁化武办	夏必仙
江西省禁化武办	刘敬东
山东省禁化武办	田晓慧
湖北省禁化武办	戴兰林
湖南省禁化武办	孟建华
四川省禁化武办	刘代联
陕西省禁化武办	赵亚茹
青海省禁化武办	陶宏伟

附录三　2021年监控化学品生产设施建设目录

序号	企业名称	所在省 （自治区、直辖市）	类别
1	内蒙古三爱富万豪氟化工有限公司	内蒙古	含磷、硫、氟的第四类监控化学品
2	江苏春江润田农化有限公司	江苏	第二类监控化学品
3	江苏春江润田农化有限公司	江苏	含磷、硫、氟的第四类监控化学品
4	重庆万盛川东化工有限公司	重庆	第三类监控化学品
5	山东滨农科技有限公司	山东	含磷、硫、氟的第四类监控化学品
6	广东龙汇化学工业有限公司	广东	第三类监控化学品
7	山东大成生物化工有限公司	山东	第三类监控化学品
8	山东大成生物化工有限公司	山东	含磷、硫、氟的第四类监控化学品
9	内蒙古灵圣作物科技有限公司	内蒙古	第二类监控化学品
10	内蒙古灵圣作物科技有限公司	内蒙古	第三类监控化学品
11	内蒙古灵圣作物科技有限公司	内蒙古	含磷、硫、氟的第四类监控化学品
12	安徽金轩科技有限公司	安徽	第三类监控化学品
13	鹤壁元昊化工有限公司	河南	含磷、硫、氟的第四类监控化学品
14	三明市海斯福化工有限责任公司	福建	含磷、硫、氟的第四类监控化学品
15	中科（广东）炼化有限公司	广东	第三类监控化学品
16	新疆广汇陆友硫化工有限公司	新疆	含磷、硫、氟的第四类监控化学品
17	浙江石油化工有限公司	浙江	第三类监控化学品
18	鲁西化工集团股份有限公司	山东	第二类监控化学品
19	鲁西化工集团股份有限公司	山东	含磷、硫、氟的第四类监控化学品
20	内蒙古科迈化工有限公司	内蒙古	含磷、硫、氟的第四类监控化学品
21	联化科技（德州）有限公司	山东	第三类监控化学品
22	宁夏格瑞精细化工有限公司	宁夏	含磷、硫、氟的第四类监控化学品

续表

序号	企业名称	所在省 （自治区、直辖市）	类别
23	山东华氟化工有限公司	山东	含磷、硫、氟的第四类监控化学品
24	江西省奉新金欣化工有限公司	江西	第三类监控化学品
25	江西省奉新金欣化工有限公司	江西	含磷、硫、氟的第四类监控化学品
26	青岛长荣化工科技有限公司	山东	含磷、硫、氟的第四类监控化学品
27	内蒙古诚信永安化工有限公司	内蒙古	第三类监控化学品
28	江苏丰山集团股份有限公司	江苏	含磷、硫、氟的第四类监控化学品
29	内蒙古紫光化工有限责任公司	内蒙古	第三类监控化学品
30	聊城鲁西聚碳酸酯有限公司	山东	第三类监控化学品
31	成都科美特特种气体有限公司	四川	含磷、硫、氟的第四类监控化学品
32	浙江富锦新材料有限公司	浙江	第二类监控化学品
33	山东凯盛新材料股份有限公司	山东	第三类监控化学品
34	宁夏新安科技有限公司	宁夏	第二类监控化学品
35	宁夏新安科技有限公司	宁夏	含磷、硫、氟的第四类监控化学品
36	山东科鲁尔化学有限公司	山东	第三类监控化学品
37	瑞阳制药有限公司	山东	含磷、硫、氟的第四类监控化学品
38	江西肯特化学有限公司	江西	含磷、硫、氟的第四类监控化学品
39	济源市清源水处理有限公司	河南	含磷、硫、氟的第四类监控化学品
40	济源市清源水处理有限公司	河南	第三类监控化学品（限自产自用）
41	江西理文化工有限公司	江西	含磷、硫、氟的第四类监控化学品
42	江西理文化工有限公司	江西	第二类监控化学品
43	福建海德福新材料有限公司	福建	第二类监控化学品
44	福建海德福新材料有限公司	福建	含磷、硫、氟的第四类监控化学品
45	淄博飞源化工有限公司	山东	含磷、硫、氟的第四类监控化学品
46	山东泰和水处理科技股份有限公司	山东	含磷、硫、氟的第四类监控化学品
47	寿光卫东化工有限公司阻燃剂厂	山东	含磷、硫、氟的第四类监控化学品
48	新疆兴发化工有限公司	新疆	含磷、硫、氟的第四类监控化学品

续表

序号	企业名称	所在省 （自治区、直辖市）	类别
49	内蒙古永和氟化工有限公司	内蒙古	含磷、硫、氟的第四类监控化学品
50	安徽润岳科技有限责任公司	安徽	含磷、硫、氟的第四类监控化学品
51	广东丽臣奥威实业有限公司	广东	含磷、硫、氟的第四类监控化学品
52	吴桥县六合德利化工有限责任公司	河北	第三类监控化学品
53	吴桥县六合德利化工有限责任公司	河北	含磷、硫、氟的第四类监控化学品
54	河北双吉化工有限公司	河北	含磷、硫、氟的第四类监控化学品
55	河北威远药业有限公司	河北	含磷、硫、氟的第四类监控化学品
56	宁夏福美环保材料有限公司	宁夏	含磷、硫、氟的第四类监控化学品
57	上海巴斯夫聚氨酯有限公司	上海	第三类监控化学品
58	浙江新化化工股份有限公司	浙江	含磷、硫、氟的第四类监控化学品
59	重庆农药化工（集团）有限公司	重庆	含磷、硫、氟的第四类监控化学品
60	吉林凯莱英制药有限公司	吉林	含磷、硫、氟的第四类监控化学品
61	邯郸市赵都精细化工有限公司	河北	第三类监控化学品
62	邯郸市赵都精细化工有限公司	河北	含磷、硫、氟的第四类监控化学品
63	浙江邦富生物科技有限责任公司	浙江	含磷、硫、氟的第四类监控化学品
64	山东新龙集团生物科技有限公司	山东	含磷、硫、氟的第四类监控化学品
65	单县欣润化工有限公司	山东	含磷、硫、氟的第四类监控化学品
66	潍坊中农联合化工有限公司	山东	含磷、硫、氟的第四类监控化学品
67	成武金硕药业化工有限公司	山东	含磷、硫、氟的第四类监控化学品
68	山东东岳未来氢能材料股份有限公司	山东	含磷、硫、氟的第四类监控化学品
69	京博农化科技有限公司	山东	含磷、硫、氟的第四类监控化学品
70	潍坊格尔化工有限公司	山东	含磷、硫、氟的第四类监控化学品
71	寿光新泰精细化工有限公司	山东	含磷、硫、氟的第四类监控化学品
72	昌邑瑞新化学工业有限公司	山东	含磷、硫、氟的第四类监控化学品
73	青州恒发化工有限公司	山东	含磷、硫、氟的第四类监控化学品
74	山东博苑医药化学股份有限公司	山东	含磷、硫、氟的第四类监控化学品

序号	企业名称	所在省 （自治区、直辖市）	类别
75	福建德尔科技有限公司	福建	含磷、硫、氟的第四类监控化学品
76	福建永晶科技股份有限公司	福建	含磷、硫、氟的第四类监控化学品
77	智盛（惠州）石油化工有限公司	广东	含磷、硫、氟的第四类监控化学品
78	中海油富岛（海南）化工有限公司	海南	第三类监控化学品
79	石家庄市和合化工化肥有限公司	河北	第三类监控化学品
80	天象生物药业邢台有限责任公司	河北	含磷、硫、氟的第四类监控化学品
81	黑龙江凯伦达科技有限公司	黑龙江	含磷、硫、氟的第四类监控化学品
82	湖北广富林生物制剂有限公司	湖北	含磷、硫、氟的第四类监控化学品
83	湖北航欧新材料科技有限公司	湖北	第三类监控化学品
84	京山瑞生制药有限公司	湖北	含磷、硫、氟的第四类监控化学品
85	湖北瑞凯兴科技股份有限公司	湖北	第二类监控化学品
86	湖北瑞凯兴科技股份有限公司	湖北	第三类监控化学品
87	襄阳金达成精细化工有限公司	湖北	第二类监控化学品
88	襄阳金达成精细化工有限公司	湖北	含磷、硫、氟的第四类监控化学品
89	湖北迅达药业股份有限公司	湖北	第三类监控化学品
90	淮安华源化工有限公司	江苏	第三类监控化学品
91	张家港北兴化工有限公司	江苏	含磷、硫、氟的第四类监控化学品
92	江西鸿久新材料科技有限公司	江西	含磷、硫、氟的第四类监控化学品
93	辽宁宝来新材料有限公司	辽宁	第三类监控化学品
94	朝阳鑫美高纯半导体材料有限公司	辽宁	第二类监控化学品
95	营口营新化工科技有限公司	辽宁	第三类监控化学品
96	齐鲁制药（内蒙古）有限公司呼伦贝尔分公司	内蒙古	含磷、硫、氟的第四类监控化学品
97	宁夏海利科技有限公司	宁夏	第三类监控化学品
98	宁夏海利科技有限公司	宁夏	含磷、硫、氟的第四类监控化学品
99	宁夏顺邦达新材料有限公司	宁夏	含磷、硫、氟的第四类监控化学品

续表

序号	企业名称	所在省（自治区、直辖市）	类别
100	宁夏苏融达化工有限公司	宁夏	第三类监控化学品
101	宁夏苏融达化工有限公司	宁夏	含磷、硫、氟的第四类监控化学品
102	宁夏永利新材料有限公司	宁夏	第三类监控化学品
103	宁夏永利新材料有限公司	宁夏	含磷、硫、氟的第四类监控化学品
104	宁夏永农生物科学有限公司	宁夏	第二类监控化学品
105	宁夏永农生物科学有限公司	宁夏	含磷、硫、氟的第四类监控化学品
106	山西青山化工有限公司	山西	含磷、硫、氟的第四类监控化学品
107	山西银盛精细化学品科技有限公司	山西	含磷、硫、氟的第四类监控化学品
108	西安彩晶光电科技股份有限公司	陕西	第二类监控化学品
109	四川禾本作物保护有限公司	四川	含磷、硫、氟的第四类监控化学品
110	新疆亨一伦化工有限公司	新疆	含磷、硫、氟的第四类监控化学品
111	新疆金盛汇化工有限公司	新疆	含磷、硫、氟的第四类监控化学品
112	台州达辰药业有限公司	浙江	含磷、硫、氟的第四类监控化学品
113	浙江海森药业股份有限公司	浙江	含磷、硫、氟的第四类监控化学品
114	衢州环新氟材料有限公司	浙江	含磷、硫、氟的第四类监控化学品
115	江山富达化工股份有限公司	浙江	含磷、硫、氟的第四类监控化学品
116	浙江金帆达生化股份有限公司	浙江	含磷、硫、氟的第四类监控化学品
117	衢州康鹏化学有限公司	浙江	含磷、硫、氟的第四类监控化学品
118	万隆化工有限公司	浙江	含磷、硫、氟的第四类监控化学品
119	浙江先锋科技股份有限公司	浙江	含磷、硫、氟的第四类监控化学品
120	无棣正源化工有限公司	山东	含磷、硫、氟的第四类监控化学品
121	山东先达农化股份有限公司	山东	含磷、硫、氟的第四类监控化学品
122	临沂远博化工有限公司	山东	含磷、硫、氟的第四类监控化学品
123	山东龙迈化学有限公司	山东	含磷、硫、氟的第四类监控化学品
124	山东鲁抗舍里乐药业有限公司	山东	含磷、硫、氟的第四类监控化学品
125	山东普洛得邦医药有限公司	山东	含磷、硫、氟的第四类监控化学品

序号	企业名称	所在省 （自治区、直辖市）	类别
126	青岛和新精细化工有限公司	山东	含磷、硫、氟的第四类监控化学品
127	泰安亚荣生物科技有限公司	山东	第三类监控化学品
128	泰安亚荣生物科技有限公司	山东	含磷、硫、氟的第四类监控化学品
129	荣成市化工总厂有限公司	山东	含磷、硫、氟的第四类监控化学品
130	山东国邦药业有限公司	山东	含磷、硫、氟的第四类监控化学品
131	潍坊茂源生物科技有限公司	山东	含磷、硫、氟的第四类监控化学品
132	潍坊沃尔特科技有限公司	山东	含磷、硫、氟的第四类监控化学品
133	潍坊新绿化工有限公司	山东	含磷、硫、氟的第四类监控化学品
134	山东澳帆新材料有限公司	山东	含磷、硫、氟的第四类监控化学品

附录四　2021年监控化学品生产特别许可证发放目录

第二类监控化学品生产企业

序号	企业名称	企业代码	所在省 （自治区、直辖市）	生产特别许可证书编号
1	青岛联美化工有限公司	37B0502	山东	HW-B37B0502
2	新疆上昵生物科技有限公司	65C0008	新疆生产建设兵团	HW-B65C0008
3	保定加合精细化工有限公司	13D0030	河北	HW-B13D0030

第三类监控化学品生产企业

序号	企业名称	企业代码	所在省 （自治区、直辖市）	生产特别许可证书编号
1	重庆万盛川东化工有限公司	50A0058	重庆	HW-C50A0058
2	安徽金轩科技有限公司	34D0001	安徽	HW-C34D0001
3	浙江石油化工有限公司	33N0001	浙江	HW-C33N0001
4	吉林市吉化北方联腾化工有限公司	22B0094	吉林	HW-C22B0094
5	乐山和邦农业科技有限公司	51K0023	四川	HW-C51K0023
6	淄博凯美可工贸有限公司	37C0094	山东	HW-C37C0094
7	徐州市建平化工有限公司	32J0001	江苏	HW-C32J0001
8	徐州江海源精细化工有限公司	32J0027	江苏	HW-C32J0027
9	铜山县宏达精细化工厂	32J0026	江苏	HW-C32J0026
10	徐州市永大化工有限公司	32J0028	江苏	HW-C32J0028
11	安徽东至广信农化有限公司	34H0003	安徽	HW-C34H0003
12	广安诚信化工有限责任公司	51W0001	四川	HW-C51W0001
13	江西省奉新金欣化工有限公司	36I0020	江西	HW-C36I0020
14	天津市敬业精细化工有限公司	12T0009	天津	HW-C12T0009
15	大连绿峰化学股份有限公司	21B0001	辽宁	HW-C21B0001
16	中国石油天然气股份有限公司抚顺石化分公司腈纶化工厂	21D0005	辽宁	HW-C21D0005
17	湖北泰盛化工有限公司	42B0011	湖北	HW-C42B0011

序号	企业名称	企业代码	所在省（自治区、直辖市）	生产特别许可证书编号
18	四川省乐山市福华通达农药科技有限公司	51K0009	四川	HW-C51K0009
19	青岛长荣化工科技有限公司	37B0503	山东	HW-C37B0503
20	远东联石化（扬州）有限公司	32F0063	江苏	HW-C32F0063
21	湖北固润科技股份有限公司	42J0013	湖北	HW-C42J0013
22	营创三征（营口）精细化工有限公司	21H0045	辽宁	HW-C21H0045
23	山东华阳农药化工集团有限公司	37I0001	山东	HW-C37I0001
24	营口德瑞化工有限公司	21H0049	辽宁	HW-C21H0049
25	江西永顺新材料有限公司	36C0011	江西	HW-C36C0011
26	湖北兴发化工集团股份有限公司	42B0012	湖北	HW-C42B0012
27	沧州临港友谊化工有限公司	13J0041	河北	HW-C13J0041
28	万华化学（福建）有限公司	35A0028	福建	HW-C35A0028
29	淄博晨鑫化工有限公司	37C0168	山东	HW-C37C0168
30	邯郸市赵都精细化工有限公司	13B0033	河北	HW-B13B0033
31	中国石油化工股份有限公司安庆分公司	34C0010	安徽	HW-C34C0010
32	河北诚信集团有限公司	13A0006	河北	HW-13A0006
33	广东龙汇化学工业有限公司	44I0017	广东	HW-44I0017
34	三菱瓦斯化学工程塑料（上海）有限公司	31Z0010	上海	HW-31Z0010
35	索尔维（张家港）精细化工有限公司	32E0023	江苏	HW-32E0023
36	营口营新化工科技有限公司	21H0050	辽宁	HW-21H0050
37	河北海森化工科技有限公司	13A0093	河北	HW-13A0093

含磷、硫、氟的第四类监控化学品生产企业

序号	企业名称	企业代码	所在省 （自治区、直辖市）	生产特别许可证书编号
1	福建省清流县东莹化工有限公司	35D0023	福建	HW-D35D0023
2	新疆广汇陆友硫化化工有限公司	65G0002	新疆	HW-D65G0002
3	淄博市淄川鲁峰精细化工厂	37C0151	山东	HW-D37C0151
4	绍兴上虞市银邦化工有限公司	33F0027	浙江	HW-D33F0027
5	乐山和邦农业科技有限公司	51K0023	四川	HW-D51K0023
6	江西省奉新金欣化工有限公司	36I0020	江西	HW-D36I0020
7	利尔化学股份有限公司	51G0003	四川	HW-D51G0003
8	营口三征新科技化工有限公司	21H0047	辽宁	HW-D21H0047
9	广安诚信化工有限责任公司	51W0001	四川	HW-D51W0001
10	江苏丰山集团股份有限公司	32H0014	江苏	HW-D32H0014
11	湖北泰盛化工有限公司	42B0011	湖北	HW-D42B0011
12	四川省乐山市福华通达农药科技 有限公司	51K0009	四川	HW-D51K0009
13	安徽东至广信农化有限公司	34H0003	安徽	HW-D34H0003
14	高密建滔化工有限公司	37G0002	山东	HW D37G0002
15	江苏辉丰生物农业股份有限公司	33H0035	江苏	HW-D32H0035
16	新疆上昵生物科技有限公司	65C0008	兵团	HW-D65C0008
17	山东东科化工科技有限公司	37G0127	山东	HW-D37G0127
18	广东丽臣奥威实业有限公司	44S0001	广东	HW-D44S0001
19	广州龙沙制药有限公司	44A0052	广东	HW-D44A0052
20	邯郸市瑞田农药有限公司	13B0030	河北	HW-D13B0030
21	德兴市德邦化工有限公司	36M0001	江西	HW-D36M0001
22	浙江东亚药业股份有限公司	33H0157	浙江	HW-D33H0157
23	浙江仙琚制药股份有限公司	35D0023	浙江	HW-D35D0023
24	湖北固润科技股份有限公司	42J0013	湖北	HW-D42J0013
25	青州市晨凯化工有限公司	37G0114	山东	HW-D37G0114
26	山东胜利生物工程有限公司	37H0065	山东	HW-D37H0065
27	山东鲁抗医药股份有限公司	37H0053	山东	HW-D37H0053
28	山东华阳农药化工集团有限公司	37I0001	山东	HW-D37I0001

序号	企业名称	企业代码	所在省 （自治区、直辖市）	生产特别许可证书编号
29	江苏申新染料化工股份有限公司	32D0143	江苏	HW-D32D0143
30	淄博新农基作物科学有限公司	37C0162	山东	HW-D37C0162
31	天津医药集团津康制药有限公司	12T0528	天津	HW-D12T0528
32	吉林凯莱英制药有限公司	22C0032	吉林	HW-D22C0032
33	江苏腾龙生物药业有限公司	32H0013	江苏	HW-D32H0013
34	浙江邦富生物科技有限责任公司	33H0087	浙江	HW-D33H0087
35	山东新龙集团生物科技有限公司	37G0220	山东	HW-D37G0220
36	单县欣润化工有限公司	37Q0018	山东	HW-D37Q0018
37	潍坊中农联合化工有限公司	37G0100	山东	HW-D37G0100
38	成武金硕药业化工有限公司	37Q0021	山东	HW-D37Q0021
39	山东东岳未来氢能材料股份有限公司	37C0169	山东	HW-D37C0169
40	京博农化科技有限公司	37M0031	山东	HW-D37M0031
41	潍坊格尔化工有限公司	37G0200	山东	HW-D37G0200
42	寿光新泰精细化工有限公司	37G0188	山东	HW-D37G0188
43	昌邑瑞新化学工业有限公司	37G0134	山东	HW-D37G0134
44	青州恒发化工有限公司	37G0241	山东	HW-D37G0241
45	山东博苑医药化学股份有限公司	37G0212	山东	HW-D37G0212
46	安徽润岳科技有限责任公司	34M0001	安徽	HW-34M0001
47	河北威远药业有限公司	13A0015	河北	HW-13A0015
48	河北双吉化工有限公司	13A0057	河北	HW-13A0057
49	上海奥威日化有限公司	31Z2102	上海	HW-31Z2102
50	河北彩客化学股份有限公司	13J0014	河北	HW-13J0014
51	河北双吉化工有限公司	13A0057	河北	HW-13A0057（-2）
52	安徽弘峰精细化工有限公司	34H0007	安徽	HW-34H0007
53	江苏七洲绿色化工股份有限公司	32E0036	江苏	HW-32E0036
54	江苏远洋药业股份有限公司	32E0079	江苏	HW-32E0079
55	阿科玛大金先端氟化工（常熟）有限公司	32E1031	江苏	HW-32E1031

续表

序号	企业名称	企业代码	所在省（自治区、直辖市）	生产特别许可证书编号
56	精华制药集团南通有限公司	32G0016	江苏	HW-32G0016
57	江苏优谱生物化学科技股份有限公司	32G0066	江苏	HW-32G0066
58	巴斯夫化工有限公司	31Z0006	上海	HW-31Z0006
59	原平市同利化工有限公司	14G0008	山西	HW-14G0008
60	山西青山化工有限公司	14K0014	山西	HW-14K0014
61	新绛县德鑫化工有限公司	14K0017	山西	HW-14K0017
62	山西银盛精细化学品科技有限公司	14K0016	山西	HW-14K0016
63	安道麦辉丰（江苏）有限公司	32H0035	江苏	HW-32H0035
64	京山瑞生制药有限公司	42J0014	湖北	HW-D42J0014
65	湖北广富林生物制剂有限公司	42D0050	湖北	HW-D42D0050

附录五　2021年中国在禁止化学武器组织重要会议上的发言选编

中国代表团团长谈践大使出席禁化武组织第96届执理会一般性辩论发言

（2021年3月9日，海牙）

主席先生，

首先，请允许我代表中国代表团欢迎你再次主持会议，这是我首次作为常驻代表参加执理会，我本人和中国代表团将与各方一道积极支持你的工作，为会议各项审议顺利进行做出贡献。

中方感谢总干事和几位副主席的报告，赞同阿塞拜疆菲克拉·阿克洪多夫阁下代表不结盟运动和中国所做的发言。下面，请允许我进一步阐述中方对一些重要问题的看法和立场。

首先，禁化武组织作为重要的军控和裁军国际组织，是推动实现"无化武世界"、促进化工领域国际合作的重要平台，在维护国际和平安全稳定方面发挥着不可或缺的独特作用。但近年来，禁化武组织工作政治化倾向明显，缔约国在一些敏感问题上分歧严重，对抗代替对话，投票代替协商一致。长此以往，这不利于禁化武组织的健康发展。不久前，中国国家主席习近平在"达沃斯议程"对话会上提出，要维护和践行多边主义，坚持以国际法则为基础，不搞唯我独尊；坚持协商合作，不搞冲突对抗。这些原则同样适用于禁化武组织。中方呼吁各方回归协商一致传统，共同努力改进禁化武组织工作氛围，有效维护公约权威性和有效性。

第二，销毁化学武器是《禁止化学武器公约》的核心目标，是实现"无化武世界"的关键步骤。中方注意到近年来库存化物销毁所取得的进展，敦促目前唯一的化武拥有国尽快完成销毁。受新冠肺炎疫情影响，日遗化武销毁进程进一步迟滞。日本承诺于 2022 年内完成销毁哈尔巴岭埋藏日遗化武及各地 2016 年底前已向禁化武组织宣布的日遗化武。离这一时限剩下的时间已不多。中方敦促日方切实履行遗弃国责任，克服疫情影响，稳步推进销毁进程，并妥善处理污染土壤等问题。中方将一如既往地予以配合。

第三，关于消除叙利亚化武计划问题，中方注意到总干事和叙利亚散发的相关报告，鼓励技秘处与叙利亚继续保持对话，推动叙化武初始宣布澄清等未决问题取得积极进展。中方一贯反对任何国家、任何人在任何情况下使用化武。对于指称使用化武事件，事实调查组应严格依照公约以及相关核查附件的规定，秉持客观、公正、专业的精神开展调查。

中方一再呼吁，各方应推动"应对使用化武威胁决定"的执行回归公约框架。调查鉴定组工作方法和程序必须符合公约及其核查附件的要求，调查应基于确凿的事实和证据，保证证据链的完整与闭合，从而确保调查结论的客观、真实与公正。执理会作为公约规定的处理遵约问题的主要决策机构，必须充分行使公约赋予的权利和职能，严格监督化武追责调查在内的技秘处各项活动。

第四，关于修订行政与财务咨询委员会议事规则问题，中方认为，委员会作为一个开放性、不具决策权的机制，应保持多样性和地域平衡性，缔约国有权提名其认为合格的人选。授权执理会撤销委员会成员资格，不符合国际组织行财咨询机构的惯常做法，也会对委员会的独立性造成影响，中方对此存有关切。中方呼吁提案国继续与各方开展磋商，以争取协商一致。关于任命委员会成员问题，中方呼吁各方维护习惯性做法，以协商一致方式任命委员会成员。

第五，关于出于执法目的以气溶胶方式使用中枢神经作用剂问题。

中方认为这既涉及技术问题，更涉及法律问题，对于公约本身和缔约国所承担的义务具有重要影响，应该慎重对待。中方主张缔约国围绕该问题涉及的技术、法律等各方面问题继续深入交换意见，以争取形成广泛共识。在此之前，不应急于强行推动就有关决定草案进行表决，以免对公约权威及法律效力造成负面影响。

中方注意到有关国家在一般性辩论发言中就纳瓦尔尼"中毒"问题对俄罗斯进行指责。中方认为，有关各方应通过协商和对话增进理解，化解分歧，而不是动辄使用制裁或以制裁相威胁。

中国代表团要求将此发言作为会议正式文件散发，并刊载于禁化武组织内网和公众网。

谢谢主席先生。

中国代表团团长谈践大使出席禁化武组织第 97 届
执理会一般性辩论发言

（2021 年 7 月 6 日，海牙）

主席先生，

首先，请允许我代表中国代表团祝贺你当选执理会主席并首次主持执理会，中方相信以你的外交经验和技巧，一定能改善执理会工作和氛围，加强缔约国团结和协商一致精神。推动本届会议取得成功。中国代表团将与您和其他代表团积极合作，为顺利完成本届会议各项工作而共同努力。

中方感谢总干事和几位副主席的报告，赞同阿塞拜疆菲克拉特·阿洪多夫阁下代表不结盟运动和中国所做的发言。下面，请允许我进一步阐述中方对以下问题的看法。

首先，禁化武组织作为国际军控和裁军机制的重要组成部分，在推动实现"无化武世界"、促进化工领域国际合作、维护国际安全稳定方面发挥着不可或缺的独特作用。然而令人担忧的是，缔约国在一些敏感问题上的政治分歧和对抗影响了禁化武组织正常工作的开展。6 月 11 日，中国国务委员兼外长王毅在日内瓦裁军特别会议就推进国际军控、裁军与防扩散进程提出三点原则：要坚持合作共赢，以合作谋和平、以合作促安全，坚决抵制冷战思维和零和博弈，致力于实现共同安全；要坚守公平正义，加强以联合国为核心的多边裁军机制的权威性和有效性，摒弃例外主义和双重标准，致力于实现普遍安全；要坚持综合治理，既要着力应对当前突出的安全挑战，又要综合施策，消弭潜在安全威胁，致力于实现持久安全。这三条原则同样适用于禁化武组织。中方呼吁各方回归协商一致传统，共同努力改进禁化武组织工作氛围，有效维护《公约》权威性和有效性。

其次，化武销毁方面，全面、彻底销毁化学武器是《公约》的核心内容和目标。中方注意到近年来库存化武销毁所取得的进展，敦促唯一的化武拥有国切实履行《公约》义务，按照缔约国大会关于化武销毁逾期的决定，在规定时限内完成销毁。

销毁遗弃化学武器是《公约》的重要组成部分，关乎"无化武世界"的目标能否实现。面对新冠肺炎疫情影响，中方克服诸多困难，做了大量工作，与日方就防疫方案达成一致，推动哈尔巴岭销毁工作于今年5月重新启动。考虑到日方关于2022年内完成有关销毁工作的承诺，当前总体销毁进程仍然严重滞后。中方敦促日方切实履行遗弃国责任，加大投入稳步推进销毁进程，并妥善处理污染土壤等突出问题。中方将与日方以及技秘处继续保持沟通、加强协调，并将一如既往做好相关协助工作。

第三，关于叙利亚化武问题，中方始终主张对话合作是解决叙化武问题的唯一正确途径。中方注意到总干事和叙利亚散发的相关报告，鼓励叙方与技秘处继续保持接触和对话，推动叙化武初始宣布澄清等未决问题取得积极进展。同时，我们呼吁国际社会为双方不断加强合作、解决未决问题创造条件，而不是否认甚至阻挠这些努力。

中方一贯反对任何国家、组织或个人在任何情况下、出于任何目的使用化武。对于指称使用化武事件，应严格依照《公约》以及相关核查附件的规定，秉持公正、客观、专业的原则开展调查和处理。调查结论应基于事实，经得起时间和历史的检验。对于"调查鉴定组"工作，中方从一开始就强调其成立超出《公约》授权，并对其工作方法、程序及人员构成存在关切。中方呼吁有关各方尽快回归多边主义原则，推动指称使用化武调查工作回归《公约》框架，避免进一步在缔约国之间制造矛盾和对抗，停止将禁化武组织的工作不断政治化，共同维护《公约》的权威性和完整性。

最后，中方鼓励主席、副主席和各协调员继续发挥积极作用，推动各个磋商机制采取措施改进工作方法，全面、平衡推进《公约》各项工作。

中国代表团要求将此发言作为会议正式文件散发，并刊载于禁化武组织公众网站和内网。

谢谢主席。

中国代表团团长谈践大使出席禁化武组织第 98 届
执理会一般性辩论发言

（2021 年 10 月 5 日，海牙）

主席先生，

请允许我代表中国代表团欢迎你再次主持执理会，中方相信你将充分利用你的外交经验和技巧，改善执理会工作和氛围，维护协商一致传统，推动本届执理会取得成功。中国代表团将与你及其他代表团密切合作，为顺利完成本届执理会各项工作而努力。

中方认真听取了总干事所做的发言和几位副主席的报告，赞同阿塞拜疆菲克拉特·阿洪多夫阁下代表不结盟运动和中国所做的发言。下面，请允许我进一步阐述中方对以下问题的看法。

首先，禁化武组织作为国际军控和裁军体系的重要组成部分，在推动实现"无化武世界"、促进化工领域国际合作、维护国际安全稳定方面发挥着不可替代的作用。然而令人担忧的是，当前禁化武组织内的政治化氛围影响了本组织正常工作的开展。9 月 21 日，中国国家主席习近平在第七十六届联合国大会上指出，各国应践行真正的多边主义，维护以国际法为基础的国际秩序，摒弃小圈子和零和博弈，通过在平等和相互尊重基础上开展对话合作解决分歧和矛盾。这对禁化武组织的工作同样适用。中方呼吁各方回归协商一致传统，共同努力改善禁化武组织工作氛围，有效维护《禁化武公约》权威性和有效性。

第二，在化武销毁方面，全面、彻底销毁化学武器是《公约》的核心宗旨和目标。中方敦促唯一的化武拥有国切实履行《公约》义务，按照缔约国大会关于化武销毁逾期的决定，在规定时限内完成销毁。

销毁遗弃化学武器是《公约》的重要组成部分，关乎"无化武世界"

的目标能否实现。新冠肺炎疫情给日遗化武销毁工作带来严峻挑战，中方克服诸多困难、开展大量工作，推动哈尔巴岭销毁作业稳步使复、但当前日遗化武总体销毁进程仍严重滞后。中方敦促日方切实履行遗弃国责任，加大投入，尽早完成销毁，并妥善处理污染土壤等突出问题。中方将与日方以及技秘处继续保持合作，一如既往地做好相关协助工作。

第三，关于叙利亚化武问题，中方始终主张对话合作是解决叙化武问题的唯一正确途径。中方注意到总干事和叙利亚散发的相关报告，鼓励技秘处与叙利亚保持合作与对话，共同解决叙化武初始宣布等未决问题。国际社会应为双方对话合作创造条件，避免政治施压影响相关工作。

中方一贯反对任何国家、任何人在任何情况下使用化武。对于指称使用化武事件，中方主张依照《公约》以及相关核查附件的规定，秉持客观、公正、独立的原则开展调查和处理。调查结论应基于事实，经得起时间和历史的检验。中方呼吁有关各方本着相互尊重、平等协商的原则开展沟通合作，妥善处理有关问题。在此之前不应急于下结论，避免政治化和任何进　步激化矛盾的举措。

第四，中方高度重视国际合作问题。《公约》明确规定应保障缔约国相关经济和技术发展权利，促进用于和平目的的国际交流与合作，应缔约国要求就国家履约、化武防护开展合作与援助。各方应充分认识到为和平目的在材料、设备和技术方面进行国际合作，对促进缔约国、特别是发展中国家经济和社会发展具有重要作用。中方敦促各方在不影响防扩散义务的前提下，采取切实举措促进国际合作，避免采取不必要的限制性措施。

第五，关于2022—2023年年度项目和预算问题，中方注意到首个双年度预算突破了"名义零增长"。考虑到新冠肺炎疫情对各国经济和财政政策的影响，中方希望技秘处合理使用现有资源、控制预算增长，确保在化武销毁、国际合作等核心项目上的投入。令人遗憾的是，预算草案中再次纳入"调查鉴定组"相关费用。中方认为"调查鉴定组"的成立超出《公约》授权，反对用常规预算支付"调查鉴定组"相关活动。

最后，中方鼓励主席、副主席和各协调员继续发挥积极作用，推动各个磋商机制采取措施改进工作方法，全面、平衡推进《公约》各项工作。

中国代表团要求将此发言作为会议正式文件散发，并刊载于禁化武组织公众网和内网。

谢谢主席。

中国代表团团长谈践大使在《禁止化学武器公约》第 26 次
缔约国大会般性辩论中的发言

（2021 年 11 月 29 日，海牙）

主席先生，

首先，我代表中国代表团对你当选《禁止化学武器公约》第 26 次
缔约国大会主席表示祝贺。中国代表团愿与你和各国代表团充分合
作，推动大会取得成功。借此机会，我也愿对前任主席 Jose Antonio
Zabalgoitia Trejo 大使所做工作表示赞赏。

中方赞同阿塞拜疆代表不结盟运动和中国所做的发言。下面，请允
许我进一步阐述中方立场。

主席先生，当前，百年变局和世纪疫情交织，世界比任何时候都更
需要推进和平发展、公平正义和普遍安全，各国携手构建人类命运共同
体的重要性更加突出。《禁止化学武器公约》是全球安全治理的重要支柱。
广大缔约国应顺应历史大势，共同践行真正的多边主义，推动公约得到
全面、平衡落实，维护公约的权威性和有效性。中方有几点主张。

首先，要坚定不移推进化武销毁。全面、彻底销毁化武是《禁止化
学武器公约》的核心目标。明年将迎来《公约》生效 25 周年，缔约国应
加大工作力度，使无化武世界的愿景尽快成为现实。国际规则应由所有
国家共同遵守，没有也不应该有例外。中方敦促唯一未完成库存化武销
毁的国家加大投入，切实履行国际义务，尽快完成库存化武销毁。

同时，要继续推进日遗化武销毁。在中日双方努力下，哈尔巴岭日
遗化武于 2021 年 5 月重启销毁，各项工作在确保疫情防控的前提下稳
步推进。但当前日遗化武销毁总体进程仍严重滞后，中方敦促日方切实
履行遗弃国责任，加大投入，尽早完成销毁。中方鼓励技秘处探索符合

《公约》规定的创新方式，保持对日遗化武在内核查的关注和投入，在疫情背景下维护核查的实效性。2022 年是中日商定的日遗化武销毁重要节点，禁化武组织将对销毁进展进行审议。中方愿同日方秉持务实、负责任和建设性态度，就此展开协商并争取尽早做出安排。

第二，要坚定不移深化国际合作。国际合作是《禁止化学武器公约》的重要支柱，也是禁止化武组织转型方向所在。要统筹发展与安全，切实促进国际合作，确保缔约国充分享受和平利用的合法权利。中方支持通过建设化学技术中心、重振第十一条磋商机制等措施，确保公约相关条款得到有效实施，支持对发展中国家重点关注的领域加大投入。中方对技秘处创新工作方法，充分利用在线资源开展国际合作项目、保持国际合作势头表示赞赏。鼓励技秘处总结好的经验做法，丰富国际合作的工具箱。

中方向第 76 届联大一委提交"在国际安全领域促进和平利用国际合作"决议，目的是在联合国框架下开启讨论进程，平衡处理防扩散与和平利用的关系，确保包括化学在内的相关领域技术和资源的和平利用与普惠共享。这有助于统筹考虑各领域的和平利用，也有助于促进《禁止化学武器公约》等框架下有关讨论。希望各方积极支持并参与联大后续进程。

第三，要坚定不移维护公约权威性和有效性。世界上只有一个秩序，就是以《国际法》为基础的国际秩序。《禁止化学武器公约》是解决化武相关问题的依据和准绳，按照公约规定处理问题是唯一正确途径。对于叙利亚化武等指称使用化武问题，要按照公约规定的程序，开展全面、客观、公正的调查，基于确凿证据，得出经得起历史和事实检验的结论。在纳瓦尔尼问题上，应采取建设性合作态度，通过对话协商查明真相。对于中枢神经系统作用剂等涉及公约修订和解读的问题，应当根据公约规定的修约程序开展相关工作。

第四，要坚定不移维护禁化武组织团结。禁化武组织止面临分裂与团结、对抗与合作的十字路口。一些国家在若干问题上无视公约规定，罔顾协商一致传统。在使用化武追责问题上，强推建立超出公约授权的"调查鉴定组"。在中枢神经系统作用剂问题上，在各方远未达成共识的情况下强行推动就相关问题诉诸表决。美国甚至将中国的禁化武组织指定实验室列入"军事最终用户"清单，严重破坏缔约国互信与合作基础，对禁化武组织工作造成实质性损害。我们再次敦促有关国家改弦更张，停止毒化禁化武组织合作氛围，停止政治化的做法，停止损害公约权威。禁化武组织不能成为打压异己的政治工具，中方也希望技秘处，特别是总干事坚持客观公正立场，严格按照授权开展工作。

主席先生，今年是中国恢复联合国合法席位50周年。50年来，中国始终做世界和平的建设者、全球发展的贡献者、国际秩序的维护者。作为《禁止化学武器公约》原始缔约国和禁化武组织第二大会费国，中方始终致力于维护公约宗旨和目标，坚决反对任何国家，任何组织和个人在任何情况下使用化武。中国宣布的工业设施居世界首位，始终高效、严格接受各类监督核查。疫情背景下，我们着力抓好国内履约工作，颁布实施《出口管制法》，启动修订《监控化学品管理条例》工作，制定《监控化学品出口通用许可管理暂行办法》，举办面向地方履约主管机构和企业的培训班，持续提升履约意识和能力。

谢谢主席先生。

附录六　2021 年禁止化学武器组织主要工作情况

总干事说明

2021 年核查活动总结（节选）

（S/2096/2022　2022 年 9 月 15 日）

附件 1　禁化武组织 2021 年核查总结

1. 综合概要

概述

1.1　截至 2021 年 12 月 31 日，共有 193 个《化学武器公约》（以下简称《公约》）缔约国。有 1 个缔约国尚未销毁完其宣布的化学武器；经核实，所有宣布的化学武器生产设施（以下简称化武生产设施）均已被销毁或者已被改装用于《公约》不加禁止的目的；11 个缔约国有尚待销毁或尚未报告销毁的老化学武器（以下简称老化武）库存；1 个缔约国境内有已回收的确认或疑似遗弃化学武器（以下简称遗弃化武）。关于《公约》第六条和在 2021 年收到的关于 2020 年过去活动年度宣布的资料，经技秘处评估，有 88 个缔约国在其境内有应宣布的活动（其中 80 个有至少 1 处应宣布设施）。

1.2　在非缔约国中尚有 1 个签署国（以色列）和 3 个非签署国（朝鲜人民民主共和国、埃及和南苏丹），而对这些国家，无法进行任何核查活动。2021 年，没有国家加入《公约》。

1.3　截至 2021 年年底，在 193 个缔约国中，尚有 1 个缔约国未根据《公约》提交其初始宣布。技秘处未能完成对该缔约国进行的核查活动。

1.4 在裁军和防止扩散方面，虽然技秘处一直在阿拉伯叙利亚共和国境内持续开展行动，但技秘处在 2021 年进行了 120 次视察／轮换；共在 33 个缔约国的 92 处地点投入了 5272 个视察员日。在此总数中，40 次视察或轮换涉及《公约》第四条和第五条所规定的化学武器非军事化；80 次视察涉及《公约》第六条所规定的工业核查。此外，在 2021 年，技秘处在非例行核查活动中另行投入了 1366 个视察员日。

1.5 2021 年，在化学武器方面共投入了 5578 个视察员日（占总数的 84%），其中包括在阿拉伯叙利亚共和国的视察员日；根据第六条投入了 1060 个视察员日（16%）。

1.6 在 2021 年没有收到任何有关质疑性视察和指称使用调查的请求。

核查行动

1.7 技秘处在 2021 年进行的所有视察均达到了视察任务授权所规定的目的。在 10 次第八条视察中，记录了需要予以进一步注意的有关问题。

化学武器核查

1.8 尽管受到了新冠肺炎疫情的影响，一个拥有缔约国继续在 2021 年销毁其剩余的化学武器库存。技秘处相应地核查了有关销毁。在审查期内，经技秘处核实，共销毁了 433.976 吨化学武器，这些化学武器全部均属第 1 类。销毁作业在美利坚合众国境内的 3 处化学武器销毁设施（以下简称化武销毁设施）中进行。

1.9 至报告完成时，技秘处核实了在销毁化学战剂方面的下述状况：

（a）在宣布的 72304.343 吨化学武器库存中，经核实已一共销毁了 71574.739 吨（其中包括为《公约》不加禁止的目的而从化学武器库存中取出的化学武器），占宣布总量的 98.99%。

（b）美利坚合众国销毁了其已宣布的第 1 类化学武器的 97.37%。

（c）所有第 2 和第 3 类化学武器在本报告期之前均已销毁。

1.10 截至 2021 年 12 月 31 日，经总干事核实，全部 97 个已宣布的化武生产设施均已被销毁（74 处）或已改装（23 处）。2021 年，因新冠肺炎疫情或因安全局势，技秘处对前化武生产设施未进行任何视察。

1.11 2021 年，技秘处对一个缔约国（即美利坚合众国）的两处化学武器储存设施（以下简称化武储存设施）进行了 4 次视察，这一共使用了 78 个视察员日。

1.12 2021 年，尽管新冠肺炎疫情依然持续，但日本遗弃在中国境内的化学武器的销毁已恢复。根据中日双方联合提交给执行理事会（以下简称执理会）的销毁计划（EC-67/NAT.11，2012 年 2 月 15 日；EC-84/NAT.6，2017 年 3 月 2 日），并按照执理会第六十七届会议通过的第 EC-67/DEC.6 号决定（2012 年 2 月 15 日）以及《公约》的有关条款，中国和日本继续就遗弃化武的销毁保持了沟通。

1.13 2021 年，技秘处规划对中国境内的日本遗弃化学武器进行 12 次视察。但是，由于受到新冠肺炎疫情影响，所有规划的遗弃化武视察均已暂停。

1.14 自《公约》生效以来，已有 19 个缔约国宣布了老化武。其中，13 个缔约国宣布了在 1925 年至 1946 年间生产的老化武；11 个宣布了在 1925 年以前生产的老化武。2021 年，技秘处对比利时、法国、德国、意大利、拉脱维亚、荷兰和大不列颠及北爱尔兰联合王国进行了 7 次老化武视察。多处的销毁作业取得了可观的进展，但大量老化武的回收仍在继续进行。

第六条核查

1.15 在《公约》的第六条方面，技秘处于 2021 年核实了 30 个缔约国宣布的在 80 处设施和厂区进行的活动。由于被视察缔约国受到新冠肺炎疫情的影响，技秘处无法完成在 2021 年方案和预算（C-25/DEC.7，2020 年 12 月 1 日）中构想的全部 241 次第六条视察。已完成的视察包括：附表 1 设施 13 处（占视察计划的 118%）；附表 2 厂区 22 处（占视察计划的 45%）；附表 3 厂区 7 处（占视察计划的 37%）和其他化学生产设施厂区 38 处（占视察计划的 23%）。

1.16　有 14 个缔约国报称其预计在 2021 年作为出口国或进口国参与在缔约国之间进行的 24 起附表 1 化学品的转让。2021 年收到的宣布显示在 2020 年，有 59 个缔约国出口了 12212 吨的附表 2 化学品；120 个缔约国出口了 433258 吨的附表 3 化学品。2020 年，没有任何关于附表 1 化学品的转让的报告，也没有报告任何向非缔约国进行的附表 2 化学品的转让。

优化核查制度

1.17　鉴于新冠肺炎疫情，在 2021 年全年，技秘处已继续努力，尽量增加连续视察[1]的次数，以之作为优化人力和物力资源的使用以及最大限度地完成视察的次数的方式。连续视察和长时间的工业视察任务[2]是能够使视察过程更高效的重要工具。如有更多缔约国同意在其领土进行连续视察（尤其是那些有大量年度第六条视察的缔约国），则可实现进一步的资源节约。在此方面，2021 年有 14 个缔约国接纳了在其国内进行的连续视察。由于受到新冠肺炎疫情带来的旅行限制，国家间的连续视察尚不可行。在为 2021 年规划的 62 个连续视察或长时间的工业视察任务中，只进行了以下 21 次视察：在 9 个缔约国进行了 13 次连续视察；在 3 个缔约国进行了 5 次长时间的工业视察任务；在 3 个缔约国进行了 3 次"多合一"[3]的长时间的工业视察任务。

---

① 在为期一周的一次视察任务中组合了对两个其他化学生产设施或附表 3 的视察。
② 长时间的工业视察任务包括各种附表视察之间的不同组合，为期超过一周。
③ 在一次视察任务中（最多可能 4 次）开展针对给定缔约国在一年内规划进行的全部视察。

1.18　技秘处多年来通过核查信息系统方案——其中包含若干信息技术组件和相关项目——扩大了信息技术工具在宣布数据的编制、提交及处理方面的使用。这些工具为技秘处和缔约国双方带来增效。在核查相关信息的处理和有效监督方面，核查信息系统和相关的数据分析工具可谓至关重要，而技秘处继续为提高此类能力而就相关手段展开研究。2021年，技秘处发布了电子宣布资料系统（EDIS）2.0版和2.1版。此外，在2021年，技秘处更新了用于资料安全交换系统的公共密钥和双重认证机制，这为宣布相关的数据提供了安全的电子渠道，以便在缔约国与技秘处之间交换包括机密性资料在内的电子宣布和其他资料。截至2021年12月31日，共有61个缔约国的117个用户注册了资料安全交换系统。

1.19　由于新冠肺炎疫情，不提交或逾期提交宣布的情况仍然对技秘处高效和有效地行使核查职责的能力造成了不利影响。

1.20　2021年，技秘处一共处理了806份（共计7470页）缔约国来文、宣布及其他与核查相关的文件。

2. 视察活动

概述

2.1　2021年，如果不将与阿拉伯叙利亚共和国或其他缔约国相关联的其他核查活动计算在内，则技秘处进行了120次视察/轮换；在33个缔约国的92个设施投入了5272个视察员日。如果算上投入到与阿拉伯叙利亚共和国或其他缔约国相关的其他行动的视察员日，则2021年的视察员日总计为6638天。

2.2　表1记录了在2021年完成的视察或轮换的次数和类型，以及视察活动的其他信息汇总2021年的视察活动见表1，自《公约》生效以来进行的视察活动见表2。表2列出了自《公约》生效之日至2021年12月31日间完成的视察。

表1 2021年的视察活动

设施种类	可视察或运行中的设施数①	完成的视察数②	所视察的设施或现场数	视察员日数
与化学武器相关的视察				
化武销毁设施	4	29	3	4064
化武储存设施	2	4	2	78
化武生产设施	15	0	0	0
老化武	7	7	7	70
遗弃化武③	28	0	0	0
小计	**56**	**40**	**12**	**4212**
与阿拉伯叙利亚共和国或其他缔约国相关的行动的视察员日数				1366
与化学武器相关的视察员日总数				**5578**
第六条视察				
附表1	28	13	13	276
附表2	209	22	22	363
附表3	337	7	7	64
其他化学生产设施	4362	38	38	357
小计	**4936**	**80**	**80**	**1060**
总计	**4994**	**120**	**992**	**5272**
视察员日的总计数，包含与阿拉伯叙利亚共和国或其他缔约国相关的行动所使用的视察员日数				**6638**

表2 自《公约》生效以来进行的视察活动④

设施种类	完成的视察数	所视察的设施或现场数	视察员日数
与化学武器相关的视察			
化武销毁设施	1985	46	229457

---

① 对化武销毁设施而言：在2021年处于运转中的设施数；对化武储存设施、化武生产设施和老化武而言：2021年的可视察设施数；对第六条设施而言：2021年的可视察设施数。

② 由于技秘处在阿拉伯叙利亚共和国的任务具有独特性，所以此列未包含在该缔约国境内进行的视察。因此，这里报告的数字可能与下文各节陈述的内容略有差异，在下文中尽可能地涵盖了在叙利亚的行动。

③ 其中包括遗弃化武销毁设施。

④ 对于化武储存设施，与所视察设施的数量相关的数字不包括被宣布为"化武销毁设施中的化武储存设施"的设施，原因是此类设施已被确认为相应化武销毁设施的组成部分，而非单独实体。对于化武生产设施，塞尔维亚、波斯尼亚和黑塞哥维那均单独宣布了一处设施。

设施种类	完成的视察数	所视察的设施或现场数	视察员日数
化武储存设施	521	37	15445
化武生产设施	522	82	9423
老化武	169	40	2569
遗弃化武	148	53	3761
高危化武的销毁[①]/化武的紧急销毁[②]	25	不适用	1734
小计	**3370**	**258**	**262389**
与应急行动相关联的视察员日数			16191
与化学武器相关的视察员日总数			**273002**
第六条视察			
附表 1	334	40	5915
附表 2	948	422	21571
附表 3	518	417	7654
其他化学生产设施	2406	2107	28545
小计	**4206**	**2986**	**63685**
总计	**7576**	**3244**	**326074**
包含与应急行动相关联的视察员日在内的总计数			**342265**

第六条视察的分布

2.3　2021 年，有 30 个缔约国接受了第六条视察。表 3 和表 4 记录了第六条视察的分布情况。第六条视察的分布见表 3，第六条视察在各区域的分布情况见表 4。

表 3　第六条视察的分布

年份 / 年	2011	2012	2013	2014	2015	2016	2017	2018	2019	2020	2021
视察数	208	219	219	229	241	241	241	241	241	82	80
被视察缔约国数	39	44	46	50	43	50	48	43	41	31	30
占了全部视察的一半的缔约国数	7	6	7	7	6	7	6	7	6	8	6

① 高危化武的销毁 = DHCW。
② 化学武器的紧急销毁 = EDCW。

表 4　第六条视察在各区域的分布情况

区域组	工业视察数 / 个	占总数的比例 /%	可视察厂区的比例 /%
非洲	2	2.50	1
亚洲	20	25	59
东欧	8	10	4
拉丁美洲和加勒比	8	10	5
西欧和其他国家	42	52.50	31

质疑性视察和指称使用调查

2.4　2021 年，没有接到任何根据《公约》提出的进行质疑性视察或指称使用调查的请求。然而，根据执理会第 EC-83/DEC.5 号决定（2016 年 11 月 11 日），技秘处部署了若干次派往叙利亚的事实调查组和几次非例行任务。2021 年，视察局司集中精力改善进行质疑性视察的常备状态。

2.5　据缔约国大会（以下简称大会）第四届特别会议通过的第 C-SS-4/DEC.3 号决定（2018 年 6 月 27 日）第 18 段，技秘处正在制定有关备选方案，以进一步协助缔约国防范非国家行为方构成的化学武器威胁，并支持缔约国制定应对万一发生的化学武器攻击的应急计划。2021 年，在禁化武组织总部开办了跨司业务规划课程，以改善技秘处执行可能的非例行任务的常备状态。

视察员培训

2.6　2021 年，能力建设和应急规划分队协调或实际开办了 44 个单独的培训课程，总计达到了 1893 个培训日，分别占视察员培训日的 83% 和非视察员培训日的 17%。由于持续存在的新冠肺炎疫情带来的限制，全部课程有 41% 采用线上课堂形式，其余在比利时、捷克共和国、意大利、荷兰、塞尔维亚、斯洛伐克和大不列颠及北爱尔兰联合王国开展。

2.7　能力建设和应急规划分队继续提供必修的视察员进修课程和针

对新晋升的视察组组长的专业课程。美利坚合众国为危险废物作业和紧急应对课程提供了支持和帮助（为总共 75 名视察员和 4 名额外的技秘处工作人员提供了 4 期进修课和 1 期初始培训）。此外，德国资助并主办了 3 期关于在实地环境中运用安全保障方法（SSAFE）的课程。为此，有 38 名可能需要在高风险地区工作的技秘处工作人员接受了培训。另外，视察局有两名工作人员在意大利都灵接受了"SSAFE 教员"的资格培训。

2.8　2021 年 9 月，由不同背景的 10 人组成的一组新视察员（T 组）加入了禁化武组织。能力建设和应急规划分队协调进行了为期 12 周的必修初始培训方案，旨在使他们准备好承担作为视察员的重要职责。2021 年 12 月 17 日，禁化武组织举办了一个线上的结业仪式，其间总干事向 T 组视察员颁发了培训结业证书，并欢迎他们正式入队。

2.9　2021 年 11 月和 12 月，能力建设和应急规划分队还举办了两期在线的 AxelosPRINCE2® 基础阶段培训方案，以此为增强视察员的项目管理能力做出贡献。有 24 名工作人员得到了机会，有望获得在项目管理方面全球认可的证书。

3. 化学武器

3.1　技秘处派员常驻在所有运转中的化武销毁设施内，以对库存的化学武器的销毁进行核查，从而监督正在进行的已宣布的活动。这可以是通过现场仪器（包括专供视察员使用的设备）和通过审查有关文件资料来进行直接的实地观察。为了核查的目的，视察员获准不受妨碍地进行察看，以便能够监测工艺参数。此外，通过采样和分析活动，技秘处得以核实所销毁的是何种化学战剂。通过对销毁过程的观察，并通过对所产生的副产品的取样分析和在适用情况下对已抽空并已洗消的弹体进行热处理和切割，技秘处得以核实宣布的化学武器已被彻底销毁以及无化学武器被转用。另外，技秘处还视察了化武储存设施，以确保除符合

《公约》规定外不存在未被发现的转移化学武器的情形。

3.2 2021 年，在化武销毁设施视察中投入了 4064 个视察员日（2020 年为 3798 个）；在化武储存设施的视察活动中共使用了 78 个视察员日（2020 年为 54 个）。

3.3 2021 年，经技秘处核实，共计销毁了 433.976 吨第 1 类化学武器。这比 2020 年有所减少，即经核实的销毁的总吨数达到了 592.142 吨。

3.4 至报告完成时，经核实已销毁的第 1 类和第 2 类化学武器总量（其中包括为《公约》不加禁止的目的从库存中取出的化学武器）共计为 71574.739 吨，占宣布的化学武器的 98.99%。1998—2021 年经核实已销毁的化学武器累计总量如图 1 所示。

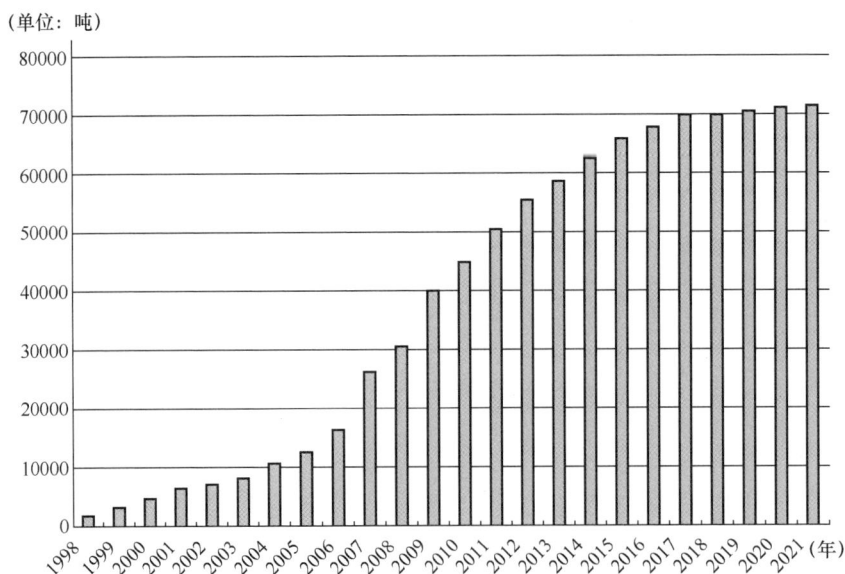

（单位：吨）

图 1 1998—2021 年经核实已销毁的化学武器累计总量

3.5 2021 年，有 3 处化武销毁设施进行了第 1 类化学武器的销毁；1 处设施涉及销毁已回收的第 1 类化学武器。2021 年运行中或建造中的化学武器销毁设施见表 5。

表 5 2021 年运行中或建造中的化学武器销毁设施

美利坚合众国	1. 普埃布洛化学剂销毁中试车间（PCAPP）
	2. 布鲁格拉斯化学剂销毁中试车间静态引爆室（BGCAPP-SDC）*
	3. 布鲁格拉斯化学剂销毁中试车间（BGCAPP）*
	4. 回收的化学武器销毁设施（RCWDF）
	5. 原型引爆测试和销毁设施（PDTDF）**
	6. 化学转装设施 / 弹药评估处理系统（CTF/MAPS）**

注：* 设施已于 2021 年 9 月完成了销毁作业并已关停。该设施将被改装为布鲁格拉斯设施的一个非毗邻部分。

** 设施在 2021 年未进行任何销毁。

3.6 至审查期末，只剩一个缔约国：美利坚合众国还有尚未彻底销毁的已宣布化学武器。

遵守销毁义务方面的进展

3.7 至报告完成时，某缔约国[①]、阿尔巴尼亚、印度、利比亚、俄罗斯联邦、阿拉伯叙利亚共和国和美利坚合众国共计宣布了 72304.343 吨[②]的化学武器（70493.640 吨的第 1 类化学武器和 1810.703 吨的第 2 类化学武器），这些化学武器的载体为 8270595 枚（件）弹药和容器。总体上，截至 2021 年 12 月 31 日，上述化学武器中 98.99% 已核实销毁或从化学武器库存中取出用于《公约》不加禁止的目的，共计为 71140.763 吨（69330.060 吨的第 1 类化学武器和 1810.703 吨的第 2 类化学武器）[③]。拥有缔约国也已宣布了 417833 件第 3 类化学武器，但这类化学武器已在 2015 年年底前全部销毁。

3.8 2011 年，根据执理会第三十一次会议的建议，大会第十六届会议通过了关于 2012 年 4 月 29 日最后延长期限的决定（C-16/DEC.11，2011 年 12 月 1 日）。根据该决定，利比亚、俄罗斯联邦和美利坚合众国于 2012 年 4 月和 2014 年 10 月[④]提交了关于其各自剩余化学武器的详细销

① 该缔约国要求将其国名列为高度保护级的资料。故此，为了本报告的目的，将之称为"某缔约国"。
② 该数量采用了凑整规则。
③ 此合计数量包含 2.913 吨为《公约》不加禁止的目的而从某一缔约国、俄罗斯联邦和美利坚合众国的第 1 类化学武器库存中取出的附表 1 化学品（见《公约》之《核查附件》（以下简称《核查附件》）第六部分第 2 款（d）项）。
④ 关于 2014 年 10 月提交的资料，请见俄罗斯联邦的增补（EC-68/P/NAT.1/Add.1，2014 年 10 月 6 日）。

毁计划，其中明确了各有关缔约国销毁其剩余化学武器的计划完成日期。

按类别取得的进展

3.9 截至 2021 年 12 月 31 日，经禁化武组织视察员核实，上文第 3.7 段提到的 7 个宣布了拥有化学武器库存的缔约国的化学武器销毁量如下：

（a）第 1 类化学武器：经技秘处核实，已销毁 69761.123[①]吨此类化学武器。此外，根据《公约》第六条和《核查附件》第六部分第 2 款（d）项，合计取出了 2.913 吨第 1 类化学武器。在上述合计数量中，67498.456 吨为一元化学武器（在 2021 年销毁了其中的 433.976 吨），其中包括：路易氏剂、沙林（GB）、硫芥气（包括 H、HT、HD）、塔崩（GA）、带消泡剂（UCON）的塔崩®、梭曼（GD）和黏性梭曼（GD）、VX 以及一种不明化学剂。装有上述化学战剂的载体为 7929113（件）弹药和容器 [在 2021 年销毁了其中的 271061 枚（件）]、体积小于 $2m^3$ 的其他储存器皿以及更大容量的储存罐。另有 2262.667 吨为二元化学武器（在 2021 年年底进行任何销毁），其中包括：甲基膦酰二氟（DF）、甲基业膦酸乙基 -2- 二异丙氨基乙酯（QL）、异丙醇和异丙胺的混合物（OPA）、甲基硫代磷酸钠、六胺、二异丙基氨基乙基氯盐酸盐、二乙基氨基乙基氯盐酸盐和异丙醇。经技秘处核实已销毁的二元弹药合计为 785066 枚（件），其中有 415108 枚炮弹、另行宣布的 369958 个 DF 和 OPA 滤毒罐以及 306 个其他二元组分容器。

（b）第 2 类化学武器：经技秘处核实，已销毁了 1810.703 吨第 2 类化学武器，其中包括：CNS、硫二醇（TDG）、二氯乙醇（2-CE）、光气、硫化钠、氟化钠、氯苯乙酮（CN）、亚当氏剂（DM）、三氯氧磷、三氯化磷、五氯化磷、氟化氢、盐酸、单异丙胺、二异丙基氨基乙醇、亚硫酰氯、三乙胺、亚磷酸三甲酯、二甲酯、丁醇、甲醇、频哪基醇和三丁

---

① 对该数量使用了凑整规则。

胺以及 3847 枚炮弹。

（c）第 3 类化学武器：经技秘处核实已销毁了向禁化武组织宣布的 417833 件第 3 类化学武器。

执行理事会的代表进行的访问

3.10　在大会第十一届会议上，由于若干拥有缔约国的最后销毁期限被延长了，大会通过了一项关于由执理会的代表对运行中或在建中的化武销毁设施进行访问的决定（C-11/DEC/20，2006 年 12 月 8 日）。根据该决定，此种访问是一种手段，用以解决与一个缔约国关于在其延长的期限内履行销毁化学武器的义务的方案有关的问题或关切。

3.11　根据大会的上述决定，美利坚合众国邀请了执理会代表于 2021 年访问位于肯塔基州的布鲁格拉斯化学剂中试车间。由于受到新冠肺炎疫情的影响，该计划已被推迟到 2022 年。

阿拉伯叙利亚共和国

宣布

3.12　根据执理会第 EC-M-33/DEC.1 号决定（2013 年 9 月 27 日），向该缔约国提供了所有相关的资料。

销毁

3.13　经技秘处核实，已经销毁了所有已宣布的第 1 类和第 2 类化学武器和化武生产设施。

宣布评估组

3.14　2021 年，技秘处通过宣布评估组（以下简称宣评组）继续与阿拉伯叙利亚共和国保持了互动，以澄清在其初始宣布和提交的相关资料中发现的所有差异、数据出入和前后不一致。宣评组在报告期内进行了 1 轮磋商（2021 年 2 月），这使得从 2014 年 4 月到 2021 年 12 月 31 日之间的磋商总数达到了 24 轮。

3.15　通过这些磋商，技秘处获得了关于阿拉伯叙利亚共和国化学武器方案各方面更多的信息，其中包括此前未宣布的有关情况，例如：1

个额外的化武生产设施；4 个额外的化学武器研发设施；涉及 5 种此前未宣布的化武战剂的有关活动；大量此前未宣布的化学弹药；其他关于阿拉伯叙利亚共和国化学武器方案各领域的补充资料。

3.16 2021 年 4 月，针对宣评组于 2020 年 9 月在一个已宣布的化武生产设施收集到的样品的分析结论，技秘处通过宣评组提供了一个新问题。到本报告发布之日，技秘处得以对一共 4 个未解决问题予以结项（在 2020 年结项了 3 个），但还有 20 个问题尚待解决。

3.17 自 2021 年 4 月 30 日以来，技秘处一直与阿拉伯叙利亚共和国联系，以筹划宣评组与其国家主管部门在大马士革进行第二十五轮磋商。虽然技秘处做出了广泛的努力，但该部署在 2021 年未能实现。这一推迟最初是因为阿拉伯叙利亚共和国没有答复，后来是因为阿拉伯叙利亚共和国反复拒绝向宣评组的一名专家发放入境签证。

3.18 如先前报告的那样，2020 年 10 月，技秘处向阿拉伯叙利亚共和国介绍了对阿拉伯叙利亚共和国宣布的从未用作化学武器生产的 1 个化武生产设施的评估。通过对宣评组自 2014 年以来收集到的所有资料和其他材料（其中包括样品）进行了审查，结果表明该设施曾经进行过化武神经剂的生产和 / 或武器化。因此，技秘处请阿拉伯叙利亚共和国按照《公约》的相关条款，对在该受审查现场生产和 / 或武器化的化学剂的准确类型和数量做出宣布。阿拉伯叙利亚共和国在 2021 年没有提交这类宣布。

3.19 截至 2021 年 12 月 31 日，阿拉伯叙利亚共和国尚未按执理会第 EC-94/DEC.2 号决定（2020 年 7 月 9 日）第 5（a）和 5（b）分段的要求提交有关宣布。此外，阿拉伯叙利亚共和国未按第 EC-94/DEC.2 号决定第 5（c）分段的要求解决有关其化学武器库存和方案的初始宣布方面的问题。

3.20 应执理会的要求（EC-81/DEC.4，2016 年 3 月 23 日），总干事继续就关于叙利亚宣布及其相关提交资料中的所有未决问题做出报告。

2021 年，向执理会分发了 4 份这类报告（EC-96/HP/DG.1，2021 年 3 月 5 日；EC-97/HP/DG.1，2021 年 6 月 30 日；EC-98/DG.28，2021 年 9 月 30 日；及 EC-98/HP/DG.2，2021 年 9 月 30 日）。在 2021 年发布的最后一份报告（EC-98/HP/DG.2）中，总干事得出的结论一如关于此事的此前几份报告一样，即"根据《公约》、执理会第 EC-M-33/DEC.1 号决定、第 EC-94/DEC.2 号决定和联合国安全理事会第 2118（2013）号决议，技秘处经评估认为阿拉伯叙利亚共和国提交的宣布仍无法被视为准确或完整"。

美利坚合众国

宣布

3.21　2020 年，美利坚合众国提交了 4 份对其初始宣布的修订，其中 3 份载有关于把专门的空的圆顶储存容器从布鲁格拉斯化学活动化学武器储存设施转移到布鲁格拉斯设施的资料。有两份修订介绍了关于新发现的已回收的化学武器的有关资料。

销毁

3.22　根据大会第 C-16/DEC.11 号决定，美利坚合众国通过年度和 / 或定期报告的形式向执理会和大会通报了关于在 2012 年 4 月 29 日最后延长期限之后彻底销毁剩余化学武器方面取得的进展。2021 年，已按照上述决定的规定按时向技秘处提交了所有必需的报告①。在提交给大会的最新进度报告中，美利坚合众国向技秘处通报了截至 2021 年 10 月 31 日销毁剩余的化学武器库存进展情况，其中包括为加快位于两处现场的 3 个化武销毁设施的销毁进程和有关活动而采取的措施。在科罗拉多的普埃布洛，普埃布洛设施在 2021 年继续进行销毁作业。此外，在普埃布洛设施，3 个已安装的 1200 号静爆室正在进行系统化，并计划于 2022 年年初启动作业。在肯塔基州里士满，布鲁格拉斯设施的静爆室已于 2021 年 9 月完成了销毁作业，并作为一个独立的销毁设施而关停。

---

① EC-96/NAT.2（2021 年 2 月 19 日）；EC-97/NAT.4（2021 年 6 月 29 日）；EC-98/NAT.4（2021 年 9 月 14 日）；C-26/NAT.2（2021 年 11 月 11 日）。

布鲁格拉斯设施于 2021 年 5 月销毁完成了所有装填有神经剂的炮弹和一个容器，并启动了对装填有 VX 的火箭的销毁。2021 年，Veolia 处理、储存和处置设施、安妮斯顿静爆室、布鲁格拉斯军械库的指定圆顶容器以及布鲁格拉斯化学活动中心被纳入了布鲁格拉斯设施的非毗邻现场。在报告期内，该设施还继续安装了 1 个 2000 号静爆室，并开始了对前布鲁格拉斯设施静爆室的改装，以使其变成一个非毗邻的设施。

3.23 根据关于 2021 年 1 月 1 日至 12 月 31 日的化学武器销毁的年度报告，已经在下列设施中总共销毁了 433.976 吨的第 1 类化学武器：位于科罗拉多州的普埃布洛化学剂销毁中试车间；位于肯塔基州的布鲁格拉斯化学剂销毁中试车间和布鲁格拉斯化学剂销毁中试车间静态销毁室；位于特拉华州多佛空军基地的已回收化学武器销毁设施；位于阿肯色州派恩布拉夫军械库的回收化学武器销毁设施。

3.24 在 2022 年的化学武器销毁详细年度报告中，美利坚合众国向技秘处通报了以下情况：按照计划，将在各个已回收化学武器销毁设施、普埃布洛化学剂销毁中试车间和布鲁格拉斯化学剂销毁中试车间中销毁 510.230 吨[①]的 HD、VX、GB 和一种不明化学剂（第 1 类化学武器）。

3.25 除了上述情况外，美利坚合众国在 2021 年还提交了以下资料：

（a）关于销毁化学武器的年度报告（2020 年 1 月 1 日至 12 月 31 日）；

（b）对布鲁格拉斯设施的详细设施资料的修订，其中更新了布鲁格拉斯设施对火箭销毁流程的技术资料；

（c）布鲁格拉斯设施的详细设施资料的增补 1，其中增加了关于在 Veolia 处理、储存和处置设施销毁水解产物的技术资料；

（d）对议定的布鲁格拉斯设施的化学武器销毁的详细核查计划的修订（于 2021 年 5 月 10 日提交）；

（e）对布鲁格拉斯设施的设施协定的修订（于 2021 年 5 月 10 日提交）；

---

① 对该数量使用了凑整规则。

（f）关于在派恩布拉夫军械库的回收化学武器销毁设施中销毁 9 枚回收的化学武器的技术补编；

（g）对布鲁格拉斯设施的详细设施资料的增补 2，其中增加了关于在 Veolia 处理、储存和处置设施中销毁端盖的技术资料；

（h）对布鲁格拉斯设施的详细设施资料的增补 3，其中增加了关于在安尼斯顿军械库的静爆室中销毁火箭发动机的技术资料；

（i）对布鲁格拉斯设施的详细设施资料的修订和一份详细设施资料的补编，其中更新了关于布鲁格拉斯设施的技术资料；

（j）关于在特拉华州多佛空军基地的已回收化学武器销毁设施中销毁两枚回收的化学武器的技术补编；

（k）对布鲁格拉斯设施的议定的详细核查计划的修订（于 2021 年 9 月 13 日提交）；

（l）对布鲁格拉斯设施的设施协定的修订（于 2021 年 9 月 13 日提交）；

（m）一封信函，其中告知技秘处布鲁格拉斯设施的静爆室已完成了销毁作业并且该设施已关停；

（n）对布鲁格拉斯设施的详细设施资料的增补 1 的修订，其中更新了关于 Veolia 处理、储存和处置设施的技术资料；

（o）一封信函，其中提议于 2022 年 1 月 24 日至 28 日在华盛顿杜勒斯的入境点进行 2021 年的年度回收化学武器销毁审查。

3.26　截至 2021 年 12 月 31 日，经技秘处核实，美利坚合众国已销毁的或为《公约》不加禁止的目的取出的第 1 类化学武器达到了 27040.228 吨，占其宣布的此类库存总量的 97.37%。该缔约国此前已经完成了对其宣布的第 2 类化学武器（0.010 吨）和全部 81020 枚第 3 类化学武器的销毁。

3.27　2021 年，技秘处对在美利坚合众国的 433.976 吨第 1 类化学武器的销毁进行了核查。这包括：已在位于科罗拉多州的普埃布洛化学剂销毁中试车间中销毁的装填在 243743 枚弹药中的 329.053 吨 HD 硫芥子气；已经在位于肯塔基州里士满的布鲁格拉斯化学剂销毁中试车间静态引爆室中销毁的装填在 5501 枚弹药中的 29.206 吨 HD 硫芥子气；在位于肯塔基州里士满的布鲁格拉斯设施销毁的装填在 21806 枚弹药中的 75.674 吨 VX；在位于阿肯色州的派恩布拉夫军械库的回收化学武器销毁设施中销毁的装填在 9 枚弹药中的 0.041200 吨不明化学剂；及在位于特拉华州多佛空军基地的已回收化学武器销毁设施中被销毁的装填在两枚弹药中的 0.001220 吨不明化学剂。

3.28　此外，在进行销毁作业的同时，技秘处已核实了下列情况：在位于亚拉巴马州的安尼斯顿军械库的普埃布洛设施的非毗邻静态引爆室现场销毁了取出的高能组分；在位于得克萨斯州的阿瑟港的布鲁格拉斯设施的非毗邻的 Veolia 处理、储存和处置设施销毁了水解产物和端盖。

3.29　在报告期内，技秘处于 2021 年 4 月对布鲁格拉斯设施的主车间进行了一次查访，以熟悉改造后的火箭销毁流程。对布鲁格拉斯设施的设施协定和议定的详细核查计划做了相应的修订和修改，并得到了执理会第九十七届会议的批准。在 2021 年 8 月收到了布鲁格拉斯设施的详细设施资料的增补后（其中包含了关于在安尼斯顿军械库的静爆室销毁火箭发动机和在 Veolia 处理、储存和处置设施销毁端盖的详情），布鲁格拉斯设施的设施协定和议定的详细核查计划被再次修订，而且获得了执理会第九十八届会议的批准。此外，在进行采样与分析作业之前，技秘处为熟悉工作于 2021 年 5 月对布鲁格拉斯设施静爆室的芥子气制剂采样设施进行了一次查访。

3.30　美利坚合众国联邦政府已认定位于科罗拉多州普埃布洛和肯塔基州里士满的化武销毁设施属于关键基础设施，因此在新冠肺炎疫情期间继续开展销毁作业。美国与技秘处保持着密切合作和磋商，这确保在 2021 年全年在这两个现场进行的核查活动不受干扰。视察组根据技秘处的说明 [EC-94/S/1、EC-94/S/2、EC-94/S/3 和 EC-94/S/4（均为 2020 年 4 月 6 日）] 开展了核查活动，同时采取了措施以确保现场视察员和工作人员的健康和安全。2021 年 10 月，美国和技秘处重新评估了形势，并一致同意恢复这两个现场的正常核查安排。

4. 化武储存设施

2021 年，技秘处对美利坚合众国的两个化武储存设施开展了 4 次视察。至报告完成时，两个化武储存设施仍在接受系统性核查。

5. 优化在化武储存设施和化武销毁设施的核查活动

为响应大会第七届会议（C-7/5 第 13.7 和第 13.8 段，2002 年 10 月 11 日）和一审大会（RC-1/5 第 7.37 段，2003 年 5 月 9 日）的要求，技秘处在 2021 年继续寻找机会以优化其核查活动。

6. 化学武器生产设施

6.1　对于已向禁化武组织宣布的全部 97 处化武生产设施，经总干事核证，销毁或改装完成这些设施的情况如下：已核证销毁的为 74 处；已为《公约》不加禁止目的的改装的为 23 处。

6.2　2021 年，由于新冠肺炎疫情的影响或由于当地安全局势，技秘处没有对前化武生产设施进行视察。

7. 老化学武器和遗弃化学武器

7.1　在老化武方面，技秘处的核查工作包括对宣布有老化武弹药的缔约国所宣布的储存设施进行视察，以检查年度宣布或临时宣布以及其他通知所报告的任何变化（回收、销毁或重新列报）是否一致。

7.2　在遗弃化武方面，由于受到新冠肺炎疫情影响，2021 年规划的所有遗弃化武视察均已暂停。技秘处与中国和日本就遗弃化武事宜的最新进展保持着密切联系。2021 年 3 月 30 日和 11 月 18 日，技秘处、中国和日本之间通过线上模式进行了三方会晤。

7.3　2021 年，技秘处在 7 个缔约国进行了 7 次老化武视察。8 个缔约国宣布了发现的已确认或疑似老化武为 2949 枚，5 个缔约国报告了已销毁的老化武为 3727 枚。这些数据包括在 1925 年以前生产的和在 1925—1946 年生产的老化武。老化武的构成如下：1187 枚弹药被宣布为 1925 年以前生产；1762 枚弹药被宣布为 1925—1946 年生产；同时在已销毁的 3727 枚弹药中，1841 枚老化武为 1925 年以前生产，1866 枚老化武为 1925—1946 年生产①。

7.4　2021 年，已报告的新回收和 / 或经鉴定的日本于 1946 年以前生产并遗弃在中国境内的遗弃化武为 6131 枚，同时有 2332 枚遗弃化武已报告被销毁。日本遗弃在中国境内的化学武器应按照 2012 年 4 月 29 日的期限予以销毁（EC-46/DEC.4，2006 年 7 月 5 日）。根据执理会第 EC-67/DEC.6 号决定，日本遗弃在中国境内的化学武器的销毁在 2012 年 4 月 29 日后将按照 2016 年以后的销毁计划（EC-84/NAT.6）和《公约》的规定继续进行。由于新冠肺炎疫情的影响，自 2020 年 1 月 1 日以来，位于哈尔巴岭的遗弃化武销毁设施一直没有进行销毁作业。2021 年 5 月，哈尔巴岭的挖掘、回收和销毁作业已恢复。

宣布的库存

7.5　从《公约》生效至 2021 年 12 月 31 日，19 个缔约国宣布了其境内有老化武。其中，13 个缔约国宣布了 75174 枚在 1925—1946 年生产的老化武；11 个缔约国宣布了 75329 枚在 1925 年以前生产的老化武。根据《公约》有关条款，所有这些缔约国均已向技秘处提供了有关回收和销毁作业的资料以及有关为销毁或处置老化武而采取的步骤所必需的资料。

7.6　2021 年，以下国家向技秘处提交了与老化武有关的若干文件：澳大利亚、比利时、加拿大、爱沙尼亚、法国、德国、意大利、拉脱维亚、荷兰、波兰和大不列颠及北爱尔兰联合王国。

7.7　截至 2021 年 12 月 31 日，11 个缔约国（澳大利亚、比利时、

---

① 此处英文原文有误。英文原文节选："and out of 3,727 OCW items destroyed, 1,841 had been produced before 1925 and 1,866 had been produced between 1925 and 1946"。中文原文节选："同时在已销毁的 3727 枚弹药中，1841 枚老化武为 1925 年以前生产，1866 枚老化武为 1925 至 1946 年间生产。"

爱沙尼亚、法国、德国、意大利、拉脱维亚、荷兰、波兰、所罗门群岛和大不列颠及北爱尔兰联合王国）的境内仍有老化武或疑似老化武，且仍有大约 35200 枚老化武尚待销毁或予以另行处置。

7.8　截至 2021 年 12 月 31 日，两个缔约国宣布了其境内有确认的遗弃化武。尤其是发现了 89836 枚日本遗弃在中国境内的化学武器，同时报告已销毁的遗弃化武总数为 60033 枚。

8. 工业核查

8.1　至报告完成时，按照第六条核查制度在全球范围内宣布的设施共计为 5445 个，其中的 4936 个须接受系统核查。2021 年，技秘处对 30 个缔约国的 80 个设施和厂区的宣布的活动进行了核查。故此，在 2021 年共进行了 13 次附表 1 设施视察、22 次附表 2 厂区视察、7 次附表 3 厂区视察和 38 次其他化学生产设施厂区视察。截至 2021 年 12 月 31 日根据第六条宣布的设施见表 6。

表 6　截至 2021 年 12 月 31 日根据第六条宣布的设施

宣布的设施数 宣布了第六条设施的缔约国数					
制度	附表 1	附表 2	附表 3	其他化学生产设施	总计
宣布数	28	505	390	4522	5445
应宣布数	28	459	365	4521	5373
可视察数	28	209	337	4362	4936
缔约国数	24	37	36	80	83

8.2　2021 年，10 次第六条视察留下了需要进一步关注的一个或数个问题的记录，其中包括：两次附表 1 视察、5 次附表 2 视察和 3 次其他化学生产设施视察。在 2021 年进行的任何视察中均没有报告不确定性问题。另外，在"收集进一步资料"的项目下，记录了 47 项视察（3 次附表 1、16 次附表 2、5 次附表 3 和 23 次其他化学生产设施）意见（宣布事项通常算不上需要进一步关注的问题）。由于受到新冠肺炎疫情的影响，并且

计划的视察无法全部完成，因此难以将该数据与前几年的数据进行比较。

8.3　与2020年相比，2021年视察计划中的连续视察的数量有所增加。其中的部分原因是所选取的厂区的地理位置相近，同时也因为有关被视察缔约国接受了进行连续视察或长时间的工业视察任务。但是，新冠肺炎疫情影响使计划无法完成。

8.4　2021年，事后发现有3次其他化学生产设施视察和1次附表2视察是对不必视察的设施进行的。

附表化学品的转让

在2020年过去活动年度宣布中附表1化学品转让的情况

8.5　有11个缔约国在其2020年过去活动年度宣布中总计宣布了19次附表1化学品转让。在这些转让中，发送缔约国和接收缔约国对15次此种转让做了通知和宣布，同时有4次转让是发送缔约国和接受缔约国做了通知但只有1个缔约国对此做了宣布。对于这4次转让中缺失的两个宣布，供缔约国澄清的方式是提到了有关视察给出的关于这些转让是否应宣布的建议。2020年过去活动年度宣布中，总计宣布了1.446克附表1化学品的转让。

2020年过去活动年度宣布中在缔约国之间进行附表2和附表3化学品转让的情况

8.6　根据在2021年收到的2020年过去活动年度宣布，总计有59个缔约国在2020年转让了附表2化学品，其总交易量为大约12212吨。与此同时，在2020年转让了附表3化学品的缔约国为120个，其总交易量约为433258吨。

在2020年过去活动年度宣布中向非《公约》缔约国转让附表2和附表3化学品的情况

8.7　根据在2021年收到的2020年过去活动年度宣布，2020年没有关于向非缔约国转让附表2化学品的报告。10个缔约国向3个非缔约国出口了 4 种附表 3 化学品。

第六条视察制度的优化

8.8　2021 年全年，技秘处继续优化第六条视察制度的效力和效率。

8.9　视察组的规模与在 2020 年进行同类视察时相当。不过，技秘处将对视察组的规模继续进行评价和再评估，以确保效力和效率尽可能达到最佳水平。

8.10　2021 年全年，受到新冠肺炎疫情的影响，作为优化人力和物力资源利用并使已完成的视察数量最大化的一种方式，连续视察和长时间的工业视察任务是提高视察工作效率的重要工具。故如有更多缔约国同意在其境内进行连续视察，特别是那些每年接受大量第六条视察的缔约国，将会进一步节约资源。在此方面，2021 年有 14 个缔约国在其领土上接受了国内连续视察。由于新冠肺炎疫情带来的差旅限制，国家间连续视察尚不可行。在 2021 年规划进行的 62 次连续视察或长时间的工业视察任务中，只开展了 21 次：13 次连续视察在 9 个缔约国进行；5 次长时间的工业视察在 3 个缔约国进行；3 个"多合一"长时间的工业视察在 3 个缔约国进行。

8.11　2021 年进行连续视察的次数与 2020 年进行连续视察的次数相当。这还是由于受到新冠肺炎疫情的影响，导致无法完成全部的视察计划。历年连续视察次数见表 7。

表 7　历年连续视察次数

年份 / 年	2011	2012	2013	2014	2015	2016	2017	2018	2019	2020	2021
次数 / 次	47	48	57	51	59	54	58	57	62	19	22

8.12　历年没有附带取样和分析的视察次数见表 8。这使得迄今为止附带取样和分析的第六条视察的总数保持在 120 次。值得一提的是，受2021 年新冠肺炎疫情的影响，附带取样和分析的视察被暂停，减轻了国家主管部门和厂区工作人员的负担，并继续使视察组的规模尽可能小。

表 8　历年没有附带取样和分析的第六条视察次数

年份 / 年	2011	2012	2013	2014	2015	2016	2017	2018	2019	2020	2021
次数 / 次	8	9	8	9	11	11	10	9	6	1	0

8.13　经验证小组验证和执理会核准的分析数据一直不断地被纳入禁化武组织中央分析数据库（以下简称中央数据库）。执理会关于增列非附表化学品的衍生物的决定（EC-86/DEC.10，2017 年 10 月 13 日）是为改进中央数据库而采取的重要步骤。

对不必视察的第六条厂区的视察

8.14　2021 年，事后发现总共有 4 次第六条厂区视察是对不必视察的设施进行的，有 1 次为附表 2 厂区，3 次为其他化学生产设施厂区。该数字与早前几年记录的数目相当。近年来，技秘处已设法通过多种方式解决不必视察的问题，其中包括双边磋商和发出澄清请求、内部分析与核对、在为国家主管部门举办培训课程和研讨班时进行教育和外联。历年对可不接受视察的厂区进行的视察次数见表 9。表 9 显示了一段时间以来对可不接受视察的厂区的视察次数发生的变化。

表 9　历年对可不接受视察的厂区进行的视察次数

年份 / 年	2011	2012	2013	2014	2015	2016	2017	2018	2019	2020	2021
次数 / 次	6	5	7	8	7	4	9	5	3	2	4

技秘处对工业和其他第六条事宜磋商的协助

8.15　在 2021 年 2 月、7 月和 10 月举行了 3 次非正式磋商。缔约国就核查相关的议题开展了磋商，其中包括：

（a）2021 年规划的第六条视察；

（b）优化第六条核查；

（c）对《宣布手册》的更新；

（d）第六条视察——目前的积压和今后情况；

（e）其他化学生产设施厂区选取的实施情况；

（f）未视察过的其他化学生产设施厂区。

9. 与核查有关的其他活动

履约事宜

9.1 本节介绍了对技秘处有效行使核查职责的能力构成了挑战的事项。所罗列者并非全部内容。

拖欠初始宣布

进展和现状

9.2 截至 2021 年年底，193 个缔约国中已有 192 个提交了其完整的初始宣布。2021 年，技秘处仍没有从汤加（到期日：2003 年 7 月 28 日）收到其尚未提交的《公约》第三条和第六条规定的初始宣布。技秘处将继续与汤加就此进行合作，以促其提交拖欠的初始宣布。

拖欠或逾期提交年度宣布

9.3 为使技秘处有效地完成核查任务，极其重要的是缔约国继续及时提交过去活动年度宣布和预计活动年度宣布。如果资料已经过时，不仅会导致选错厂区，还会造成对不必视察的厂区进行视察的次数上升的风险，这两种情况都会损害视察资源的使用效率。不仅如此，逾期提交全国合计数据的缔约国可能会造成转让数据出入。

后续行动

9.4 2021 年，技秘处继续按缔约国需求提供技术援助，以确保及时提交宣布。

进展和现状

9.5 自 2007 年通过了关于及时提交第六条宣布的决定（EC-51/DEC.1，2007 年 11 月 27 日）以来，已定期请技秘处为执理会编写关于该决定执行情况的现状报告。技秘处在 2021 年提供了两份此类报告①。此外，在 2022 年发布了关于 2020 年过去活动年度宣布和截至 2021 年 12 月 31

---

① EC-96/DG.5*，2021 年 1 月 21 日；EC-97/DG.11，2021 年 6 月 15 日。

日的 2022 年预计活动年度宣布的现状报告（EC-99/DG.6，2022 年 1 月 27 日）。

9.6 总的来说，有 88 个拥有应宣布设施或活动的缔约国提交了 2020 年过去活动年度宣布。其中，66 个缔约国按 2021 年 3 月 31 日这一时限至少提交了一部分规定的宣布，而 22 个缔约国在期限过后提交了其 2020 年过去活动年度宣布。

9.7 2021 年，有 43 个拥有应宣布设施或活动的缔约国提交了 2022 年预计活动年度宣布，其中 39 个在截止日期前做了提交。对于 2022 年附表 1 化学品和设施的预计活动年度宣布，24 个有关缔约国中的 23 个遵守了截止日期（2021 年 10 月 2 日）；对于 2022 年附表 2 和附表 3 化学品和设施的预计活动年度宣布，39 个有关缔约国中的 35 个遵守了截止日期（2021 年 11 月 1 日）。

9.8 按照总干事的说明（EC-53/DG.11，2008 年 6 月 17 日），技秘处继续通过双边会议、讲习班上的演示介绍以及年度核对函等渠道和手段，向缔约国强调有必要审查其应宣布的其他化学生产设施清单。因此，截至 2021 年 12 月 31 日，在 80 个有关缔约国中，77 个（96.3%）在其 2020 年过去活动年度宣布中全面更新了其他化学生产设施清单，其结果是在 4521 个应宣布的其他化学生产设施，有 4518 个得到了更新（99.9%）。

更新用于鉴定附表化学品的禁化武组织工具

9.9 对《化学品手册》进行定期更新和修订，以收录缔约国宣布的任何新的附表化学品，同时补充有关标识物 [例如化学文摘社登记号（CASRNs）和分配给附表化学品的协调代码] 出现的任何变化。《化学品手册》2020 年版取代了 2019 年版，并包含以下内容：各缔约国从 1997 年到 2021 年年底宣布的 2143 种附表化学品，其中包括 60 种新增到《公约》的《化学品附件》的附表 1 化学品和各缔约国从 2020 年到 2021 年年底宣布的化学品；根据协调代码命名法 2022 版而对部分协调代码进行的修改；对部分化学品名称的编辑修改；在可能的情况下，对部分禁化武组织的符号做了修改，其中包括将禁化武组织用于部分附表化学品的符号替换为其相应的化学文摘社登记号。2021 年，还更新了"最常交易的附表化学品"手册。其 2022 年版取代了此前的版本，并包含了于 2022 年 1 月 1 日生效的更新后的协调代码。该手册包含了此前的协调代码 2017 年版和目前协调代码 2022 年版之间的关联。

关于附表 2 和附表 3 化学品的转让数据出入

9.10　虽然技秘处采取了后续行动，但根据 2020 年过去活动年度宣布，仍然有相当多的附表 2 和附表 3 转让数据出入问题①，这与 2019 年度的情况相同。尤其是在缔约国之间的附表 2 和附表 3 化学品转让总次数（823 起）中，有 74%（613 起）的超过阈值的转让量存在转让数据出入。2020 年的过去活动年度宣布显示：上述 613 起附表 2 和附表 3 化学品的转让数据出入涉及 94 个缔约国。在这 613 起转让数据出入中，171 起涉及附表 2 化学品，442 起涉及附表 3 化学品。

规定的宣布的现状

控暴剂

9.11　按照以往年度采取的做法，技秘处利用一切机会，例如双边磋商、后续函件、澄清请求和核对函，向缔约国强调更新其有关控暴剂的宣布的必要性。宣布了拥有控暴剂的缔约国数量（按制剂类型显示）如图 2 所示。

---

① 当进口缔约国和出口缔约国各自宣布的附表 2 或附表 3 化学品转让数量之间的差异超过了《核查附件》第七部分第 3 款或第八部分第 3 款为该化学品规定的相关阈值时，就会产生转让数据出入。

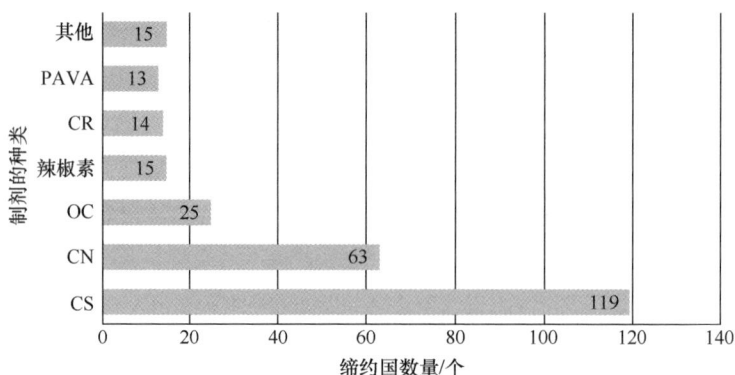

图 2　宣布了拥有控暴剂的缔约国数量（按制剂类型显示）

宣布的处理

对宣布的澄清

9.12　在第 EC-36/DEC.7 号决定（2004 年 3 月 26 日）中，执理会促请缔约国对澄清请求从速做出反应，并制定了应在发出此种请求后 90 天内做出反应的时限，同时还建议如若无法判定某设施是否为可视察设施，技秘处应采取后续行动。

9.13　2021 年，技秘处未就设施的可视察与否发出任何澄清请求。在本报告期内，发现了少量与可视察性相关的问题，但这些问题的每一种情况都通过在技秘处和所涉缔约国之间的商谈而迅速解决，因而无须发出澄清请求。至本报告完成时，没有任何此种未解决的问题。

宣布的处理

9.14　2021 年，技秘处收到了缔约国提交的 806 份文件（纸质和电子版），共计 7470 页。这些包括：100 项 2020 年过去活动年度宣布、51 项 2022 年预计活动年度宣布以及其他与核查有关的文件。总共有 354 份文件为非机密级（43.92%），其共计为 2779 页（37.20%）。但是，接收的纸面文件大部分是带密级的资料：162 份文件（950 页）为"禁化武组织高度保护级"；140 份文件（2649 页）为"禁化武组织保护级"；150 份文件（1092 页）为"禁化武组织限制级"。换言之，收到的 56%

的文件（2020 年为 61%）和 62% 的页数（2020 年为 81%）是带密级的。技秘处继续确保所有文件的处理均严格按照禁化武组织的保密制度。同时，技秘处鼓励缔约国审慎评估其文件的密级，以尽可能地减少带密级的文件数量。

电子宣布

9.15　有 54 个缔约国完全以或另外又以电子格式提交了 2020 年过去活动年度宣布（与 2019 年相同）。共有 35 个缔约国以电子格式提交了 2022 年预计活动年度宣布（2019 年为 33 个缔约国）。

9.16　在缔约国使用电子宣布信息系统提交其电子宣布时，技秘处继续向缔约国提供了支持。技秘处举办了关于电子宣布的课程，以作为国际合作和援助司的能力建设活动的一部分。在 2021 年举办了更多的双边支持会议，以协助国家主管部门使用电子宣布信息系统。

9.17　2021 年 9 月，技秘处发布了电子宣布信息系统的第二版。这一版包含了对第三条的进一步电子化，并引入了对老化武的宣布和报告。2021 年 12 月，发布了电子宣布信息系统的一个小补丁（2.1 版），其中包含一般性的系统改进。

9.18　资料安全交换系统提供了一个安全的电子交换渠道，可用以在缔约国与技秘处之间交换电子宣布和其他资料，包括机密级的此种宣布和资料。2021 年，缔约国使用资料安全交换系统有所增加。截至 2021 年 12 月 31 日，共有来自 61 个缔约国的 117 名用户注册了资料安全交换系统并积极使用该系统（相比而言，2020 年有来自 60 个缔约国的 102 名用户）。该系统的主要好处之一是使国家主管部门能够开展关于其宣布的工作，一直到截止日期之前的几天，而不用考虑将涉密信息提交给技秘处所需要的时间（如通过外交邮袋）。

缔约国执行关于含附表 2A 和 2A* 化学品的混合物低浓度阈值的 2009 年大会决定的情况

9.19　大会第十四届会议批准了有关含附表 2A 和 2A* 化学品的混

合物的低浓度阈值的准则的决定（C-14/DEC.4，2009 年 12 月 2 日）。这项决定要求缔约国按实际可能尽快执行准则。

9.20　该决定要求技秘处最迟从 2012 年 1 月 1 日起报告缔约国执行该决定的进展情况。为收集用于编写该报告的资料，总共进行了 11 次调查：2011 年（S/948/2011，2011 年 7 月 6 日）；2012 年（S/1040/2012，2012 年 9 月 18 日）、2013 年（S/1125/2013，2013 年 9 月 17 日）、2014 年（S/1213/2014，2014 年 9 月 12 日）；2015 年（S/1310/2015，2015 年 9 月 15 日）；2016 年（S/1420/2016，2016 年 9 月 13 日）；2017 年（S/1531/2017，2017 年 9 月 4 日）；2018 年（S/1668/2018，2018 年 9 月 3 日）；2019 年（S/1790/2019，2019 年 8 月 30 日）；2020 年（S/1894/2020，2020 年 9 月 2 日）；2021 年（S/1982/2021，2021 年 8 月 12 日）。

9.21　截至 2021 年 12 月 31 日，对 11 次调查回复的总体情况显示：在 193 个缔约国中，有 63 个至少对 11 次调查中的 1 次做了回复。在这 63 个缔约国中，有 45 个已执行该决定，而其余 18 个尚未执行。

10. 对核查活动的技术支持

为核查目的进行的采样和分析

10.1　2021 年的视察任务没有附带取样和分析活动。尽管如此，禁化武组织实验室在 2021 年随时处于常备状态，以便向分析化学师视察员提供协助和支持，其中包括备齐模拟工序流所需的化学品，同时提供关于结果分析方法的咨询。

禁化武组织正式效能水平测试

10.2　禁化武组织每年为希望参加禁化武组织分析实验室网络的机构举办效能水平测试。2021 年禁化武组织效能水平测试概览见表 10。在本审查年期间，禁化武组织完成了第 48 次禁化武组织关于环境分析的正式效能水平测试，并进行了第 49 次测试，同时开始了第 50 次测试。此外，还进行了第 6 次生物医学正式效能水平测试。表 10 介绍了这几次测试的详情。

表 10　2021 年禁化武组织效能水平测试概览

测试名	第 48 次 效能水平测试	第 49 次 效能水平测试	第 50 次 效能水平测试	第 6 次 生物医学 效能水平测试
样品制备	禁化武组织实验室	新加坡 DSO 国立实验中心国防医学和环境研究所核查实验室	禁化武组织实验室	俄罗斯联邦卫生、职业病理和人类生态研究所化学分析控制和生物测试实验室
成绩评定	军事医学科学院毒物药物研究所毒物分析实验室	芬兰《禁止化学武器公约》核查研究所	法国军备总署核生化辐控制化学分析室	分析化学实验室
报名数^①	24*	15**	22	25***
成绩	19 项 A 2 项 B 1 项 C 0 项 D 0 项 F 1 个试参与人员	5 项 A 3 项 B 1 项 C 3 项 D 1 项 F 1 个试参与人员	在 2022 年公布	15 项 A 3 项 B 1 项 C 0 项 D 0 项 F 4 个试参与人员

注：*　一个已被提名的实验室在样品派发后退出了测试。

＊＊一个已被提名的实验室在样品派发前退出了测试。

＊＊＊两个已被提名的实验室退出了测试。

10.3　至报告完成时，共有 21 个缔约国的 24 所实验室（其中 3 所实验室被暂时中止了指定资格，无法从禁化武组织获得真实样本）被指定进行环境样品分析；14 个缔约国的 20 所实验室被指定进行生物医学样品分析（其中 1 所实验室被暂时中止了指定资格，无法从禁化武组织获得真实样本）。本报告的附件 2 列出了截至 2021 年 12 月 31 日每个指定实验室的情况。

禁化武组织中央分析数据库

10.4　验证小组在 2021 年召开了两次会议，并从技术上核准了 64 套新分析数据集。对从 2020 年验证小组会议中获得的数据进行了处理，

---

① 包括进行样品制备／评估的实验室。

然后将其提交执理会核准。

10.5　2021 年，执理会批准的总计 274 项新的分析数据集（其中包括大会第二十四届会议通过的 18 项[①]新增附表化学品）已被纳入了新版的中央数据库（第 23 版）。这些数据已得到内部监察办公室（以下简称监察办）认证，并于 2021 年 6 月向各缔约国发布。

10.6　禁化武组织中央数据库的内容见表 11。

表 11　禁化武组织中央数据库的内容

中央数据库的分析数据量（前 5 个版本）					
	第 19 版	第 20 版	第 21 版	第 22 版	第 23 版
质谱	5672	6070	6117	6187	6217
红外分光	999	1015	1033	1033	1052
核磁共振光谱	1391	1391	1392	1396	1396
气相色谱（保留值）	4875	5245	5292	5357	5417
串联质谱仪	—	—	—	138	303
中央数据库的化学品种类[②]					
MS	4223	4566	4602	4647	4673
IR	745	756	775	775	794
NMR	298	298	299	300	300
GC(RI)	4089	4439	4482	4543	4588
MS/MS	—	—	—	38	68

禁化武组织实验室的资质认可

10.7　2021 年，监察办对禁化武组织实验室的 3 个已获认证的活动领域进行了两次内部审计，从而确认实验室遵循了国际标准化组织的 ISO 17025 和 ISO 17043 标准。

10.8　2021 年 8 月，荷兰资质认可理事会（Raadvoor Accreditatie，RvA）进行了 1 次外部审计，确认实验室遵循了 ISO 17025 和 ISO 17043 标准。

---

① 附表 1.A.13、1.A.14 和 1.A.15。
② 中央数据库中独立化学品的数量。

多功能培训设施

10.9　新冠肺炎疫情严重影响了 2021 年的培训。所幸的是禁化武组织实验室的诸多培训活动得以实现了电子化，并向全球 30 多名代表进行了在线培训。在 2021 年还举办了 T 组视察员的入职培训，其中包括：分析仪器的使用；取样和分析；安全课程。

附件 2

禁化武组织的指定实验室[①]

序号	缔约国	实验室名称	获指定日期
1	澳大利亚	国防科技集团	2021 年 3 月 25 日
2	比利时	比利时国防实验室	2004 年 5 月 12 日
3	巴西	陆军技术中心化学分析实验室（CTEx）	2021 年 8 月 31 日
4	中国	防化研究院分析化学实验室	1998 年 11 月 17 日
5	中国	军事医学科学院毒物药物研究所毒物分析实验室	2007 年 9 月 14 日
6	芬兰	芬兰《禁止化学武器公约》核查研究所	2017 年 3 月 29 日
7	法国	军备总署核生化辐控制化学分析室 *	1999 年 6 月 29 日
8	德国	防护技术和核生化防护军事研究所	1999 年 6 月 29 日
9	印度	防务研究和发展机构 VERTOX 实验室	2006 年 4 月 18 日
10	伊朗伊斯兰共和国	防化研究实验室	2011 年 8 月 3 日
11	荷兰	TNO 防务、安保和安全实验室	1998 年 11 月 17 日
12	挪威	挪威防护研究机构（FFI）化学威胁剂分析实验室	2021 年 3 月 25 日
13	巴基斯坦	国防科技组织分析实验室	2018 年 4 月 18 日
14	大韩民国	防务发展署生化部化学分析实验室	2011 年 8 月 3 日
15	罗马尼亚	CBRN 国防和生态科学研究中心，化学分析与特殊合成实验室	2018 年 4 月 18 日
16	俄罗斯联邦	军事研究中心化学和分析控制实验室	2000 年 8 月 4 日
17	俄罗斯联邦	"有机化学和技术国立科学研究所" 联邦国立单一企业中央化学武器销毁分析实验室 *	2015 年 4 月 15 日
18	新加坡	DSO 国立实验中心国防医学和环境研究所核查实验室	2003 年 4 月 14 日
19	西班牙	"La Marañosa" 技术研究所化学武器核查实验室 *	2004 年 9 月 8 日

---

① 实验室名称旁边的星号（*）是指基于最近一次禁化武组织正式效能水平测试中的表现原因，至报告完成时其禁化武组织指定实验室的地位仍被暂时中止。在这些实验室在今后的禁化武组织效能水平测试中成绩及格之前，将不考虑让它们接受现场外分析样品。

序号	缔约国	实验室名称	获指定日期
20	瑞典	瑞典国防研究院生化辐核防卫安全部，FOI	1998 年 11 月 17 日
21	瑞士	瑞士核生化防务所施皮茨实验室	1998 年 11 月 17 日
22	大不列颠及北爱尔兰联合王国	波顿达恩国防科技实验室	1999 年 6 月 29 日
23	美利坚合众国	美国陆军作战能力开发指挥所（DEVCOMshe 生化中心）— 取证分析实验室	1998 年 11 月 17 日
24	美利坚合众国	劳伦斯·利弗莫尔国立实验室	2003 年 4 月 14 日

禁化武组织的指定实验室名单（生物医学分析）

序号	缔约国	实验室名称	获指定日期
1	澳大利亚	国防科技集团	2016 年 8 月 1 日
2	中国	防化研究院分析化学实验室	2016 年 8 月 1 日
3	中国	军事医学科学院毒物药物研究所毒物分析实验室	2016 年 8 月 1 日
4	芬兰	芬兰《禁止化学武器公约》核查研究所	2016 年 8 月 1 日
5	法国	军备总署核生化辐控制化学分析室	2016 年 8 月 1 日
6	德国	药物学和毒理学军事研究所	2016 年 8 月 1 日
7	印度	防务研究和发展机构 VERTOX 实验室	2016 年 8 月 1 日
8	伊朗伊斯兰共和国	防化研究实验室	2021 年 8 月 31 日
9	荷兰	TNO 防务、安保和安全实验室	2016 年 8 月 1 日
10	大韩民国	大韩民国化生放指挥所化生放核研究中心	2020 年 12 月 2 日
11	大韩民国	防务发展署生化局化学分析实验室	2021 年 8 月 31 日
12	俄罗斯联邦	军事研究中心化学和分析控制实验室	2016 年 8 月 1 日
13	俄罗斯联邦	卫生、职业病理和人类生态研究所(RIHOPHE)化学分析控制和生物测试实验室	2016 年 8 月 1 日
14	新加坡	DSO 国立实验中心国防医学和环境研究所核查实验室	2016 年 8 月 1 日
15	瑞典	瑞典国防研究院生化辐核防卫安全部，FOI	2016 年 8 月 1 日
16	大不列颠及北爱尔兰联合王国	波顿达恩国防科技实验室	2016 年 8 月 1 日
17	美利坚合众国	疾病控制和预防中心	2017 年 7 月 11 日

续表

序号	缔约国	实验室名称	获指定日期
18	美利坚合众国	美国陆军作战能力开发指挥所（DEVCOMshe生化中心）—取证分析实验室	2016 年 8 月 1 日
19	美利坚合众国	劳伦斯·利弗莫尔国立实验室	2016 年 8 月 1 日
20	美利坚合众国	美国陆军化学防护医学研究所 *	2019 年 7 月 26 日

注：* 至本报告完成时，鉴于该实验室在最近一次禁化武组织的效能水平测试中的表现，其依然被暂停资格。将不会考虑利用该实验室来接收采集的样品以进行现场外分析，直至其在今后的禁化武组织效能水平测试中有令人满意的表现。

2021 年《关于禁止发展、生产、储存和使用化学武器及销毁此种武器的公约》的履行状况草案（节选）①
（EC-100/2 2022 年 7 月 6 日）

导言

1. 2021 年期间，虽然仍因新冠肺炎疫情而实行了有关限制，但禁化武组织继续在以下工作领域取得了进展：处理有关使用化学武器的事件；销毁剩余的已宣布的库存化学武器；进行并加强工业核查；进行国际合作和援助；应对化学恐怖主义构成的挑战；拓展和维持禁化武组织在教育和外联方面的工作。

2. 关于已宣布化学武器在 2021 年间的销毁进展，经技术秘书处（以下简称技秘处）核实，已经销毁了 433.976 吨第 1 类化学武器。

3. 在自《禁止化学武器公约》（以下简称《公约》）生效至 2021 年 12 月 31 日，经技秘处核实已销毁了 69764.036 吨②宣布的第 1 类化学武器，占宣布总量的 98.97%。剩下的拥有尚待销毁的已宣布化学武器的缔约国（美利坚合众国）继续按照其设定的 2023 年 9 月 30 日这一预定日期进行其剩余库存化学武器的销毁。

4. 中国和日本就日本遗弃在中国领土上的化学武器的销毁、挖掘和回收问题继续进行了双边合作。由于新冠肺炎疫情实行了有关限制，在 2021 年仍然暂停了所有关于遗弃化学武器（以下简称遗弃化武）的视察。虽然全部设施于 2020 年均暂停了销毁作业，但哈尔巴岭设施的销毁作业则已于 2021 年 5 月恢复。经与有关缔约国协商，在确保视察员和缔约国现场工作人员的健康和安全的同时，技秘处对老化学武器（以下简

---

① 本报告于 2022 年 7 月禁化武组织第 100 届执行理事会上审议通过。

② 该数目包括根据《公约》的《核查附件》（以下简称《核查附件》）第六部分第 2 款（d）项取出用于《公约》不加禁止的目的的 2.913 吨附表 1 化学品。

称老化武）进行了 7 次视察。

5. 2021 年，禁化武组织进行了 80 次工业设施视察。第六条视察次数减少，由于新冠肺炎疫情而实行的相关限制带来了严峻的挑战。在2021 年进行的任何第六条视察期间，均没有进行采样和分析活动。

6. 技秘处发布了第二版的电子宣布信息系统。

7. 继续进行了以下工作：澄清阿拉伯叙利亚共和国的初始宣布；处理在该国发生的把化学品用作武器的事件。技秘处的工作主要集中在落实以下两项决定：缔约国大会（以下简称大会）第四届特别会议通过的决定（C-SS-4/DEC.3，2018 年 6 月 27 日），其中包括根据上述决定成立的调查和鉴定组（以下简称调鉴组）的行动；大会第二十五届会议通过的有关决定（C-25/DEC.9，2021 年 4 月 21 日）。以执行理事会（以下简称执理会）的相关决定和联合国安全理事会的有关决议为指南，禁化武组织派往叙利亚的事实调查组在 2020 年继续开展活动。宣布评估组（以下简称宣评组）的工作在 2021 年全年继续进行，以期解决在阿拉伯叙利亚共和国提交的初始宣布和其他相关资料中发现的但尚未解决的问题。

8. 在计划的时间安排和预算框架内，禁化武组织化学和技术中心（以下简称化技中心）的建设项目取得了重大进展。2021 年，颁发了不可撤销的施工许可证，并完成了与施工相关的投标，同时启动了现场的建设。

9. 2021 年，技秘处继续实施了旨在协助缔约国履行《公约》的能力建设方案。技秘处为来自各个地区组的 156 个缔约国的 4162 名专家举办了 83 项活动。

10. 全面而有效地履行《公约》仍然是禁化武组织为全球反恐努力做贡献的基石。执理会的不限成员名额反恐工作组审查了以下方面的工作：旨在支持化学安全的各项能力建设活动；缔约国有关打击化学恐怖主义的立法和管治框架的强化；与各国际组织的合作。若干能力建设倡议已聚焦于与打击化学恐怖主义相关的领域，例如立法和化学安全。

11. 禁化武组织的 3 个咨询机构，即科学咨询委员会（以下简称科咨委）、行政和财务问题咨询机构（以下简称行财咨询机构）以及教育和外联咨询委员会（以下简称教联咨委会）继续根据各自的授权向禁化武组织提供咨询意见。

12. 公众对禁化武组织工作的兴趣仍然高涨。2021 年，禁化武组织的各社交媒体平台的平均增长率为 10%，而禁化武组织网站的访问量约达 469000 个用户，比 2020 年增长了 22%。虽然仍然暂停了对人员实地到访的接待，但技秘处继续与时俱进地部署了多种数字化外联工具。

13. 2021 年，《公约》的缔约国数量保持在 193 个。在《公约》的普适性行动计划框架内，技秘处在这一年中继续主动接触了剩余的非缔约国。

1. 核查

1.1 在 2021 年完成的视察见表 1。禁化武组织在 2021 年进行了 120 次视察，而其中的 33% 为化学武器方面的视察。2021 年，与非例行任务相关的行动又占了 1366 个视察员日。

表 1 在 2021 年完成的视察

设施种类	与化学武器相关的视察		视察员日数
	视察次数	被视察设施或现场数	
化武销毁设施[①]	29	3[②]	4064
化武储存设施[③]	4	2	78
化武生产设施[④]	0	0	0
老化武	7	7	70
遗弃化武[⑤]	0	0	0
非例行任务	不适用		1366
小计	**40**	**12**	**5578**

---

① 译者注：对中文不适用。
② 全部在美利坚合众国。
③ 译者注：对中文不适用。
④ 译者注：对中文不适用。
⑤ 这包括遗弃化武储存和销毁设施。

续表

设施种类	与化学武器相关的视察		视察员日数
	视察次数	被视察设施或现场数	
第六条视察			
附表 2	22	22	363
附表 3	7	7	64
其他化学生产设施①	38	38	357
小计	**80**	**80**	**1060**
总计	**120**	**92**	**6638**

1.2 截至 2021 年 12 月 31 日，8 个缔约国（某缔约国②、阿尔巴尼亚、印度、伊拉克、利比亚、俄罗斯联邦、阿拉伯叙利亚共和国和美利坚合众国）宣布的化学武器合计为：72304.34 吨③第 1 和第 2 类化学武器；41783 枚第 3 类化学武器。本报告的附件 3 提供了更多有关资料。

1.3 在老化武和遗弃化武方面继续取得了进展。宣布了拥有老化武的缔约国继续努力以安全而有效的方式销毁这类武器。根据执理会第六十七届会议通过的决定（EC-67/DEC.6，2012 年 2 月 15 日），中国和日本继续在遗弃化武及其销毁方面进行了合作。此外，2021 年，中国和日本继续合作执行了其向执理会第八十四届会议联合提交的"2016 年以后中华人民共和国境内日本遗弃化学武器销毁计划"（EC-84/NAT.6，2017 年 3 月 2 日），其中包含关于销毁设施的最新资料以及销毁的时间安排。

化学武器的销毁

1.4 在报告期内，4 个位于美利坚合众国的化武销毁设施进行了第 1 类化学武器的销毁④（见附件 2）。通过视察员的驻扎，利用监测和专用录像设备以及查看有关的文献资料，技秘处在 2021 年核实了 433.976 吨

---

① 译者注：对中文不适用。
② 由于有关缔约国要求将其国名视为高度保护级资料，故为了本报告的目的，在下文中将其称为"某缔约国"。
③ 该总量不包括俄罗斯联邦宣布的黏稠剂或伊拉克宣布的残留化学武器的质量。
④ 不算老化武或遗弃化武（见附件 2），该数目包括根据《核查附件》第六部分第 2 款（d）项取出用于《公约》不加禁止的目的的 2.913 吨附表 1 化学品。

第 1 类化学武器的销毁。

1.5　在上述 4 个化武销毁设施中，其中之一为布鲁格拉斯化学剂销毁中试车间，而该车间的静态燃爆室于 2021 年 9 月完成了对射弹和装填了芥子气的容器的销毁，然后作为一个单独的化武销毁设施而关停。该化武销毁设施一共销毁了 82269 吨芥子气。对该设施进行改装，以使其成为布鲁格拉斯化学剂销毁中试车间的一个非毗邻部分。

1.6　如附件 3 所示，从《公约》生效到 2021 年 12 月 31 日，技秘处核实了 69764.036 吨[①]第 1 类已宣布化学武器的销毁，占其总量的 98.97%；1810.703 吨第 2 类已宣布化学武器的销毁，占其总量的 100%；417833 枚第 3 类已宣布化学武器的销毁，占其总量的 100%。

1.7　2021 年，技秘处核实了 433.976 吨在美利坚合众国的化学武器的销毁。至报告完成时，美利坚合众国是唯一还有尚未销毁完的已宣布化学武器的拥有缔约国。截至 2021 年 12 月 31 日，经技秘处核实，在美利坚合众国宣布的第 1 类化学武器中，已共计销毁了 27040.228 吨，占已宣布库存量的 97.37%。此前，美国全部第 2 类和第 3 类化学武器均经核查已全部销毁。

1.8　经技秘处核实，从普埃布洛化学剂销毁中试车间（以下简称普埃布洛设施）在位于亚拉巴马州安尼斯顿军械库的非毗邻静态引爆室（以下简称静爆室）现场销毁了已拆除的热能组分；在位于得克萨斯州阿瑟港的非毗邻的 Veolia 处理、储存和处置设施中销毁了来自布鲁格拉斯化学剂销毁中试车间（以下简称布鲁格拉斯设施）的水解产物。布鲁格拉斯设施还开始把在销毁火箭弹期间拆下的火箭弹发动机运到在安尼斯顿的静爆室。

1.9　美利坚合众国在其 2022 年销毁化学武器的详细年度计划中告知技秘处：计划销毁 510.230 吨[②]的第 1 类化学剂。

---

① 该数目包括根据《核查附件》第六部分第 2 款 (d) 项取出用于《公约》不加禁止的目的的 2.913 吨附表 1 化学品。
② 该数字运用了四舍五入规则。

化学武器储存设施

1.13 2021 年，技秘处对美利坚合众国的两个化武储存设施进行了4 次视察。由于受到新冠肺炎疫情的影响，在这 4 次视察中，有两次是由部署在并置的化武销毁设施处的视察小组进行的，仍有两个化武储存设施须接受系统核查。

化学武器生产设施

1.14 截至 2021 年 12 月 31 日，总干事已对下列设施颁发了有关认证证书：由 14 个缔约国向禁化武组织宣布的全部 97 个化武生产设施已销毁或已改装用于《公约》不加禁止的目的（74 个被认证为已销毁；23个被认证为已改装）。

1.15 2021 年，由于受到新冠肺炎疫情的影响，或者由于当地的安全状况所致，没有对任何前化武生产设施进行视察。

遗弃化学武器

1.16 自《公约》生效以来，有 3 个缔约国报告了其领土上有遗弃化武。 个缔约国（日本）报告了其在另一缔约国（中国）的领土上的遗弃化武。2021 年 5 月，在中国的哈尔巴岭设施中恢复了所有遗弃化武的销毁作业和相关活动（例如各项挖掘和回收）。

1.17 技秘处继续以线上形式与中日两国就遗弃化武进行互动。据技秘处获悉，哈尔巴岭遗弃化武销毁设施的各个建设项目已在 2021 年顺利推进，而且日本已经开始在现场安装销毁设备。

1.18 截至 2021 年 12 月 31 日，一共向技秘处宣布了 89838 枚遗弃化武。其中，已经报告共有 60035 枚被销毁。

老化学武器

1.19 截至 2021 年 12 月 31 日，有 19 个缔约国宣布了 150500 多枚老化武，这些老化武或生产于 1925 年以前，或生产于 1925 年至1946 年。据报告，其中的大约 76% 已被销毁。2021 年，技秘处在以下缔约国进行了 7 次老化武视察：比利时、法国、德国、意大利、拉脱维亚、荷兰和大不列颠及北爱尔兰联合王国。

质疑性视察和指称使用调查

1.20 2021 年，没有收到有关《公约》规定的质疑性视察或指称使用调查的请求。技秘处将其工作重点放在了加强进行指称使用调查的常备状态上。技秘处就此事开办了两期远程讲习班，共有 93 名学员参加，其中包括 75 名视察员。

禁化武组织派往叙利亚的事实调查组

1.21 在一份说明（S/2014/2021，2021 年 12 月 30 日）中，技秘处对事实调查组在 2021 年开展的最新活动情况做了概述。

1.22 尽管受到新冠肺炎疫情的影响，但事实调查组在 2021 年就已多次部署，以便收集相关事实。事实调查组还继续分析了从阿拉伯叙利亚共和国、其他缔约国以及相关利益攸关方处获得的所有信息。技秘处始终做好了进一步部署的准备，同时适当考虑到适用的新冠肺炎疫情限令和当前的安全局势。

1.23 依据缔约国大会第 C-SS-4/DEC.3 号决定所指的"禁化武组织派往叙利亚的事实调查组确认或已确认的有关曾经使用或很可能使用过的事件；禁化武组织—联合国联合调查机制尚未就其发布报告的事件"，事实调查组一直定期向调鉴组移交材料。

1.24 鉴于事实调查组已于 2020 年 7 月完成了向以下机构移交事实调查组的材料的试点工作：为协助调查和起诉应对自 2011 年 3 月以来在阿拉伯叙利亚共和国犯下的国际法所规定的最严重罪行负责的人而设立的国际公正和独立机制（IIIM），同时，根据 C-SS-4/DEC.3 第 12 段以及禁化武组织与 IIIM 之间关于提供资料和证据的获取、储存和处理的谅解备忘录，事实调查组已继续准备向 IIIM 做进一步的资料移交。

叙利亚科学研究中心

1.31 根据执理会第 EC-83/DEC.5 号决定（2016 年 11 月 11 日）第 11 段，技秘处将"对叙利亚科学研究中心的巴尔扎赫设施每年进行两次视察，并对叙利亚科学研究中心（以下简称叙利亚科研中心）的贾姆拉亚赫设施每年进行两次视察，且这些视察应附带取样和分析；进行视察时应充分和不受限制地察看上述设施内的所有建筑物以及这些建筑物中的全部房间；且进行视察的日期将由技秘处确定"。

1.32 技秘处曾计划于 2021 在叙利亚科研中心进行两轮视察。然而，新冠肺炎疫情以及宣布评估组的部署的拖延均严重影响了这些视察的规划和进行。2021 年 12 月，技秘处对叙利亚科研中心的巴尔扎赫设施和贾姆拉亚赫设施进行了一轮视察（即第八轮），将适时汇报该轮视察的结果。

1.33 关于 2018 年 11 月在叙利亚科研中心的巴尔扎赫设施进行的第三轮视察时发现的附表第 2.B.04 号化学品，技秘处主要通过互换普通照会来与阿拉伯叙利亚共和国进行互动。如先前所报，阿拉伯叙利亚共和国至今未提供足够的技术资料使技秘处能够处理这一问题。

落实 C-SS-4/DEC.3 号大会决定

1.34 技秘处于 2021 年 4 月 12 日发布了一份说明，题为"根据第 C-SS-4/DEC.3 号决定'应对使用化学武器所构成的威胁'第 10 段提交的禁化武组织调查和鉴定小组的第二份报告，萨拉奇布（阿拉伯叙利亚共和国），2018 年 2 月 4 日"（S/1943/2021，2021 年 4 月 12 日）。

1.35 在该报告中，调鉴组得出结论认为"有合理的理由令人相信：2018 年 2 月 4 日 21 时 22 分左右，在对萨拉奇布发动的持续袭击中，一架由猛虎组织控制的叙利亚阿拉伯空军军用直升机从空中扔下了至少一个钢瓶，且其击中了萨拉奇布东部。该钢瓶破裂并释放出了有毒气体氯，其在大范围内发散，并使 12 个人中毒。"

1.36 基于所获得信息的组合、一致性和确凿性，本报告的结论是在按照国际事实调查机构和调查委员会的最佳做法，通过广泛采用的共享方法仔细评估其佐证价值之后而得出的。在调查的过程中，调鉴组遵循了适用的禁化武组织程序，包括在（适当时补充的）监护链方面的程序。

1.37　已向执理会和联合国秘书长提供了该报告，以供审议。

1.38　调鉴组继续对带有以下标题的说明（EC-91/S/3，2019 年 6 月 28 日）的附件 2 所确定的其他几起事件进行调查："根据 C-SS-4/DEC.3 号决定（2018 年 6 月 28 日）成立的调查和鉴定小组的工作。"

1.39　阿拉伯叙利亚共和国当局没有与调鉴组有任何互动，尽管：

（a）技秘处向其提出了各项请求；

（b）根据《公约》第七条第 7 款，阿拉伯叙利亚共和国有与技秘处进行合作的义务；

（c）根据联合国安全理事会第 2118（2013）号决议，阿拉伯叙利亚共和国有义务与禁化武组织进行充分合作，即向由禁化武组织指定的人员提供立即和不受限制地进入任何和所有地点，以及接触任何和所有个人的机会，只要禁化武组织有理由认为这样做对上述人员完成其任务来说是至关重要的。

1.40　调鉴组继续要求在阿拉伯叙利亚共和国的主要代表认为方便的时候且在其选择的地点与其举行会面，以便讨论以下事宜：调鉴组的工作；提供任何相关资料；对叙利亚当局可能有能力为此提供便利的地点进行访问。

1.41　根据 C-SS-4/DEC.3 第 12 段和禁化武组织与 IIIM 达成的关于提供资料和证据的获取、存储和处理的谅解备忘录，调鉴组已继续准备向 IIIM 做进一步的资料移交，以其作为于 2020 年 10 月和 11 月进行的第一次移交的后续行动。

工业核查

1.43　《公约》的缔约国提交关于《公约》的《关于化学品的附件》的 3 个化学品附表所载的化学品的生产、进口、出口、加工和消耗情况的宣布，并提交有关《公约》不加禁止的目的生产特定有机化学品的其他化学生产设施的宣布。截至 2021 年 12 月 31 日，有关此种化学生产设施的宣布见表 2。

表2　截至2021年12月31日有关此种化学生产设施的宣布

设施类型	宣布的设施数量	须接受视察的设施数量①	申报了应宣布设施的缔约国数量②	拥有须接受
附表1	28	28	24	24
附表2	459	209	35	25
附表3	365	337	32	32
其他化学生产设施	4551	4392	80	79
总计	**5403**	**4966**	**83**③	**80**④

1.44　技秘处在2021年进行了80次第六条视察。与计划的241次视察相比，这一数量减少是因为受到了与新冠肺炎疫情相关的限制。这80次视察包括：对附表1设施进行的13次；对附表2厂区进行的22次；对附表3厂区进行的7次；对其他化学生产设施进行的38次（上述几类视察分别占可视察设施总数的46%、11%、2%和1%）。没有记录到任何不确定因素。有10次视察留下了需予以进一步关注的事项，并有47次视察建议在宣布中提供进一步的资料。此外，在视察期间发现，由于有关宣布出现了误差，有3次视察是对不必视察的厂区进行的；另有1次视察是对一个不必宣布的厂区进行的。历年第六条视察次数见表3。

表3　历年第六条视察次数

各年的第六条视察次数									
年份/年	2013	2014	2015	2016	2017	2018	2019	2020	2021
次数/次	229	241	241	241	241	241	241	82	80

1.45　关于在2021年接受视察的其他化学生产设施和附表3厂区，厂区的选取是根据"在混合型厂区进行视察的替代方法"（S/1202/2014，2014年7月23日）一文所述的方法进行的。如果一个附表3或其他化学生产设施混合型厂区已经在一种第六条核查制度下接受过视察，为了

① 因超过阈值而须接受通过现场视察而进行的核查。
② 包括预计活动年度宣布和过去活动年度宣布。
③ 有83个缔约国宣布了拥有至少有一个第六条设施。
④ 有80个缔约国宣布了拥有至少有一个可视察的第六条设施。

随机选取附表 3 或其他化学生产设施厂区供视察，该厂区将被视为此前已接受过视察。因此，从统计上来讲，该厂区被选中供视察的频率应会降低。

1.46　2021 年，技秘处继续为节省资源而尽可能地增加连续视察的次数。虽然 2021 年的视察和连续视察的总数减少了，但作为连续任务的视察的百分比与 2020 年保持一致，约为 26%。由于新冠肺炎疫情而实行了旅行限制，在 2021 年不可能进行任何国家间的连续视察。历年连续视察的次数见表 4。表 4 所示的所有 21 次国内连续视察均在 14 个不同的国家中进行，包括在 4 个不同国家中进行的长时间的工业视察。

表 4　历年连续视察次数

年份 / 年	2013	2014	2015	2016	2017	2018	2019	2020	2021
次数 / 次	57	51	59	54	58	58	60	20	21

1.47　2021 年，技秘处继续开展跨司小组的工作，以对视察做法、视察报告表格、视察工具和视察培训进行一次全面的审查，从而查明进一步优化视察的选项，已于 2021 年 7 月通过工业系列向各缔约国报告了这项工作的现状。用于其他化学生产设施、附表 3 和附表 2 视察的报告模板已于 2021 年年底最后敲定，并计划于 2022 年上半年进行实地测试。跨司小组将继续向各缔约国报告这项工作的结果。

1.48　2021 年，暂停了在第六条视察期间的采样和分析活动。历年完成的附带采样和分析的视察次数见表 5。

表 5　历年完成的附带采样和分析的视察次数

年份 / 年	2013	2014	2015	2016	2017	2018	2019	2020	2021
次数 / 次	8	9	11	11	10	9	6	1	0

1.49　2021 年，在 88 个提交了过去活动年度宣布的缔约国中，有 66 个（75%）是按照《公约》规定的期限提交的。在报告年内，在拥有应宣布的其他化学生产设施的缔约国中，96.3% 在其过去活动年度宣布中全面更新了其他化学生产设施的清单，从而使应宣布的其他化学

生产设施的更新率达到了 99.99%。通过提供有关其他化学生产设施清单的全面的年度更新资料，相关缔约国为核查机制的运行提供了极大的便利。

附表化学品的转让

1.50　11 个缔约国在其 2020 年过去活动年度宣布中宣布了 19 项附表 1 化学品转让。在这些转让中，发送和接收缔约国均做了通知和宣布的有 15 项，有 4 项双方均做了通知，但只有一个缔约国做了宣布。

1.51　2020 年过去活动年度宣布显示：59 个缔约国参与了大约 12212 吨的附表 2 化学品的转让，120 个缔约国参与了大约 433258 吨的附表 3 化学品的转让。

1.52　10 个缔约国宣布向 3 个非缔约国出口了 4 种附表 3 化学品。

转让数据差异

1.53　2021 年，2020 年过去活动年度宣布显示共有 1574 起缔约国之间的附表 2 和附表 3 化学品的转让。其中，宣布的 823 起转让的数量超过了宣布阈值，这其中又有涉及 94 个缔约国的 613 起转让出现了彼此的数据存在差异的现象。

1.54　在此方面，技秘处继续与缔约国进行后续联系，并继续与其他利益攸关方密切合作，以协助缔约国减少和解决出现的这些转让数据差异的问题。

与世界海关组织的合作

1.55　技秘处继续与世界海关组织合作，在协调制度项目的基础上使各国海关部门识别出《公约》框架内的交易量最大的附表化学品。

关于禁化武组织宣布资源的更新

1.56　2021 年，技秘处着手修订了《化学品手册》《交易量最大的附表化学品资料册》和《宣布手册》。

电子宣布和资料安全交换系统

1.57　2021 年 9 月，技秘处发布了电子宣布系统第二版，即电子宣布平台。该版新增了用于老化武的宣布和报告。2021 年 12 月，发布了一个电子宣布系统的小补丁（2.1 版），其中包含了对系统的一般性完善机制。至报告完成时，有 61 个缔约国的 117 个用户注册使用了该系统。

分析平台和业务智能化

1.60　技秘处继续努力建立一个新的分析平台，其中包含：一个数据仓库、核查流程数据整合及业务情报工具（QlikSense）。

电子视察工具

1.61　2021 年，技秘处继续开发一种电子视察工具。这将使视察员能够提高执行第六条核查的效率，但须与各缔约国磋商。

核查信息系统

1.62　2021 年，技秘处完成了核查信息系统的架构设计。

控暴剂

1.63　至报告完成时，有 137 个缔约国宣布拥有控暴剂（主要是催泪瓦斯），并有 53 个缔约国宣布其不拥有此种化学剂。有一个缔约国尚未提交初始宣布，另外两个缔约国尚未在其初始宣布中提供有关控暴剂的详细资料。本报告的附件 4 载有更多关于拥有控暴剂情况的资料。

非正式磋商

1.64　2021 年，进行了 3 轮关于第六条核查和视察的非正式磋商（工业系列磋商）。由于受到新冠肺炎疫情的相关限制，会议以线上的形式举行。缔约国就一些与核查相关的事宜进行了磋商，其中包括：

（a）2020 年的工业核查总结；

（b）2020 年选择其他化学生产设施厂区所用方法的使用绩效；

（c）附表 2 视察；

（d）《关于化学品的附件》的附表 1 的修改生效后，供缔约国使用的关于第六条宣布的义务和视察的指南；

（e）加强第六条的履行；

（f）恢复第六条视察的准备；

（g）恢复第六条视察；

（h）更新《宣布手册》（第三版）。

禁化武组织效能水平测试和指定实验室

1.65 禁化武组织每年都为有意加入禁化武组织分析实验室网络的机构举办效能水平测试。在报告期内，完成了第 48 次禁化武组织环境分析正式效能水平测试，并举行和完成了第 49 次测试，同时开始了第 50 次测试。此外，举行了第 6 次生物医学样品分析正式效能水平测试。至报告完成时，已有来自 19 个缔约国的 24 个实验室被指定可进行环境分析（其中有 1 个实验室被暂时中止）；14 个缔约国的 20 个实验室被指定可进行生物医学样品分析（其中有 1 个实验室被暂时中止）。本报告的附件 5 介绍了截至 2021 年 12 月 31 日每个指定实验室的状况。

1.66 一次有关为生物衍生毒素分析建立信心的演练已于 2021 年年初结束，而第 6 次演练已于 2021 年 12 月开始。这些演练专门针对的是对蓖麻毒素这种蛋白质毒素的分析。第 3 次、第 4 次和第 5 次演练包含了生物毒素石房蛤毒素。

将禁化武组织实验室和设备仓库升格为一个化学和技术中心的项目

1.67 2021 年，在已规划好的时间框架和预算范围内，在建设化技中心项目方面取得了重大进展。项目的审批部门于 2021 年 2 月颁发了不可撤销的建造许可。施工相关的招标于 2021 年完成，并派发了主体施工、安保装置和实验室家具的合同。现场的施工活动于 2021 年 6 月开始。已安装完了地基和地面层。在此之后是构筑钢筋混凝土结构。截至 2021 年年底，已从 52 个国家、欧盟和其他捐助方筹集了总计 3370 万欧元的资金。

1.68 技秘处通过有关说明定期介绍了有关项目进度的更新情况：S/1956/2021（2021 年 5 月 17 日）、S/1965/2021（2021 年 6 月 24 日）及S/2003/2021（2021 年 11 月 9 日），标题均为"将禁化武组织实验室和设备仓库升格为一个化学和技术中心的项目的进展情况"。在多个场合向各缔约国提供了有关简报，包括在 2021 年 9 月 23 日的首桩仪式期间由建筑师介绍化技中心的设计。技秘处继续进行与该项目相关的其他交流和外联活动。其中包括：更新禁化武组织网站上的化技中心网页；在禁化武组织总部展示捐赠方纪念墙和化技中心的实体模型；制作施工进度视频，并在化技中心的网页上共享。

禁化武组织中央分析数据库

1.69 历年禁化武组织中央数据库收录的化学品种类的数目见表 6。在现场分析中仅使用气相色谱（保留指数）和质谱数据。

表 6 历年禁化武组织中央数据库收录的化学品种类的数目

年份（年初时的状况）	2015 年	2016 年	2017 年	2018 年	2019 年	2020 年	2021 年
红外	734	734	745	756	775	775	794
气相色谱（保留指数）	3866	3878	4089	4439	4482	4543	4673
核磁共振	298	298	298	298	299	300	300
质谱	4003	4022	4225	4566	4602	4647	4588
串联质谱	不适用	不适用	不适用	不适用	不适用	38	68

视察局提供的培训

1.70 2021 年，视察局的能力建设和紧急应对规划分队协调或开办了 44 门单项培训课程。由于持续暴发的新冠肺炎疫情带来的限制，全部课程中的 41% 采用线上形式进行，其余的则在以下国家进行：比利时、捷克共和国、德国、意大利、荷兰、塞尔维亚、斯洛伐克、瑞典和大不列颠及北爱尔兰联合王国。能力建设和紧急应对规划分队继续开办了视察员必修的进修课及针对新晋升的视察组组长的专门课程。此外，根据视察员的专长组织了一系列必修课程，其中包括：职业安全和健康；战术战伤救治；弹药培训；战争的爆炸残余物；分析化学师许可。

1.71 为总共 79 名技秘处的工作人员举办了关于危险废物作业和紧急应对的 4 期进修课程和 1 期初始课程。美利坚合众国为此提供了支持和帮助。

1.72   此外，德国资助并举办了 3 期"野外环境中的安全和安保方法"课程，培训了 38 名可能需要到高危地区工作的技秘处的工作人员。另外，视察局有两名工作人员在意大利都灵接受了"野外环境中的安全和安保方法"教员资质培训。

1.73   2021 年，3 期有毒化学品培训课程分别在塞尔维亚、斯洛伐克和瑞典举办，有 33 名技秘处的工作人员获得了证书，在此过程中还有 9 名视察员成为合格的有毒化学品培训教员。

1.74   2021 年 9 月，一组由 10 人组成的新视察员组（T 组）加入了禁化武组织。能力建设和紧急应对规划分队协调开展了为期 12 周的强制初始培训，目的是使其准备好担任视察员这一重要角色。2021 年 12 月 17 日，禁化武组织举办了 1 次线上的毕业仪式，总干事向 T 组视察员们颁发了培训完结证书，并欢迎他们正式入组。

知识管理

1.75   2021 年，技秘处进一步强化了知识管理政策框架，制定了与本组织的战略目标保持一致的新的知识战略，且其以持续的知识管理为基础，目的是通过一系列持续的进程来查明、发展和保留本组织的专长和知识。作为该战略的一部分，技秘处实施了经过完善的新流程，并把重点优先放在了视察局和核查司的具体专业知识上。为整个技秘处的 25 名联络员及视察员举办了关于知识传授方法的专门培训，其中包括了用以确保知识得以保留的必要技能。通过改进数字化工具 [诸如禁化武组织内部网（OrgNet）、信函管理系统和禁化武组织图书馆]，进一步强化了对显性知识的管理。

1.76   2021 年全年，核查司整合了该司的知识倡导者网络，并微调了识别核心知识的流程，同时开发了协作工作领域。该司继续与那些离开本组织的工作人员开展知识传承活动。此外，该司从事在化学武器库存销毁方案预期结束后保留相关知识的工作。另外，该司着手筹办一期关于保留国际化学武器相关知识的讲习班（预计在 2022 年举办），还对历史上的化学武器销毁数据展开分析，以将其加入知识库。

1.77 2021 年，视察局继续努力以实施综合性的一揽子知识管理工具和行动倡议。这包括：加强持续改进平台（一种用来将从视察任务所获得的知识进行结构化获取和共享的工具）；两个示范性行动倡议，即知识传承活动和导师辅导方案。知识传承活动促进了对核心知识的具体领域的保存，而导师辅导方案则使工作人员之间能够直接共享知识，其中特别注意对新入职的工作人员提供融入支持，并加快他们在相关议题领域的学习。继续开展定期的知识共享活动，这推动实现了高度统一且高质量的现场核查相关活动。

2. 国际合作和援助

2.1 2021 年，技秘处继续通过能力建设方案提供技术援助，以支持各缔约国履行《公约》。技秘处开展了 83 个活动和方案，因受新冠肺炎疫情的相关限制均为在线进行，来自各地区的 156 个缔约国的总共 4162 名专家参与其中。

2.2 2021 年全年，技秘处时刻准备着一旦条件允许时重新开始面对面的活动，同时继续增强其在线学习的工具和方法，这从长远来看将有助于增强其能力建设的总体有效性和高效性，以补充传统的面对面学习模式。

2.3 禁化武组织继续快速推进《化学武器公约》加强与非洲的合作方案（以下简称非洲方案）第五阶段（2020—2022 年）的实施。在报告期内，技秘处继续就该方案的 8 个目标同步开展工作。在构成该方案支柱的能力建设方面，来自 40 个非洲缔约国的 1000 余名学员通过 52 期培训活动受益，其中包括专门为非洲地区举办的 26 期培训活动。

国家履约和技术援助

2.4 2021 年，技秘处继续为缔约国努力实现全面和有效地履约提供了能力建设的支持。对国家主管部门和利益攸关方的支助包括：建设其履行《公约》规定的国家义务的机制性能力。900 余名与会人员参加了 18 项与《公约》的国家履约有关的能力建设和技术援助活动。

2.5　截至 2021 年 12 月 31 日，在 193 个缔约国中，已有 158 个通过了涵盖所有或部分规定的初步措施的缔约国履行立法。共有 118 个缔约国已报告通过了涵盖所有规定的初步措施的全面立法，而 40 个缔约国报告通过了涵盖部分规定的初步措施的履约立法。其余的 35 个缔约国尚未报告履约立法的通过情况。在技秘处的年度报告中载有关于《公约》第七条履行状况的详细资料①。

2.6　2021 年，技秘处与以下国家合办了两期国家立法审查论坛：毛里塔尼亚国家主管部门（2021 年 2 月 23 日）和多哥国家主管部门（2021 年 6 月 3 日）。在论坛期间，技秘处与缔约国代表合作审查了参与缔约国关于《公约》的国家立法框架的范围，并讨论了各种立法及监管方式。

2.7　2021 年，举办了两期关于《公约》第六条规定的宣布和视察义务的培训课程；3 月 1 日至 4 月 15 日以英文举办；9 月 13 日至 30 日以阿拉伯文举办（面向来自中东和北非的缔约国）。通过这些课程，学员们有机会增强其关于第六条义务的知识，并有机会分享有关第六条相关问题的经验和最佳做法。还在第六条义务的实际履行和在此背景下管理当前安全挑战方面为各缔约国提供了协助。代表各地区的 29 个缔约国的 52 名学员完成了 3 月的课程。来自亚洲和非洲地区 10 个缔约国的 30 名学员完成了 9 月的课程。

2.8　2021 年，技秘处开展了以下 3 期关于化学安保的立法和监管事项的培训课程：2021 年 4 月 19 日至 22 日，为非洲的英语系缔约国；10 月 16 日至 21 日，为非洲的法语系缔约国；12 月 8 日至 14 日，为拉丁美洲及加勒比的缔约国。这些课程旨在增强学员在以下方面的能力：

---

① 2021 年关于《公约》第七条履行状况的年度报告：EC-98/DG.13 C-26/DG.11；EC-98/DG.11C-26/DG.9；及 EC-98/DG.12 C-26/DG.10（均为 2021 年 9 月 14 日）。

对其有关化学安保的国家立法和监管框架进行分析；发现缺陷并找到潜在办法解决。学员们修完了专门的培训模块，分享了关于化学安保的各自国家法律框架的有关信息，并参与了互动在线环节。来自 12 个非洲缔约国的 49 名学员参加了 4 月的课程；来自 12 个非洲缔约国的 40 名学员参加了 10 月的课程；来自拉丁美洲及加勒比的 23 个缔约国的 56 名学员参加了 12 月的课程。

2.9　2021 年 4 月 19 日至 22 日，为国家主管部门的人员和相关的利益攸关方举办了关于《公约》的一般性培训课。该课程为学员们提供了机会，借以扩大他们在以下领域的知识：与国家履行立法有关的事项；国家防护方案；第六条宣布的年度提交；接待和陪同视察。代表各地区的 41 个缔约国的 67 名学员修完了该课程。

2.10　2021 年 5 月 25 日至 27 日和 12 月 8 日至 10 日，在世界海关组织的合作下，技秘处举办了两期关于执行《公约》附表化学品转让制度的在线培训课。这些集中课程旨在让海关的一线干事们具备必需的技能和知识，以便有效地监控有毒化学品的跨境转移，同时还强调了《公约》在支持全球、区域和国家安全方面的作用。代表各地区的 40 个缔约国的 61 名学员修完了 5 月的课程；来自 17 个非洲缔约国的 39 名学员修完了 12 月的课程。

2.11　2021 年 6 月，举办了 4 次缔约国国家主管部门的区域会议。这些线上会议为与会者提供了机会，借以与各自地区的其他国家主管部门互动以解决国家履约方面的具体问题，并促进缔约国之间建立网络关系和开展合作。会议面向亚洲、非洲、东欧和拉丁美洲及加勒比区域举行。

2.12　2021 年 9 月 21 日和 10 月 12 日，在世界海关组织的合作下，技秘处为亚洲和拉丁美洲及加勒比地区的缔约国举办了两期关于海关培训整合的经验教训的在线讲习班。讨论的关注重点是将《公约》相关的模块纳入各国海关培训课程所面临的挑战和良好做法。来自亚洲 13 个缔约国的 30 名代表参与了 9 月的活动；来自拉丁美洲及加勒比的 10 个缔约国的 24 名代表参与了 10 月的活动。

2.13　2021 年 10 月 12 日和 13 日，技秘处召开了化工行业代表和《公约》缔约国国家主管部门的第八次年会。会议为代表们提供了一个平台以分享经验、挑战和《公约》履约的良好做法，以此推动国家主管部门和化工行业之间的合作。与会人员还讨论了与监管合规有关的事项，并就面向化工行业开展外联的方式交流了信息。来自各缔约国的 113 名代表出席了会议。

2.14　2021 年 11 月 23 日至 26 日，技秘处召开了第 23 届国家主管部门年会。会议期间，技秘处向与会人员介绍了与政策相关的事项和在落实核查制度方面的有关活动的最新情况，并着重介绍了在能力建设方案方面重要的发展情况。国家主管部门分享了经验、知识和《公约》履约相关的良好做法。具体来说，与会人员就以下内容交换了看法：禁化武组织在为化学安保而制定立法和监管框架方面提供的能力建设支助；化学安保管理；针对使用或威胁使用化学武器加强应对能力。来自 102 个缔约国的 200 名与会人员出席了会议。

援助和防护

2.15　2021 年，有 78 个缔约国根据第十条第 4 款提交了针对使用化学武器的国家防护方案的年度资料。

2.16　技秘处继续推动使用一种用户友好型在线工具，借以方便收集和提交第十条第 4 款所规定的资料。该在线工具已被纳入援助与防护数据库（援防数据库）的更新版本中。缔约国现在可以通过被称为"Catalyst"的外部服务器访问援防数据库。

2.17　技秘处根据第十条开展的能力建设活动的核心组成部分包括 3 个培训课程，分别是基本、高级和演练课程。2021 年，培训周期因新冠肺炎疫情的限制而中断，于是技秘处安排了更广泛的在线活动，其中包括核心理论组成部分，并促进了利益攸关方之间的知识和经验交流。

2021 年，技秘处举办了 35 项能力建设活动，其中有来自各区域的创纪录的 2102 名紧急响应人员参与其中。

2.18　在 2021 年全年，技秘处为非洲、亚洲、东欧、拉丁美洲及加勒比海地区的缔约国开办了一系列在线基础培训课程，其内容涉及与化学紧急应对相关的理论材料。当情况允许进行面对面培训时，这些活动使紧急救援人员参训者能够迅速进入面对面的实操状态。以英文、法文、葡萄牙文、俄文和西班牙文举办了 8 期此类培训，并且阿根廷、孟加拉国、白俄罗斯、巴西、哥伦比亚、哥斯达黎加、厄瓜多尔、马来西亚、秘鲁、大韩民国、西班牙和乌拉圭的有关机构提供了技术指导。

2.19　技秘处开办了 20 期量身定制的专门培训课程和 1 期教员培训课程，以适应禁化武组织各地区组缔约国的防护需求。技秘处还借助其教员培养和交流方案来支持开发和开展在线培训。该方案涉及了国际专业知识交流和最佳实践的培育，以增强缔约国的国家、次区域和地区的应对能力，还将继续改善禁化武组织响应援助请求的常备状态。该方案的成功使技秘处能够迅速利用合适且合格的教员来支助 2021 年全年开发的一系列在线培训。

2.20　在哥斯达黎加的支持下，技秘处通过开办以下 7 期在线课程拓宽了对拉丁美洲及加勒比缔约国的基础培训，其内容包括：洗消技术；侦检和采样；针对紧急响应人员的无线信息系统（WISER）；紧急应对指南（ERG）。其中阿根廷、哥伦比亚、厄瓜多尔、秘鲁和西班牙政府提供了支持。

2.21　在东欧，技秘处举办了关于紧急响应人员的无线信息系统（WISER）及紧急应对指南（ERG）的专门培训。此外，以在 2020 年年底举办的基础培训课程为基础，在位于白俄罗斯的国际救援者培训中心的合作下，设计了一套 5 期培训课程，并作为新的在线培训方案向俄语系紧急应对人员开展了培训。这种数字化培训是用以支持最终回归面授培训的辅助学习工具，其包含在 6 个月学完的有关个人防护、侦察、采样和洗消等若干专门的模块，用以加强各国的常备状态，从而应对涉及化学武器或有毒工业化学品的事故和事件。

2.22 在非洲方案的第五阶段，技秘处在以下方面取得了进一步的进展：建立和加强国家和区域应对涉及化学战剂和有毒工业化学品的事件的能力。为了充分利用区域和次区域能力和专门知识的建议的跟进措施，技秘处继续与非洲的区域经济共同体合作，借以协调为每个区域的缔约国提供能力建设成果。

2.23 在阿尔及利亚、阿根廷和捷克共和国的支持下，技秘处开办了 6 期新的在线专门培训课程，旨在向紧急应对人员介绍以下内容：针对紧急应对人员的无线信息系统和紧急应对指南；洗消技术；采样。

2.24 为了支持国家防护方案的制定或改善，技秘处与南部非洲发展共同体（南共体）一起完成了一个援助和防护需求评估试点项目的第一阶段。该项目在此阶段包括开发一个在线自我评估工具，而参与缔约国将使用该工具来评估其当前框架。该框架旨在帮助技秘处的专家团队评估该国的需求并协助起草行动计划，以着手满足这些已确定的需求。一旦技秘处借助该试点项目证明了这一概念，则按计划将向其他区域提供此项支持。目前，该项目得益于大不列颠及北爱尔兰联合王国政府的支持。

2.25 作为对筹备 2021 年非洲国家杯的援助请求的回应，技秘处举行了两期在线能力建设活动。在过去承办过此类活动的缔约国和将在不久之后举办这类活动的缔约国之间召开了一期网络讲习班，目的是交流就重大公共活动期间准备好对可能发生的化学品事件做出应对经验。该活动之后是为喀麦隆（2021 年非洲国家杯的东道国）举办有针对性的初始行动应对培训。技秘处还着手培养了自身的技术能力，以便对今后类似的援助请求开展工作。

2.26 为了扩大对禁化武组织的能力建设活动的参与度（这对全面且有效地履行第十条十分重要），技秘处启动了一个新的行动倡议，以解决化学事件的紧急应对人员中的女性角色面临的实际问题，而其方式是为各地区的女性紧急应对人员组织了一个用于经验共享的国际平台。这一活动之后，在美洲防务委员会的合作下（面向那些还同时是美洲国家组织的成员的禁化武组织成员国），为军队中的女军人有针对性地开办了关于化学紧急情况下的援助与防护的区域在线基础课程。

2.27 技秘处为来自拉丁美洲及加勒比地区的培训中心召开了一次会议，以讨论援助和防护培训战略及其他第十条有关事项。会议使参与其中的培训机构介绍了在新冠肺炎疫情期间持续开展培训的最佳做法，并审查了在开发新的线上课程方面的进展（以作为面对面培训周期的必要前提）。与会人员一致同意设立一个工作组，以便为基础课程、高级课程和新的线上课程开发标准化的内容。

2.28 在化学武器受害者国际支援网络中继续开展工作以支持该网络的目标。此外，根据大会的相关决定（C-16/DEC.13，2011 年 12 月 2日），为支持将来的项目而对其活动供资。此外，从 2021 年年初开始，技秘处开始与一个国际专家组合作，以起草面向医疗从业人员的第二份指南，而其关注重点是受害者的长期护理。该指南已处于最后的起草阶段，预计将在 2022 年出版。

2.29 受害者信托基金的余额为 135596 欧元。有关自愿援助基金，根据《公约》第十条第 7 款（a）项设立的该基金的余额达到了 1567950欧元。根据第十条第 7 款（c）项而向其提供援助的缔约国数量达到了 47 个。

国际合作和技术发展

2.30 2021 年，技秘处继续完成能力建设方案，并继续为国际合作提供便利，以推动化学的和平利用。根据第十一条以在线形式开展的有关方案侧重于以下 3 个专题领域：化学品综合管理、增强实验室能力和推广并交流化学知识。

2.31 在本报告期内，技秘处为 1000 余名学员开展了 29 项能力建设方案和活动，包括化学品综合管理（含化学安保管理）、增强实验室能力（分析技能培养课程）以及化学知识推广。此外，技秘处继续执行4项长期方案，即研究金方案、研究项目支助方案、会议支助方案和设备交流方案。2021年，技秘处还举办了关于第十一条履行的年度讲习班。

2.32 2021年11月11日，技秘处在线举办了第6期"充分实施第十一条一事商定框架的构成要素"（C-16/DEC.10，2011年12月1日）审查和评价讲习班。来自48个缔约国的总共79名与会人员代表国家主管部门、常驻代表团和相关利益攸关方参加了这次讲习班，其目的是促进在缔约国和有关利益攸关方之间的讨论和意见交流，以进一步全面履行《公约》的第十一条。该讲习班专门讨论了第十一条下正在开展的能力建设工作以及相关方案和活动的影响，其中包括对进展和缺陷的审议。技秘处还向与会人员简要介绍了其在各专题领域为加强方案和活动所做的工作。

2.33 在报告期内，技秘处继续将工作重点放在推广化学知识上。在此方面，技秘处于2021年4月1日为非洲缔约国举办了"和平利用化学在线论坛：新冠肺炎流行病之后禁化武组织能力建设方案的新规范"。该论坛旨在打造一个平台，以供缔约国分享与能力建设有关的经验教训和最佳做法，尤其是在化学安全和安保管理领域。来自13个缔约国的37名专家出席了论坛，分别代表政府机构、化学工业、学术界和实验室。来自德国伍伯塔尔大学的代表也分享了其经验。

2.34 在增强分析实验室能力的框架内，技秘处于2021年举办了9期《公约》相关化学品分析和禁化武组织效能水平测试的培训课程。这些在线培训课程由芬兰和西班牙的有关实验室承办，并在位于莱兹维克的禁化武组织实验室开设。

2.35 为进一步提高非洲和拉丁美洲及加勒比组（拉加组）实验室的能力，"评估和增强非洲和拉加成员国的分析实验室能力的项目：为获得禁化武组织的指定资格而努力"的第二阶段于2021年3月31日完成。该项目得到了大不列颠及北爱尔兰联合王国自愿捐款资助，且已于2021

年 8 月延期，直至 2022 年 3 月 31 日。技秘处和大不列颠及北爱尔兰联合王国政府签署了进一步的谅解备忘录。该项目内的活动继续侧重于建设非洲和拉丁美洲及加勒比地区的其余 6 个分析实验室的能力，它们是已被确定为该项目第一阶段的支助接收者的 7 个实验室中的 6 个。

2.36　上述项目下的讲习班于 2021 年 4 月 8 日在线举行。讲习班总结了该项目取得的进展，并使学员聚在一起讨论项目第三阶段（2021—2022 年）的推进方式。来自以下 8 个缔约国的 21 名学员参加了讲习班：巴西、智利、芬兰、德国、肯尼亚、尼日利亚、西班牙和大不列颠及北爱尔兰联合王国。

2.37　2021 年 8 月 23 日至 27 日，与芬兰《化学武器公约》的核查研究所合作，技秘处举办了两个并行的在线培训班，以提高实验室能力。这两门课程涵盖了液相色谱—质谱法和实验室质量管理，有 8 个禁化武组织成员国的 9 名学员从中获益。

2.38　在设备交换方案框架内，技秘处从德国的一个实验室获得了气相色谱质谱仪设备，并将其捐赠给苏丹国家主管部门。

2.39　为了促进化学知识和交流，技秘处继续为科学家提供支助，以参与和平利用化学有关的活动。在会议支助方案下，技秘处共计支助了两项活动（一项为在线活动，另一项为混合形式），总共有 160 名与会人员获得资助从而出席了这两项活动。

2.40　在研究金方案的框架内，技秘处继续促进研究人员与机构之间的科学技术信息交流，同时通过能力建设来加强目标国家机构的能力。选择了 9 名研究人员，其获得了研究金方案框架下的赞助。在报告期内完成了两个研究金项目：一个来自约旦（在法国主办），另一个来自津巴布韦（在瑞士主办）。另外，在报告期内启动了 7 个研究金项目，并将在 2022 年完成。研究人员包括：1 人来自阿根廷（在荷兰主办）；1 人来自喀麦隆（在德国主办）；1 人来自古巴（在意大利主办）；1 人来自尼日利亚（在南非主办）；1 人来自塞尔维亚（在芬兰主办）；2 人来自乌干达（在芬兰和德国主办）。

2.41 在研究项目支助方案的框架内，技秘处继续将其支助拓展到缔约国的小型研究项目，以协助促进工业、农业、研究、医疗、制药和其他与《公约》相关的以和平为目的的在化学方面的科学技术知识的发展。技秘处还在继续支助 27 个由禁化武组织资助的正在进行的研究项目。

2.42 此外，在 2021 年强调了加强能力建设需求的评估对完成适合和有效方案依然十分重要。因此，技秘处邀请缔约国自愿提交对其化学安全和安保管理的特定需求的评估，以及提交有关各自国家化学管理中现有工具、指南和最佳做法的信息。

2.43 在报告期内，方案审查以及吸取经验教训的方法和技术已进一步制度化。对方案有效性的评估基于以下两个方面：广泛的各类利益攸关方的结构化反馈，其中包括学员、相关机构和缔约国的国家主管部门；在报告期内，技秘处成功地对化学界的女性这一行动倡议完成了审查，从而汲取经验教训用于日后完善该倡议。

禁化武组织非洲方案

2.44 2021 年，处理非洲区与《公约》有关的特定需求的问题仍然是技秘处的一个优先重要事项。在 2021 年，技秘处继续实施非洲方案的第五阶段，以同步处理其中设定的 8 个目标。在构成该方案的支柱的能力建设方面，技秘处开展了 52 期培训活动，使来自 40 个非洲缔约国的 1000 余名学员从中受益。由于新冠肺炎流行病带来的相关限制，这些活动采用在线举办的方式，其中包括专门为非洲地区举办的 26 期培训活动。

2.45 能力建设活动包括在各类方案领域提供在线培训，其中：促进《公约》的国家履约；提高国家主管部门的有效性；改进对附表化学品跨境转让的控制；流线化针对化学威胁和事件的防护及援助能力；关于化学安全和安保管理的教育；发展实验室能力；促进对化学和平利用的了解及其在非洲大陆的交流。

2.46 为了开展这些活动并确保按照方案的指导大纲实现目标，技秘处与各合作伙伴、捐赠方及非洲缔约国进行了密切协调。

2.47 此外，作为在非洲推广化学和平利用知识的一部分，技秘处赞助了 12 个非洲研究项目（包括与国际科学基金会共同资助的 8 个项目），并赞助了 137 名非洲科学家参与两场重大国际科学活动。不仅如此，技秘处为非洲化学科学家授予了 5 个研究金，并资助了将实验室设备从德国向苏丹的移交。

2.48 对非洲方案的供资基本上是继续通过禁化武组织的常规预算提供的。与此同时，技秘处在 2021 年继续努力进一步扩大该方案的影响和外联，其方式是调动额外的资源以用于该方案框架内设计的特别项目，作为对常规预算资源的补充。截至 2021 年年底，这些特别项目中的 5 个已通过预算外资源获得了全额资金。

2.49 2021 年，非洲方案获得了自愿捐款，尤其是来自以下国家或地区：捷克共和国、法国、德国、大不列颠及北爱尔兰联合王国、美利坚合众国和欧盟。非洲缔约国和非洲以外的其他缔约国还获得了实物支助。

2.50 2021 年，技秘处继续落实具体的行动倡议，以加强非洲方案的影响力和利益攸关方的参与。这些行动倡议包括：维护和进一步开发在线的禁化武组织的非洲网络；出版第二期禁化武组织的非洲公报。

2.51 对于非洲方案的管理，非洲方案指导委员会继续按计划在 2021 年召开了会议，以监督进展情况并为技秘处提供有关方案实施的支持、建议和指导①。方案的捐赠方也继续作为观察员参与委员会的活动②。在肯尼亚的主持下，于 2021 年 6 月 25 日和 11 月 15 日召开了两次委员会的会议。

---

① 2021 年非洲方案指导委员会成员：阿尔及利亚、安哥拉、喀麦隆、加纳、肯尼亚（主席）、摩洛哥、卢旺达、塞内加尔、南非和苏丹。
② 2021 年非洲方案指导委员会观察员：捷克共和国、法国、德国、瑞士、大不列颠及北爱尔兰联合王国、美利坚合众国和欧盟。

3. 决策机构

缔约国大会的活动

3.1　由于受到新冠肺炎疫情的影响，大会第二十五届会议分为两个部分：第一部分于 2020 年 11 月 30 日至 2020 年 12 月 1 日举行①；第二部分于 2021 年 4 月 20 日至 22 日举行。

3.2　在第二十五届会议第二部分期间，大会通过了以下决定：

（a）处理阿拉伯叙利亚共和国拥有并使用化学武器的问题（C-25/DEC.9）；

（b）禁化武组织外部审计员的委任（C-25/DEC.10，2021 年 4 月 21 日）；

（c）禁化武组织特别行动专项基金的续期（C-25/DEC.8，2021 年 4 月 21 日）。

3.3　大会第二十六届会议于 2021 年 11 月 29 日至 12 月 3 日举行。与第二十五届一样，受新冠肺炎疫情的影响，第二十六届会议的工作进行了调整。大会第二十六届会议有来自 152 个缔约国、1 个签约国和 8 个国际组织、专门机构和其他国际机构的代表参加。还有总共 76 个非政府组织和代表全球化学工业和科学界的 3 个机构也注册参会。大不列颠及北爱尔兰联合王国国防大臣、安纳贝尔·戈尔德男爵夫人和美利坚合众国军控与国际安全事务副国务卿邦尼·詹金斯大使以高级别发言人的身份向大会提交了视频致辞。

3.4　2021 年 11 月 30 日，缔约国在化学战受害者纪念日举行了纪念活动。

3.5　大会第二十六届会议审议了《公约》在各方面的履行现状，其中包括：化学裁军、与销毁相关的事项、国家履约措施、防护和援助、

---

① 关于大会第二十五届会议第一部分期间的有关活动的更多详情，请见 C-26/3（2021 年 12 月 1 日）。
　 22 审议大会 = 缔约国审议《化学武器公约》履行状况的特别会议。

国际合作、教育和外联咨询委员会的活动以及与防范化学武器卷土重来有关的各项活动。缔约国就内容涉及在非洲方案指引下开展的有关活动的报告进行了讨论，还审议了禁化武组织在与化工行业和科学界开展互动方面的工作进展。大会第二十六届会议首次核准了双年期方案和预算。

3.6　缔约国核准了对费尔南多·阿里亚斯大使担任技秘处的总干事任命的续延，他将续任一届，任期 4 年（C-26/DEC.9，2021 年 11 月 30 日）。

3.7　大会做出了以下建议：在技秘处的合作下，由下届执理会设立一个不限成员名额的工作组，以着手筹备按《公约》第八条第 22 款举行的五审大会[①]。此外，大会决定第五次审议大会将于 2023 年 5 月 15 日至 19 日举行。

3.8　大会第二十六届会议通过的决定包括[②]：

（a）关于为执法的目的而使用气雾化中枢神经作用剂化学品的理解（C-26/DEC.10，2021 年 12 月 1 日）；

（b）2022 年会费分摊比额表（C-26/DEC.8，2021 年 11 月 30 日）；

（c）2019 年现金赤字（C-26/DEC.4，2021 年 11 月 29 日）；

（d）向外部审计员提交 2021 年禁化武组织财务报表（C-26/DEC.5，2021 年 11 月 29 日）；

（e）禁化武组织特别行动专项基金的续期（C-26/DEC.6，2021 年 11 月 29 日）；

（f）对无法收回的应收账款和资产损失的注销（C-26/DEC.7，2021 年 11 月 29 日）；

（g）禁化武组织 2022—2023 年方案和预算（C-26/DEC.11，2021 年 12 月 1 日）。

执行理事会的活动

3.9　2021 年，执理会审议了技秘处关于《公约》履行现状的若干

---

① 审议大会＝缔约国审议《化学武器公约》履行状况的特别会议。
② 其他（非机密性）决定可在禁化武组织的公共网站上查阅。

份报告，其内容包括：核查活动以及第六条、第七条、第十条和第十一条的履行情况。

3.10　执理会还：

（a）审查了在化学武器销毁方面的进度并通过了有关化学武器销毁的若干决定；

（b）审查了宣评组的工作；

（c）审议了一份事实调查组活动的进展总结（S/1922/2020，2020 年 12 月 21 日）；

（d）审查了大会 C-SS-4/DEC.3 号决定的执行进展情况；

（e）核准了若干项禁化武组织与缔约国之间的设施协定以及对设施协定的修改或修订；

（f）审议了在非洲方案框架下完成的工作；

（g）审议了内部监察办公室（以下简称监察办）的 2020 年度报告（EC-97/DG.6C-26/DG.2，2021 年 5 月 17 日）；

（h）通过了关于行政和财务事项的有关决定；

（i）将其关于若干事项的建议提交大会第二十六届会议。

附属机构的活动

3.11　解决保密争端委员会（以下简称保密委员会）于 2021 年 10 月 13 日至 15 日举行了第二十三届会议（CC-23/1，2021 年 10 月 15 日）。

3.12　行财咨询机构于 2021 年 6 月 1 日至 4 日举行了第五十届会议（ABAF-50/1，2021 年 6 月 4 日）。

3.13　科咨委于 2021 年 3 月 3 日和 4 日举行了第三十一届会议（SAB-31/1，2021 年 3 月 4 日），于 2021 年 6 月 15 日至 17 日举行了第三十二届会议（SAB-32/1，2021 年 6 月 17 日），并于 2021 年 11 月 15 日至 18 日举行了第三十三届会议（SAB-33/1，2021 年 11 月 18 日）。

3.14　教联咨委会于 2021 年 2 月 9 日和 10 日举行了第十届会议（ABEO-10/1，2021 年 2 月 10 日），并于 2021 年 7 月 26 日和 27 日举行

了第十一届会议（ABEO-11/1*，2021 年 7 月 27 日）。

3.15 执理会主席摩洛哥大使阿布德鲁阿哈布·贝鲁基向大会第二十六届会议报告了与东道国关系委员会的工作现状。

4. 对外关系

普遍性

4.1 2021 年，禁化武组织的成员国数量仍然为 193 个。以色列已签署但尚未批准《公约》；朝鲜人民民主共和国、埃及和南苏丹既未签署也未加入《公约》。

4.2 在《化学武器公约》普遍性行动计划的框架内，技秘处在 2021 年全年继续接触剩余的非缔约国。尽管持续暴发的新冠肺炎疫情给技秘处的普遍性活动带来了挑战，但技秘处仍保持其惯例，即邀请非缔约国和签署国的代表以线上或亲临现场的方式（只要条件允许）参加选定的禁化武组织的相关活动，其中包括大会第二十五届会议第二部分和大会第二十六届会议。

4.3 6 名以色列代表线上参加了大会第二十五届会议的第二部分，而且以色列还有 5 名代表参加了大会第二十六届会议。技秘处在全年内与以色列驻荷兰使馆保持了定期接触。

与外界的互动和外联活动

4.5 如下文所示，总干事和副总干事继续在禁化武组织总部会见缔约国的高级别官员，同时均遵守对新冠肺炎疫情的限制条件。此外，总干事于 2021 年 7 月对西班牙进行了一次正式出访。

4.6 技秘处还继续开展活动以加强与联合国的伙伴关系，并加强与其他国际组织的关系，目的是推动对禁化武组织有现实意义的裁军和不扩散议题。

前来禁化武组织总部的高层访问

4.7 2021 年，总十事在禁化武组织总部接待了一些高层人士的来访，其中包括：萨尔瓦多副总统费利克斯·乌略亚先生阁下；哥伦比亚副总统兼外交部长玛尔塔·露西亚·拉米雷斯女士阁下；伊拉克法律和多边事务副部长卡坦·阿尔·嘉纳比博士阁下；波兰外交部副部长马尔钦·普日达茨先生阁下；哥斯达黎加多边事务副部长克里斯蒂安·吉耶尔梅·费尔南德斯先生阁下；爱沙尼亚外交部秘书长乔纳森·弗塞维奥夫先生。

4.8　为了增进与东道国的关系，总干事于 3 月 31 日会见了荷兰外交部礼宾与东道国事务司长多米尼克·库玲女士。

总干事的出访和以线上方式做的情况介绍

4.9　2021 年 7 月，总干事对西班牙马德里进行了正式访问。访问期间，他谒见了费利佩六世国王陛下，然后与外交事务、欧盟与合作部的官员们举行了会晤。

4.10　总干事与若干高级别官员进行了在线会晤，其中包括：爱尔兰外交部和国防部长西蒙·科文尼 T.D. 先生阁下；新西兰裁军和军控部长菲尔·特怀福德阁下；巴林外交部长助理阿卜杜拉·本·费塞尔·阿尔·杜塞里先生阁下。

4.11　2021 年 6 月 3 日，总干事在一次公开会议上向联合国安全理事会做了线上的情况简介。9 月 27 日，总干事在第 12 期禁化武组织和 Asser 研究所关于大规模杀伤性武器裁军和不扩散的年度培训方案开幕式（以线上形式进行）上做了主旨发言。11 月 2 日，总干事在由大不列颠及北爱尔兰联合王国防务科技实验室举办的第二十三届化学武器裁军大会做了线上发言。

4.12　11 月 12 日，总干事以线上的方式向其工作地点不在海牙的常驻代表做了情况介绍。这项活动是技秘处工作的一部分，旨在使非海牙常驻代表在大会的届会之前了解本组织的各项动态。

4.13　9 月 24 日，副总干事奥黛特·梅洛诺女士阁下在禁化武组织总部向来访的联合国裁军研究金方案致辞。

礼宾及特权和豁免支助

4.14 外联司继续向技秘处的高层管理人员以及其他人员提供了礼宾服务，此外，该司继续对《总部协定》和东道国的相关规章及条例规定的本组织及其工作人员的特权和豁免权进行管理。2021年，共有24名常驻代表向总干事递交了全权证书。

其他活动

4.15 2021年9月17日，禁化武组织以线上方式举办了第21期新任外交官讲习班，共有119名代表报名参加。

4.16 2021年9月24日，禁化武组织接待了联合国裁军事务厅的19名研究人员，由技秘处的有关专家向其做了为期一天的情况介绍。

公共事务和媒体知名度

禁化武组织基础知识视频

4.17 2021年，禁化武组织为"禁化武组织基础知识"系列视频新增了两个侧重于科学的视频。有关新视频"什么是化学品的双重用途？"和"什么是附表化学品？"可在禁化武组织网站和社交媒体频道上观看，其配有禁化武组织所有6种正式语言的字幕。该系列主要为普通大众创建，但其还强化了技秘处的教育和外联活动、培训和讲习班以及新入职的工作人员的融入过程。还有一个关于化技中心的视频描述了禁化武组织如何运用科技来捍卫《公约》，在首桩仪式期间向各缔约国展示了该视频，并且在网站和社交媒体上播放。

禁化武组织网站

4.18 2021年，人们对禁化武组织的工作越来越感兴趣，这使得禁化武组织网站的访客数量大幅增加。2021年，大约有469000名用户访问了该网站，比2020年增长了22%。

公共外联

4.19 禁化武组织参加了海牙国际开放日（2021年9月19日）。按照新冠肺炎疫情的相关措施，在禁化武组织所在地（但在总部大楼外面）接待了 6 组来访的客人，以向其作关于禁化武组织使命和工作的介绍。

4.20　在 2020 年进行了成功试点的基础上，禁化武组织于 2021 年 2 月正式启动了线上团组来访的活动，并接待了几乎来自所有区域的团组。2021 年，禁化武组织开展了 54 场公共外联活动，其中 80% 采用线上方式进行。通过这些活动，禁化武组织与 769 名参与者进行了直接互动。

T.M.C.Asser 研究所

4.21　2021 年 9 月 27 日至 10 月 1 日，举办了第 12 期 T.M.C.Asser 研究所关于大规模杀伤性武器裁军和不扩散的培训方案，来自 27 个缔约国的 48 名处于职业初期和中期的专业人员参加了该在线课程，以增加对化学武器裁军和不扩散的外交、法律和技术的了解。总干事以线上方式向该方案的学员做了致辞。利用欧盟提供的资助，禁化武组织将 12 份奖学金授予了来自以下国家的非政府组织的代表：阿根廷、埃及、法国、德国、伊朗伊斯兰共和国、肯尼亚、吉尔吉斯斯坦、墨西哥、尼泊尔、巴基斯坦和美利坚合众国。

缔约国大会第二十五届会议—第二部分

4.22　如上文所述，由于受到新冠肺炎疫情的影响，大会第二十五届会议被分为两个部分举行。第一部分于 2020 年 11 月举行，第二部分于 2021 年 4 月举行。代表了总共 73 个民间团体组织的 227 人获准参加了大会第二十五届会议。尽管无法当面出席会议，获准与会的非政府组织的与会人员还是应邀提交了书面或视频发言，这些材料可在禁化武组织的网站查阅。

4.23　技秘处提供了缔约国大会第二十五届会议第二部分的实时网络广播，吸引了 7846 名观众。

缔约国大会第二十六届会议

4.24　代表了总共 79 个民间团体组织的 223 人获准参加了大会第

二十六届会议。由于受到新冠肺炎疫情的影响，民间团体代表现场参会受到了限制。获准参会的民间团体的参会人员应邀提交了预先录制的视频发言。这些发言由《化学武器公约》联盟按专题整理好放在禁化武组织网站上共享，并在大会会场播出。

4.25 技秘处提供了大会第二十六届会议的实时网络广播，吸引了9498名观众。

社交媒体的增长

4.26 根据关于社交媒体平台的统计数据，技秘处的数字交流能力继续大幅提升，社交媒体增长情况见表7。每一个社交媒体帖子和宣传均旨在增强意识，并增强利益攸关方对与本组织及与《公约》有关的工作和活动的了解。从总体上看，禁化武组织的社交媒体平台的合计增长率为10%。

表 7　社交媒体增长情况

社交媒体关注者	2020 年	2021 年	增长率 /%
Facebook 关注者	19067	19606	3
Twitter 关注者	34218	35580	4
YouTube 关注者	1636	2101	28
LinkedIn 关注者	17611	22486	28

5. 执行管理和行政

行政和预算问题

5.1 在第 C-24/DEC.11 号决定（2019 年 11 月 28 日）中，大会决定了首部双年期方案和预算将从 2022—2023 年实行。技秘处为此进行的准备工作包括：自 2021 年 1 月 1 日起生效的经修订的禁化武组织《财务条例与细则》（C-25/DEC.6，2020 年 11 月 30 日）；为方案管理者制定双年期预算开发详细和综合模板以及成本核算表；为进一步巩固重大资本投资计划和整合重大资本基金而进行的内部结构方面的发展。2021 年

12 月，大会通过第 C-26/DEC.11 号决定核准了该双年期方案和预算。

5.2　2021 年，行政司继续密切监测并积极应对本组织的现金状况，同时每月向缔约国通报财务状况，其中包括分摊会费的偿付情况以及第四条和第五条发票的报销情况。2021 年，分摊会费的缴付率高于正常比例，但在当年下半年出现了不及时缴纳的现象，这导致年内出现了现金流的波动。在此期间，周转基金得以重新补足，其来源是此前曾被用来应对流动性不足的资金。

5.3　2021 年 7 月，禁化武组织的外部审计员对 2020 年禁化武组织以及公积金的财务报表做了审计和认证（EC-98/DG.7C-26/DG.6，2021 年 8 月 30 日）。这两份报表均获得了无保留审计意见。禁化武组织 2020 年财务报表中继续列入了总干事的全面介绍和评论，其为包括缔约国在内的财务报表的受众重点介绍了相关财务年度的主要趋势和重要事项。

5.4　正如外部审计员所指出的那样，在 2020 年取得进展的基础上，2021 年继续加强和进一步整合了内部控制监督，以实现总干事的内部控制陈述。

5.6　2021 年，技秘处的采购总值为 3310 万欧元[①]。该数额的构成如下：由采购科集中发起了 216 份合同或采购订单，总计价值为 3050 万欧元；通过目录订购发起了 32 份采购订单，总计价值为 120 万欧元；由技秘处各单位层面单独发起了 624 份采购订单（用于价值较低的采购），总计价值为 140 万欧元。

5.10　2021 年，技秘处继续为缔约国在可能的任期政策调整方面提供了支助，其中包括：以提供劳动力和数据分析、演示文稿和研究的方式来协助非正式磋商的进行。

5.11　技秘处在 2021 年继续参加了初级专业干事方案。目前在技秘

[①] 2021 年的采购量比此前几年高出了许多，这是由于为了建造化技中心而订立了合约。由于新的企业资源规划系统实现了更具体的报告，故现在可以将国际协定的有关义务排除在采购统计之外。2021 年有 126 项这类交易，数量达到了 300 万欧元。此前几年这类交易是被包含在内的。

处有 3 名初级专业干事。现已开始探讨为此在 2022 年的进一步的人员安排。

战略和政策

与化学工业协会的互动

5.31　禁化武组织和化工行业根据第三届审议大会的有关建议继续努力加强合作。在报告期内，化工行业协调小组召开了第 10 次和第 11 次会议。由于新冠肺炎疫情带来的相关限制，两次会议均为远程召开。参会人员讨论了诸如疫情影响和全球化工行业的当前趋势与挑战等事项，并继续就能力建设交流了信息，尤其是在化学安全和安保领域。

5.32　2021 年，化学协会国际理事会和国际化学品贸易协会的代表参加了技秘处的一系列活动。总干事向大会第二十六届会议提交了题为"使化工协会参与其中"的说明（C-26/DG.15，2021 年 11 月 5 日），其中详细地介绍了自大会上届会议以来禁化武组织与行业协会的互动。该说明涵盖了与核查、教育和外联、各国的《公约》履约以及化学安全和安保有关的活动。

教育与外联

5.34　2021 年 4 月 28 日，教联咨委会的网络学习临时工作组以线上形式召开了第 2 次会议，并编写了最终报告[①]，该报告已于 2021 年夏季得到了教联咨委会的认可。临时工作组的最终报告载有关于在线课程的开发和维护的指导方针，并提出了以下建议：创建一个网络学习委员会以及一个工作组或单元，以便集中制定网络学习战略；为各大学开发内容包，以提升对禁化武组织及其使命的意识。

5.35　教联咨委会成员参加了以下会议：第 19 次非洲国家主管部门区域会议（于 2021 年 6 月以线上形式召开）；第 22 次拉丁美洲和加勒比国家主管部门区域会议（于 2021 年 6 月在线召开）；化工行业代表和

---

① EC-98/DG.17 C-26/DG.13（2021 年 9 月 16 日）的附件。

缔约国国家主管部门第 8 次年度会议（于 2021 年 10 月在线召开）；国家主管部门第二十三届年会（于 2021 年 11 月在线召开）。

5.36　2021 年 7 月 26 日和 27 日，委员会通过一个在线平台举行了第十一届会议。在这届会议上，委员会认可了关于建立一个教联咨委会校友网络的建议，该校友网络将向前教联咨委会委员开放，后者可继续免费向技秘处自愿提供其专长和知识。

6. 科学和技术

禁化武组织科学咨询委员会

6.1　由于受到新冠肺炎疫情的影响，2021 年科咨委的各届会议均采用线上形式进行。尽管如此，科咨委仍然能够履行其职责而向总干事、技秘处和各缔约国提供科学建议，而且还召开了 3 次会议。此外，在总干事于 2021 年 1 月设立关于生物毒素分析的临时工作组之后，科咨委开始就该新的临时工作组开展工作。临时工作组还召开了 3 次线上会议。

6.2　2021 年 3 月，委员会召开了第三十一届会议（SAB-31/1），并利用会议规划了即将开展的工作。委员们花时间为新成立的关于生物毒素分析的临时工作组进行了筹备，并讨论了可以由科咨委推动的即将举办的主题讲习班。科咨委还听取了技秘处工作人员介绍的最新情况。已于 2021 年 5 月发布了总干事对其第三十一届会议的报告的回应（EC-97/DG.5，2021 年 5 月 18 日）。

6.3　科咨委于 2021 年 6 月举行了第三十二届会议（SAB-32/1）。除了讨论与科咨委有关的业务外，委员会听取了几位外部专家就有关主题做的介绍，内容涉及：使用新的侦检方法鉴定有机磷酸酯；使用人工智能来预测不同化学品的危害性质和合成途径。已于 2021 年 9 月发布了总干事对其第三十二届会议的报告的回应（EC-98/DG.21，2021 年 9 月 22 日）。

6.4　科咨委于 2021 年 11 月举行了第三十三届会议（SAB-33/1）。

本届会议专门开展了以下工作：讨论可以在化技中心开展的科学活动的有关想法；讨论委员会向五审大会提交的科技发展报告的进展情况；听取科咨委关于生物毒素分析临时工作组的最新进展。此外，委员会听取了几名技秘处工作人员就禁化武组织的有关活动的介绍，并聆听了两名外部发言人就侦检植物上的氯的生物标记物和评估化工行业风险所做的介绍。已于 2022 年 3 月发布了总干事对其第三十三届会议的报告的回应（EC-99/DG.16，2022 年 3 月 2 日）。

6.5　关于生物毒素分析的临时工作组于 2021 年 1 月开始工作。临时工作组以线上方式召开了 3 次会议，并在每次会后都发布了会议报告（SAB-32/WP.1，2021 年 5 月 6 日；SAB-33/WP.1，2021 年 10 月 15 日；SAB-33/WP.2，2022 年 2 月 14 日）。

6.6　2021 年全年，尽管有新冠肺炎疫情造成的限制，科咨委与科学界各板块继续合作与互动。虽然所有活动继续以线上形式进行，但科咨委委员参加、出席并主持了会议，并继续在专业化学学会内发挥领导作用，而且继续与国际纯粹与应用化学联合会（以下简称国际化联）合作，同时发表科学文献。科咨委在同行评议期刊《毒理学》上发表了一篇科学文章[①]。科咨委参与这类活动可以确保技秘处跟得上化学领域的发展态势，并在科学家中保证透明和诚信，同时进行负责任与符合道德的科学实践，以支持教育和外联活动。

与科学界的互动

6.7　技秘处与全球科学界的互动在 2021 年继续进行。有若干名技秘处工作人员继续参与了国际化联各委员会的工作。国际化联的主席向大会第二十六届会议提交了一份发言。技秘处的工作人员和科咨委的委员们也参加了于 8 月举行的国际化联世界化学大会。

6.8　2021 年，技秘处继续在各技术界中保持了显见的影响力：参

[①] 由禁止化学武器组织的科学咨询委员会提供的关于援助和防护的建议：第三部分。关于硫芥气的医疗护理和伤口处理，《毒理学》，第 463 卷，2021 年 11 月，152967。

加了《全面禁止核试验条约》组织筹备委员会科技大会（线上，2021 年 6 月至 7 月）；在毛里求斯大学举行的"化学及其应用线上大会"上做了演讲（2021 年 8 月）；参加了施皮茨融合大会（线上，2021 年 9 月）；在化学武器裁军大会上做了介绍（线上，2021 年 11 月）。

6.9 2021 年，技秘处还继续管理植物生物标记这项富有挑战性的工作。这项创始性工作得到了欧盟的支持，且已资助了 6 个研究项目。这些研究项目描述了一种方法或系统，通过这种方法或系统，特定类型的植被可以用作暴露对人类和 / 或动物有毒的化学品的指标。由于植被总是存在于人类居住的地区，因此植物非常适合于充作潜在的前哨物种。研究小组将在 2022 年继续开展研究。

在科学—安全交叉领域的活动

6.10 技秘处继续与国际组织合作伙伴互动，以参与科学和技术讨论。包括以下组织：国际刑警组织、《全面禁止核试验条约》组织和《生物武器公约》履行支助股。此外，在 Asser 研究所的"关于大规模杀伤性武器裁军和不扩散的第 12 期年度培训方案"（线上，2021 年 9 月）期间且在禁化武组织的第 21 期新任外交人员讲习班上均做了科学简介。

附件 3

2021 年间运行或在建的化学武器销毁设施

化学武器销毁设施（按缔约国列出）	
美利坚合众国	布鲁格拉斯化学剂销毁中试车间静态引爆室（布鲁格拉斯设施静爆室） 普埃布洛化学剂销毁中试车间（普埃布洛设施）* 回收的化学武器销毁设施（回收化武销毁设施） 布鲁格拉斯化学剂销毁中试车间（布鲁格拉斯设施） 化学转装设施 / 弹药评估和处理系统（化学转装设施 / 弹药评处系统）** 原型引爆测试和销毁设施 **

注：* 该设施已于 2021 年 9 月完成了销毁作业并关停。将把设施改装为布鲁格拉斯设施的一个非毗邻部分。

** 设施于 2021 年仍在使用中，但未进行任何销毁作业。

附件 4

截至 2021 年 12 月 31 日已宣布、销毁和撤回的化学武器[①]

化学品的通用名	宣布量 / 吨	销毁量[②] / 吨
第 1 类		
沙林（GB）	15047.041	14796.102
梭曼（GD）+ 黏性梭曼	9057.203	9057.203
塔崩（GA）+GA 及消泡剂（UCON）	2.283	2.283
VX/Vx	19586.722	19546.997
EA1699	0.002	0.002
硫芥气（硫芥气、H、HD、HT、油溶硫芥气）	17439.877	17000.943
芥路混合剂（包括二氯乙烷中的 HD/L 混合剂）	344.679	344.679
路易氏剂	6746.876	6746.875
DF	1024.765	1024.765
QL	46.174	46.173
OPA	730.545	730.545
不明	3.863	3.860
有毒废物	1.705	1.705
六亚甲基四胺	78.231	78.231
IZO	133.325	133.325
化学品 A	112.300	112.300
化学品 B/BB	97.879	97.879
化学品 B 的盐	40.170	40.170
第 1 类合计：	**70493.640**	**69764.036**
第 2 类		
亚当氏剂	0.350	0.350

---

① 作为第 1 和第 2 类化学武器宣布的化学战剂和前体。
② 包括从化学武器库存中提取出的附表 1 化学品（2.913 吨）。应用了凑整规则。

化学品的通用名	宣布量 / 吨	销毁量 / 吨
CN	0.989	0.989
CNS	0.010	0.010
氯乙醇	323.150	323.150
硫二甘醇	50.960	50.960
光气	10.616	10.616
异丙醇	114.103	114.103
三氯化磷	154.056	154.056
频哪基醇	19.257	19.257
亚硫酰氯	100.834	100.834
硫化钠	246.625	246.625
氟化钠	304.725	304.725
三丁胺	238.655	238.655
二异丙胺乙醇	8.356	8.356
甲基磷酸二甲酯	5.725	5.725
氟化氢	31.850	31.850
氯化氢	44.500	44.500
甲醇	1.480	1.480
异丙胺	36.120	36.120
丁醇	3.792	3.792
五硫化磷	11.250	11.250
磷酰氯	13.500	13.500
三乙醇胺	34.000	34.000
亚磷酸三甲酯	55.800	55.800
第 2 类合计：	**1810.703**	**1810.703**
总计：	**72304.343**	**71574.739**

附件 5

截至 2021 年 12 月 31 日宣布了拥有控暴剂的缔约国数量（按控暴剂的种类分列）^①

控暴剂名称	已宣布其拥有控暴剂的缔约国数量
CS	119
CN	63
OC	25
PAVA	13
辣椒素类质	15
CR	14
其他类型	13

---

① 图中列出的控暴剂的化学文摘社登记号如下：
CS，化学文摘社登记号 2698-41-1；
CN，化学文摘社登记号 532-27-4；
OC，化学文摘社登记号 8023-77-6；
PAVA，化学文摘社登记号 2444-46-4；
CR，化学文摘社登记号 257-07-8。
其他种类包括更老款控暴剂或表格中提及的化学品混合物。

附件 6

截至 2021 年 12 月 31 日禁化武组织的指定实验室
（环境分析）

序号	缔约国	实验室名称	获指定日期
1	澳大利亚	防务科技集团	2021 年 3 月 25 日
2	比利时	比利时国防实验室	2004 年 5 月 12 日
3	巴西	陆军技术中心化学分析实验室（CTEx）	2021 年 8 月 31 日
4	中国	防化研究院分析化学实验室	1998 年 11 月 17 日
5	中国	军事医学科学院毒物药物研究所毒物分析实验室	2007 年 9 月 14 日
6	芬兰	芬兰《禁止化学武器公约》核查研究所	2015 年 9 月 2 日
7	法国	军备总署核生化辐控化学分析室 *	1999 年 6 月 29 日
8	德国	防护技术和核生化防护军事研究所	1999 年 6 月 29 日
9	印度	防务研究和发展机构 VERTOX 实验室	2006 年 4 月 18 日
10	伊朗伊斯兰共和国	防化研究实验室	2011 年 8 月 3 日
11	荷兰	TNO 防务、安保和安全实验室	1998 年 11 月 17 日
12	挪威	挪威防务研究机构（FFI）化学威胁剂分析实验室	2021 年 3 月 25 日
13	巴基斯坦	国防科技组织分析实验室	2018 年 4 月 18 日
14	大韩民国	防务发展署生化部化学分析实验室	2011 年 8 月 3 日
15	罗马尼亚	核生化辐防护及生态研究与创新中心化学分析实验室	2018 年 4 月 15 日
16	俄罗斯联邦	军事研究中心化学和分析控制实验室	2000 年 8 月 4 日
17	俄罗斯联邦	"有机化学和技术国立科学研究所"联邦国立单一企业中央化学武器销毁分析实验室 *	2015 年 4 月 15 日
18	新加坡	DSO 国立实验中心国防医学和环境研究所核查实验室	2003 年 4 月 14 日
19	西班牙	"LaMarañosa"技术研究所化学武器核查实验室 *	2004 年 8 月 16 日
20	瑞典	瑞典国防研究院生化辐核防卫安全部，FOI	1998 年 11 月 17 日
21	瑞士	瑞士核生化防务所施皮茨实验室	1998 年 11 月 17 日
22	大不列颠及北爱尔兰联合王国	波顿达恩国防科技实验室	1999 年 6 月 29 日

续表

序号	缔约国	实验室名称	获指定日期
23	美利坚合众国	美国陆军作战能力开发指挥所（DEVCOMshe生化中心）— 取证分析实验室	1998 年 11 月 17 日
24	美利坚合众国	劳伦斯·利弗莫尔国立实验室	2003 年 4 月 14 日

注：* 至本报告完成时，鉴于该实验室在最近一次禁化武组织效能水平测试中的成绩，其资格仍被暂停。将不考虑让该实验室接收采集到的样品以进行现场外分析，直至其在今后的禁化武组织效能水平测试中得到令人满意的成绩。

截至 2021 年 12 月 31 日禁化武组织的指定实验室
（生物医学分析）

序号	缔约国	实验室名称	获指定日期
1	澳大利亚	防务科技集团	2016 年 8 月 1 日
2	中国	防化研究院分析化学实验室	2016 年 8 月 1 日
3	中国	军事医学科学院毒物药物研究所毒物分析实验室	2016 年 8 月 1 日
4	芬兰	芬兰《禁止化学武器公约》核查研究所	2016 年 8 月 1 日
5	法国	军备总署核生化辐控制化学分析室	2016 年 8 月 1 日
6	德国	药物学和毒理学军事研究所	2016 年 8 月 1 日
7	印度	防务研究和发展机构 VERTOX 实验室	2016 年 8 月 1 日
8	伊朗伊斯兰共和国	防化研究实验室	2021 年 8 月 31 日
9	荷兰	TNO 防务、安保和安全实验室	2016 年 8 月 1 日
10	大韩民国	大韩民国化生放核指挥所化生放核研究中心	2020 年 10 月 2 日
11	大韩民国	防务发展署生化局化学分析实验室	2021 年 8 月 31 日
12	俄罗斯联邦	军事研究中心化学和分析控制实验室	2016 年 8 月 1 日
13	俄罗斯联邦	卫生、职业病理和人类生态研究所化学分析控制和生物测试实验室	2016 年 8 月 1 日
14	新加坡	DSO 国立实验中心国防医学和环境研究所（RIHOPHE）核查实验室	2016 年 8 月 1 日
15	瑞典	瑞典国防研究院生化辐核防卫安全部，FOI	2016 年 8 月 1 日
16	大不列颠及北爱尔兰联合王国	波顿达恩国防科技实验室	2016 年 8 月 1 日
17	美利坚合众国	疾病控制和预防中心	2017 年 7 月 11 日
18	美利坚合众国	埃奇伍德化学和生物法证分析中心	2016 年 8 月 1 日

后　记

中国履行《禁止化学武器公约》年度报告是反映我国履约立场和成就的主要载体，也是体现我国禁化武履约工作成绩的标志品牌，具有重要的参考意义和史料价值。

报告编制组完成了《中国履行〈禁止化学武器公约〉报告（2021）》编制工作。在编写过程中，除了继续坚持客观、简洁、实用的原则，还在编辑体例上做了调整，将协会篇和履约支撑篇合并为支撑篇，以方便读者全面了解支撑队伍。为了提高地方篇、支撑篇文章质量，将供稿人明确标注在每一个篇章结尾。

报告的编制得到了多方面的关心和支持。工业和信息化部、外交部和中央军委国际军事合作办公室给予了大力支持和具体指导。中国常驻禁止化学武器组织代表团、各省级工业和信息化主管部门和相关社会团体、高校、履约企业及中国电子产品可靠性与环境试验研究所参与了本报告的写作、编辑，提出了意见、建议。此外，还有很多单位和个人为此报告的编写提供了无私帮助，在此一并表示感谢！

由于编写时间仓促，书中难免有疏漏之处，敬请读者批评指正。

编者

图书在版编目（CIP）数据

中国履行《禁止化学武器公约》报告. 2021 / 国家
履行《禁止化学武器公约》工作办公室编. -- 北京 : 人
民邮电出版社, 2023.4
ISBN 978-7-115-60509-2

Ⅰ. ①中… Ⅱ. ①国… Ⅲ. ①禁止化学武器－国际公
约－研究报告－中国－2021 Ⅳ. ①D995

中国版本图书馆CIP数据核字(2022)第219451号

内 容 提 要

本报告力求全面反映 2021 年度中国履行《禁止化学武器公约》的工作情况，客观展示中国的履约成就，记录履约大事件，收录履约重要文献资料，为各级履约主管部门和履约企业学习、交流、研究履约经验和做法搭建平台，为社会公众了解、关注履约工作提供新的窗口，为国际相关组织和单位认识、了解、熟悉中国的履约工作打好基础。本书适合履行《禁止化学武器公约》相关从业者、监控化学品企业相关人士阅读。

◆ 编　　　　　国家履行《禁止化学武器公约》工作办公室
　　责任编辑　李成蹊
　　责任印制　马振武
◆ 人民邮电出版社出版发行　　北京市丰台区成寿寺路 11 号
　　邮编　100164　　电子邮件　315@ptpress.com.cn
　　网址　https://www.ptpress.com.cn
　　三河市中晟雅豪印务有限公司印刷
◆ 开本：690×970　1/16
　　印张：21.75　　　　　　　　　2023 年 4 月第 1 版
　　字数：291 千字　　　　　　　2023 年 4 月河北第 1 次印刷

定价：128.00 元
读者服务热线：(010)81055493　印装质量热线：(010)81055316
反盗版热线：(010)81055315
广告经营许可证：京东市监广登字 20170147 号